NOUVELLE BIBLIOTHÈQUE

D'UN HOMME DE GOÛT,

ENTIÈREMENT REFONDUE, CORRIGÉE ET AUGMENTÉE,

Contenant des jugemens tirés des Journaux les plus connus et des Critiques les plus estimés, sur les meilleurs ouvrages qui ont paru dans tous les genres, tant en France que chez l'Étranger jusqu'à ce jour;

Par A.-A. BARBIER,

BIBLIOTHÉCAIRE DE S. M. IMPÉRIALE ET ROYALE, ET DE SON CONSEIL D'ÉTAT;

Et N. L. M. DESESSARTS,

Membre de plusieurs Académies.

TOME TROISIÈME.

A PARIS,

Chez DUMINIL-LESUEUR, Imprimeur-Libraire, rue de la Harpe, N°. 78.

M. DCCC. VIII.

NOUVELLE
BIBLIOTHÈQUE
D'UN
HOMME DE GOÛT.

Se trouve à Paris,

Chez
{
ARTHUS - BERTRAND, Libraire, rue Haute-Feuille, N°. 23;
BARROIS l'aîné, Libraire, rue de Savoye, près celle des Grands Augustins;
FANTIN, Libraire, quai des Grands Augustins;
TREUTELL et WURTZ, Libraires, rue de Lille;
P. MONGIE l'aîné, Libraire, Cour des Fontaines;
BRUNOT-LABBE, Libraire, quai des Augustins.
}

BIBLIOTHÈQUE
D'UN
HOMME DE GOÛT.

SUITE DES ORATEURS FRANÇAIS.

ACADÉMIE DES SCIENCES.
FONTENELLE.

« C'est en cela que l'illustre secrétaire de
» l'Académie des Sciences, M. de Fontenelle,
» a surtout excellé; c'est par-là qu'il fera
» principalement époque dans l'histoire de la
» philosophie; c'est par-là, enfin, qu'il a rendu
» si dangereuse à occuper aujourd'hui, la
» place qu'il avoit remplie avec tant de suc-
» cès. Si on peut lui reprocher de légers dé-
» fauts, (et pourquoi ne hasarderions-nous
» pas une critique qui ne le touche plus, et
» qui ne pourroit effleurer sa gloire?) c'est

» quelquefois trop de familiarité dans le style;
» quelquefois trop de recherche et de raffi-
» nement dans les idées ; ici, une sorte d'af-
» fectation à montrer en petit les grandes
» choses; là, quelques détails puérils, peu
» dignes de la gravité d'un ouvrage philoso-
» phique. Voilà pourtant, qui le croiroit?
» en quoi la plupart de nos faiseurs d'éloges
» ont cherché à lui ressembler. Ils n'ont
» pris du style de M. de Fontenelle, que ces
» taches légères, sans en imiter la précision,
» la lumière et l'élégance. Ils n'ont pas senti
» que si les défauts de cet écrivain célèbre
» blessent moins chez lui, qu'ils ne feroient
» ailleurs, c'est non-seulement par les beau-
» tés, tantôt frappantes, tantôt fines, qui les
» effacent; mais parce qu'on sent que ces dé-
» fauts sont naturels en lui, et que le propre
» du naturel, quand il ne plaît pas, est au
» moins d'obtenir grâce. Son genre d'écrire
» lui appartient absolument, et ne peut pas-
» ser, sans y perdre, par une autre plume;
» c'est une liqueur qui ne doit jamais changer
» de vase. Il a eu, comme tous les bons écri-
» vains, le style de sa pensée. Ce style quel-
» quefois négligé, mais toujours original et
» simple, ne peut représenter fidèlement que

» le genre d'esprit qu'il avoit reçu de la na-
» ture, et ne sera que le masque d'un autre.
» Or, le style n'est agréable, qu'autant qu'il
» est l'image naïve du genre d'esprit de l'au-
» teur ; et c'est à quoi le lecteur ne se mé-
» prend guère, comme on juge qu'un por-
» trait ressemble, sans avoir vu l'original.
» Ainsi, pour obtenir quelque place après
» M. de Fontenelle dans la carrière qu'il a si
» glorieusement parcourue, il faut nécessai-
» rement prendre un ton différent du sien.
» Il faut de plus, ce qui n'est pas moins diffi-
» cile, accoutumer le public à ce ton, et lui
» persuader qu'on peut être digne de lui plai-
» re, en le conduisant par une route qui ne
» lui est pas connue. »

MAIRAN.

M. de Mairan, successeur de M. de Fontenelle dans la place de secrétaire de l'Académie des Sciences, ne l'imita pas servilement ; mais il ne parut pas loin de son modèle dans l'art délicat de dire le bien et le mal sans partialité, sans flatterie, et de tracer des portraits ressemblans entremêlés de particularités piquantes.

GRANDJEAN DE FOUCHY.

Il fut nommé, en 1743, secrétaire perpétuel de l'Académie des Sciences. C'étoit succéder à Fontenelle, dont Mairan n'avoit voulu occuper la place qu'un petit nombre d'années, pour laisser le temps de faire un choix que les talens et la célébrité du neveu de Corneille rendoient si difficile. Dans ses Eloges, Fouchy fut moins ingénieux que Fontenelle; mais il eut presque toujours le mérite de ne pas songer à l'être. La simplicité, la vérité, l'exactitude sont le principal caractère de ses portraits. On n'a imprimé séparément qu'une partie de ses Eloges, Paris, 1757, in-12, tome premier; les autres se trouvent dans les Mémoires de l'Académie; quelques-uns sont restés en manuscrit: l'estimable fils de l'auteur se propose d'en faire jouir les savans.

CONDORCET.

Ce savant a rempli avec gloire la place de secrétaire de l'Académie des Sciences. En lisant ses Eloges, on s'occupe plus des idées que du style; mais cela même prouve que le style est digne des choses, car s'il y avoit de la disproportion, on en seroit blessé, on la remarqueroit. Les Eloges de Condorcet sont écrits avec élégance et avec force : ils forment les quatre premiers volumes de la collection des Œuvres de leur illustre auteur, 1805, 21 vol. in-8°. On en a publié une édition séparée en 5 vol. in-12.

Condorcet avoit un des plus beaux talens qui aient honoré nos Compagnies savantes. Sa mort est une perte véritable pour les lettres ; elles pleureront éternellement celui qui consacra le temps même de sa proscription à éclairer le genre humain, et à rendre les hommes meilleurs.

ACADÉMIE DES INSCRIPTIONS ET BELLES-LETTRES.

DE BOZE.

Quelques personnes, qui ont plus de goût que d'esprit, préfèrent les Eloges composés par M. de Boze, secrétaire de l'Académie des Belles-Lettres, à ceux de M. de Fontenelle. L'auteur a moins de finesse, que le secrétaire de l'Académie des Sciences; mais il écrit naturellement. Il sait également bien manier les sujets nobles, comme les sujets plus simples. Partout on sent un peintre habile, qui assortit son pinceau aux différens caractères qu'il veut représenter. Ses Eloges sont en trois volumes in-12.

FRERET.

Freret a composé seize Eloges historiques des académiciens morts pendant qu'il étoit secrétaire de l'Académie des Inscriptions et Belles-Lettres : ils sont bien écrits, quoique sans prétention, et font suffisamment connoître la vie et les travaux de ces académiciens. Mais l'auteur y disserte beaucoup trop, et quelquefois il y perd entièrement de vue l'homme dont il fait l'éloge : celui de l'abbé Mongault offre surtout un exemple rare d'un pareil oubli des convenances.

DE BOUGAINVILLE.

On a de ce célèbre traducteur de l'Anti-Lucrèce, les Eloges de huit académiciens, morts pendant qu'il exerçoit la charge de secrétaire de l'Académie des Inscriptions et Belles-Lettres : ils sont tous écrits d'une manière très-intéressante et avec beaucoup d'élégance ; partout on y retrouve les grâces de son esprit, les sentimens nobles et vertueux de son cœur : celui de Freret peut être regardé comme un chef-d'œuvre dans ce genre ; jamais disciple n'a mieux loué son maître.

LE BEAU.

Cet illustre professeur de l'Université de Paris, fut choisi, en 1755, pour secrétaire de l'Académie des Inscriptions, dont il étoit membre depuis l'année 1748. Il est auteur de 34 Eloges d'académiciens morts : peut-être ces Eloges sentent-ils trop le rhéteur, ou du moins y trouve-t-on trop d'esprit ; mais ils sont pleins d'intérêt, et font très-bien connoître les ouvrages et le caractère particulier de ces académiciens.

DUPUY.

Dupuy succéda à le Beau en 1773, dans la charge de secrétaire perpétuel. On a de lui douze Eloges d'académiciens. Dupuy n'avoit aucun talent pour ce genre d'écrits ; aussi une personne l'entendant prononcer un de ces Eloges, dans une séance publique, s'écria, en s'adressant à quelques membres de l'académie : *Ah ! Messieurs, que je vous plains de mourir.*

M. DACIER.

M. Dacier a rempli avec distinction l'honorable emploi de secrétaire perpétuel de l'Académie des Inscriptions et Belles-Lettres depuis 1781 jusqu'à la suppression des Académies. Un goût pur, une simplicité décente et mêlée de finesse, la science des convenances, caractérisent les Eloges qu'il a prononcés : l'auteur y profite de tous ses avantages, et ne perd pas une occasion de montrer une philosophie douce et à demi voilée, qui se fait sentir, sans trop se faire apercevoir, et sans avertir la critique et l'envie.

ACADÉMIE FRANÇAISE.

PELISSON ET D'OLIVET.

Ces deux historiens de l'Académie Française se sont contentés de raconter avec simplicité les principaux événemens de la vie des académiciens, et à rapporter quelques anecdotes sur leurs ouvrages.

Pelisson a écrit l'Histoire de l'Académie Française depuis son établissement, en 1635, jusqu'en 1652. L'abbé d'Olivet l'a continuée jusqu'en 1700 : il a fait des remarques et des additions

additions au travail de son prédécesseur. On doit donc rechercher l'édition de l'Histoire de l'Académie Française, publiée par cet abbé en 1729, in-4°., ou en 1730, 2 vol. in-12.

D'ALEMBERT.

Il y a de l'esprit et des détails agréables dans l'Histoire des Membres de l'Académie Française, morts depuis 1700 jusqu'en 1771, 6 vol. in-12, par d'Alembert; mais on y chercheroit en vain ce goût sévère, cette sagesse de style qu'on exige, surtout dans ce genre d'éloquence. Ses pensées, presque toujours communes et rebattues, sont rajeunies par un tour d'expression subtile et alambiqué, qui leur donne un air de finesse. Sans cesse tourmenté du désir de briller, il coupe à chaque instant son récit par des réflexions inutiles, qu'il étend et qu'il amplifie avec la complaisance et l'ostentation d'un rhéteur. Les comparaisons, les antithèses, les lieux communs de toute espèce abondent dans ses discours. C'est par le défaut de précision et de légèreté, qu'il est inférieur à Fontenelle. Une autre différence non moins essentielle entre ces deux écrivains, c'est que Fontenelle répand sur sa narration une certaine aménité, et un intérêt secret qui fait aimer l'auteur : ses plaisanteries sont douces et légères ; son badinage est innocent, au lieu que d'Alembert, persifleur impitoyable, moraliste chagrin, censeur malin et caustique, fait trop souvent admirer son esprit aux dépens de son cœur.

On a élevé des doutes sur la vérité de beaucoup d'anecdotes racontées par cet historien. C'est ce qui est arrivé, surtout par rapport à celles que contient l'Eloge de Massillon, comme on le voit par une lettre insérée dans le Journal de Littérature, des Sciences et des Arts, rédigé par l'abbé Grosier, 1779, in-12, tome V.

INSTITUT NATIONAL.

Depuis la réorganisation de l'Institut, on a les Eloges de l'Héritier, Cels, Priestley et d'Adanson, par M. Cuvier, secrétaire perpétuel de la première classe pour les sciences physiques.

Ceux de Brisson et de Coulomb, par M. Delambre, secrétaire perpétuel de la même classe pour les sciences mathématiques.

Ceux de Poirier, Garnier, Klopstock, Bouchaud et Villoison, par M. Dacier, secrétaire perpétuel de la classe d'histoire et de littérature ancienne.

Enfin, ceux de Julien et de Dumarest, par M. Le Breton, secrétaire de la classe des beaux-arts.

Tous ces morceaux sont remarquables par la force des pensées et l'élégance du style. On voit, avec plaisir, que ces nouveaux secrétaires ne tombent dans aucun des défauts justement reprochés à plusieurs de leurs prédécesseurs. C'est à de tels hommes qu'il sera donné d'honorer le dix-neuvième siècle, et non à des pygmées qui déjà expient les éloges que leur ont prodigués d'imprudens amis.

SOCIÉTÉ DE MÉDECINE.

WICQ D'AZIR.

La réunion des Éloges lus dans les séances publiques de la Société Royale de Médecine, par Wicq d'Azir, secrétaire perpétuel de cette Société, forme trois volumes de la collection des Œuvres de l'auteur, publiée en 1806, par M. Moreau de la Sarthe. Wicq d'Azir pense beaucoup; écrit bien; et en peignant l'âme pure et vertueuse des vrais savans, il fait connoître, aimer et respecter la sienne.

ORATEURS DIVERS.

LE PÈRE GUÉNARD.

Le premier ouvrage de *concours* qui mérita le suffrage des connoisseurs, et qui a conservé leur estime, précéda de peu d'années l'époque signalée dans les annales littéraires, où l'Académie proposa les Eloges de nos grands hommes. En 1755, elle avoit donné un fort beau sujet, *l'Esprit philosophique*, d'après ces paroles de l'Ecriture : *Non plus sapere quàm oportet sapere, sed sapere ad sobrietatem. Ne soyez pas plus sage qu'il ne faut, mais soyez sage avec mesure.* Tout devoit être remarquable dans ce concours ; la nature du sujet, qui annonçoit déjà des vues plus hautes, et la profession de l'écrivain, et le sujet philosophique, et la prodigieuse disproportion de ce discours avec tout ce que l'Académie avoit jusque-là couronné. Le prix fut remporté par le Père Guénard, jésuite. On a peine à concevoir, dit La Harpe, qu'un homme qui écrivoit si bien, soit resté depuis dans une entière inaction, ou du moins dans un silence absolu, et qu'il se soit refusé à son talent ou au public.

Le Père Guénard n'est mort qu'en 1806, dans les environs de Nanci. Son excellent discours a été inséré dans beaucoup de recueils, notamment dans le tome II des *Tablettes d'un Curieux*, 1789, 2 vol. in-12; et dans le tome II d'une des dernières compilations de M. Berenger, intitulée : *la Morale en Exemples*, Lyon, 1801, 3 vol. in-12.

THOMAS.

Depuis 1760, l'Académie Française a donné, pour sujet du prix qu'elle distribuoit tous les ans, les Eloges de nos plus grands hommes. Celui de nos écrivains que cette Compagnie a le plus souvent couronné, est Thomas, qui a célébré successivement d'Aguesseau, le maréchal de Saxe, Dugai-Trouin, Sully, Descartes. Chacun de ces Eloges est un torrent d'éloquence, que l'on voit couler d'une veine abondante et vive, mais quelquefois trop emportée par sa pente, et qui inonde ce qu'il ne devroit qu'arroser. Ce défaut, qui caractérise le talent de l'élocution, est au reste bien compensé par un ton de philosophie, par des réflexions pleines de chaleur, par quelques vérités courageuses, et par des traits mâles, qui paroissent avoir plu généralement. On désireroit seulement que l'auteur eût entassé moins de comparaisons l'une sur l'autre ; qu'il eût moins affecté d'user de quelques termes de physique, ingénieusement appliqués, mais trop abstraits pour bien des lecteurs, et vicieux par la seule affectation ; qu'enfin, il eût moins employé de ces expressions parasites, ou de ces mots à la mode, que les petits écrivains ne manquent pas de copier, mais dont se préservent ceux qui savent écrire et penser d'après eux-mêmes.

Thomas a joint à tous ses Eloges d'excellentes notes, dont on ne doit pas lui tenir moins de compte que du fonds du discours ; il y a même quelques lecteurs qui les préfèrent au corps de l'ouvrage : on y voit tout l'esprit, tout le savoir de Thomas, sans ce mélange étranger, que la rhétorique a quelquefois fait entrer dans ses autres écrits.

Le plus beau morceau de Thomas est, sans contredit, son Eloge de Marc-Aurèle : on n'y trouve rien à critiquer ; formé, morale, style, rien dans cet ouvrage n'est moderne ;

on le prendroit pour une belle traduction de l'antique.

LA HARPE.

Il seroit injuste de refuser à ses *Eloges académiques*, de l'élégance et de la pureté dans le style, de la justesse dans les réflexions, de la liaison dans les idées, et souvent de la profondeur dans les développemens. Ils réunissent le mérite de l'ensemble ; une marche simple et soutenue, ouvrage de l'art, mais où l'art est toujours caché ; la flexibilité du style, qui a tous les tons et tous les mouvemens ; ingénieux et fin dans la discussion, toujours noble et oratoire, et s'élevant, quand il faut, au pathétique et au sublime : il en a donné une preuve dans l'Eloge de Voltaire.

Les Discours de La Harpe ne sont pas, sans doute, des chefs-d'œuvres ; mais ce sont des productions d'un excellent littérateur.

CÉRUTTI.

J'ai peu lu de Discours qui soient plus éloquens, plus remplis de choses et non de mots, que ceux de Cérutti, ex-jésuite : c'est une morale sublime, animée de la flamme même de l'éloquence. Le peu de reproches qu'on ait à faire à cet auteur, c'est quelquefois de s'abandonner à l'enthousiasme, et de s'emporter au delà de cette sagesse nécessaire à tout genre d'écrire. De temps en temps il a du gigantesque, du poétique; mais en général ses Discours sont des chefs-d'œuvres de génie, de talent, de mœurs et de vérité : ils ont été réimprimés en 1791, 1 vol. in-8°.

GAILLARD.

A été un des orateurs le plus souvent couronnés par les Académies. On a surtout distingué ses Eloges de Descartes, de Corneille, et de Henri IV : on y trouve des observations judicieuses, des discussions intéressantes, écrites avec élégance et agrément.

BAILLY.

Peu d'auteurs ont réuni au même degré que lui le savoir, l'esprit et l'imagination. On trouve ces qualités dans le recueil de ses Eloges, et surtout dans celui de Leibnitz, couronné par l'Académie de Berlin. Il sembloit qu'on ne pouvoit, sans témérité, entreprendre de louer ce philosophe après Fontenelle : Bailly a le mérite de l'avoir fait avec le plus grand succès. On a réimprimé ses
Eloges

Éloges avec d'autres morceaux de sa composition, sous le titre de Discours et Mémoires par l'auteur de l'Histoire de l'Astronomie, 1790, 2 vol. in-8°.

M. DE GUIBERT.

On trouve dans les Éloges de Guibert, recueillis en 1806, in-8°., beaucoup de faits et encore plus de réflexions et de sentences; de la hardiesse, de l'élévation, de la force, mais aussi de la roideur, de la sécheresse, de la monotonie; ici une emphase pénible; là une simplicité étudiée. Le volume qui est le sujet de cet article ne contient pas l'Eloge de Frédéric II, publié par M. de Guibert, en 1788 : il a cependant été réimprimé en 1805, dans le cinquième tome des Œuvres Militaires de l'auteur.

M. GARAT.

Tous les pas que cet écrivain a faits dans la carrière de l'éloquence, ont été marqués par des succès. De l'élégance, des nuances fines, beaucoup d'idées et de la philosophie, voilà ce qui caractérise, en général, ses Eloges : on y trouve de l'élévation et de l'intérêt. Il a fait l'éloge de Michel de l'Hôpital, celui de

Montausier, celui de Suger, qui remporta le prix de l'Académie Française en 1779, et celui de Fontenelle, qui fut également couronné en 1784.

M. Garat a prononcé, dans ces derniers temps, l'Eloge de Joubert, et ceux des généraux Kleber et Desaix.

M. ALIBERT.

Dans ses *Eloges*, M. Alibert s'entoure des actes de ceux qu'il loue ; il expose les faits, et la narration brillante, ou savante, ou simple, selon son objet, compose le panégyrique, qui se trouve alors digne de celui dont il rappelle la mémoire, parce qu'elle n'est point flattée, comme de celui qui la célèbre, parce qu'il a mis sa bonne foi sous l'autorité des actes et des témoignages authentiques ; et c'est ainsi, mais seulement ainsi, que l'art de louer cesse d'être l'art de mentir. Cette nouvelle manière d'envisager le genre du panégyrique, et de le laver ainsi de tout soupçon d'adulation et de déguisement, de l'élever par conséquent jusqu'à la hauteur du vrai mérite, du vrai talent ou du génie qu'on proclame ; cette manière, que semble avoir choisie M. Alibert, n'appartient qu'à un esprit supérieur : il en a fourni des modèles dans les Eloges de Spallanzani, de Galvani et de Roussel, qui ont été réunis en 1806, un vol. in-8°.

M. AUGER.

La Harpe a loué Racine : son ombre dut s'en réjouir ; mais elle s'affligeoit sans doute de voir, depuis si long-temps, la mémoire de Boileau privée du même hommage. Ses regrets ont dû finir en lisant l'Eloge de Boileau par M. Auger ; ce discours, qui a remporté le prix d'éloquence à l'Institut National, en 1806, est écrit avec élégance, sans recherche, sans prétention et sans néologisme: il renferme des aperçus délicats, des critiques judicieuses, des pensées profondes. On doit au même auteur de très-curieuses notices sur mesdames de la Fayette, de Tencin, de Maintenon, de Caylus, etc., sur Hamilton, Duclos, Malfilâtre, Senecé, Gaillard, etc. M. Auger paroît appelé à ce genre de travail, qui exige un esprit juste et des connoissances variées.

M. MERCIER.

M. Mercier a exercé sa plume sur des Eloges

historiques, tels que ceux de Charles V et de Descartes : ils ont été recueillis en 1776, in-8°., avec des discours philosophiques. Ces morceaux ont concouru pour les prix de plusieurs académies.

M. NOEL.

M. Noël a fait l'Eloge de Louis XII, qui a remporté le prix de l'Académie Française en 1788. Cet écrivain est du petit nombre de ceux qui réunissent le goût aux connoissances. Son style est élégant : l'Eloge de Louis XII méritoit le prix qu'il a obtenu.

LE TOURNEUR.

Le Tourneur, si justement célèbre par sa traduction des *Nuits d'Young*, nous a donné des Discours moraux qui ont été couronnés par les Académies de Montauban et de Besançon ; nous avons aussi de cet écrivain un Eloge de Charles V : le tout a été recueilli en 1768, in-8°.

M. GRÉGOIRE.

M. Grégoire fit, en 1772, l'Eloge de la poésie, qui remporta le prix de l'Académie de Nancy. La Société des Sciences et Arts de

Metz couronna, en 1788, son *Essai sur la régénération physique, morale et politique des Juifs.* Cet ouvrage, qui peut être considéré comme un éloquent plaidoyer, a été imprimé en 1789, in-8°.

M. GUYTON DE MORVEAU.

M. Guyton de Morveau a fait l'Eloge du président Jeannin, un Discours *sur les Mœurs*, et plusieurs Eloges, recueillis en 1775 et en 1782, 3 vol. in-12.

ROBESPIERRE.

Robespierre est auteur d'un Discours *sur l'Origine de l'Opinion, qui étendoit sur tous les individus d'une même famille, une partie de la honte attachée aux peines infamantes que subit un coupable.* Ce discours fut couronné en 1784, par l'Académie de Metz.

Ce seroit un parallèle assez curieux, que d'opposer l'auteur de ce discours, consacré à une philosophie douce et aimante, au déclamateur furieux et insensé qui, dans la tribune de la convention et à celle des jacobins, allumoit sans cesse le feu de la discorde, de la vengeance et de toutes les passions malfaisantes. Dans le discours couronné par l'Académie de Metz, on trouveroit un philosophe ami de l'humanité ; et dans les diatribes du moderne Néron, toutes les fureurs d'un monstre altéré du sang humain.

L'ABBÉ FAUCHET.

Cet orateur a publié un Panégyrique de Saint-Louis, l'Oraison funèbre de Philippe d'Orléans, celles de l'archevêque de Bourges et de l'abbé de l'Epée, et l'Eloge de Franklin. Un mauvais style, et l'abus des métaphores, voilà ce qui caractérise les productions de cet écrivain.

M. LE CARDINAL MAURY.

A fait l'Eloge du Dauphin, celui de Stanislas, un Discours sur la Paix, un très-bon Eloge de Fénélon, et il a prononcé plusieurs autres discours, en présence de l'Académie Française.

Comme nous parlerons ailleurs de son talent oratoire, nous nous bornons à indiquer ici les ouvrages académiques qui sont sortis de sa plume.

NECKER.

Son Eloge de Colbert, remporta le prix de l'Académie Française, en 1773.

TRESSAN.

A fait l'Eloge de Maupertuis, celui du maréchal du Muy, et un Discours de réception, lorsqu'il fut admis à l'Académie Française.

LE COMTE D'ALBON.

On a de lui l'Eloge de Chamousset, celui de Court de Gebelin, et plusieurs discours sur des questions littéraires.

M. BARRÈRE.

Son Eloge de Louis XII, celui de J.-B. Furgole, de J. J. Rousseau et plusieurs autres, ont été réunis en 1806, in-8°. L'éloquence de M. Barrère est assez connue. Nous nous dispenserons de la caractériser ici, et de faire des rapprochemens.

M. LACRETELLE (L'AINÉ).

A fait l'Eloge du duc de Montausier, un discours sur le Préjugé des peines infamantes, un autre sur la multiplicité des lois, et un troisième sur les Causes des crimes et sur les moyens de les rendre plus rares. Cet écrivain a fait preuve de talens dans ces différentes productions; mais il est plus penseur qu'éloquent.

M. PASTORET.

Nous avons de lui un Eloge de Voltaire, qui concourut, en 1778, pour le prix de l'Académie Française.

L'ABBÉ REMY.

Son éloge de Michel de l'Hôpital, chancelier de France, fut couronné en 1777, par l'Académie Française.

L'ABBÉ BRIZARD.

A fait l'Eloge de Charles V, roi de France, et celui de l'abbé Mably. Ce dernier est plein d'intérêt.

M. CARNOT.

Est auteur d'un Eloge du maréchal de Vauban, qui a remporté le prix de l'Académie de Dijon, en 1784.

M. LACÉPÈDE.

Ce célèbre naturaliste, digne collaborateur de l'immortel Buffon, a fait l'Eloge de Dolomieu, enlevé trop tôt aux sciences qu'il enrichissoit par ses travaux et ses découvertes. L'Eloge du savant minéralogiste, est un des plus beaux monumens de l'éloquence française.

française. Ce discours, qui est rempli d'idées grandes et majestueuses, de tableaux fortement dessinés, et de morceaux de la plus touchante sensibilité, fait tout à la fois honneur au cœur et à l'esprit de son auteur.

M. FONTANES.

A prononcé l'Eloge funèbre de Washington, dans le Temple de Mars (l'Eglise des Invalides), le 20 pluviôse an VIII. Ce morceau est excellent.

Il y a de grandes beautés dans l'Eloge de M. de Noé, ancien évêque de Lescar, par M. Luce de Lancival; ouvrage qui a été couronné par le Musée de l'Yonne, en 1805.

Nous terminerons ici la nomenclature des écrivains qui ont exercé leurs talens dans la carrière de l'éloquence académique, et nous invitons nos lecteurs qui voudroient connoître tous les orateurs de cette classe, à consulter les recueils de l'Académie Française, qu'on trouve chez Demonville, imprimeur et libraire : celui des discours couronnés forme 5 vol. in-12 ; le dernier contient plusieurs des éloges composés par M. Garat.

On doit encore faire entrer dans la Bibliothèque d'un Homme de Goût, les discours latins de plusieurs orateurs de collége, tels que les Harangues des Pères Cossart, Jouvency, Porée, la Sante, du Baudori, Geoffroy, et celles de messieurs Grenan, Lebeau, etc.

LE PÈRE JOUVENCY.

Parmi les ouvrages imprimés du Père Jouvency, nous connoissons deux volumes in-12 de harangues latines, prononcées en diverses occasions. On y reconnoît un homme qui s'est nourri des bonnes productions des anciens; la pureté, l'élégance, la facilité de son style, la richesse de ses expressions, l'égalent presque aux meilleurs écrivains de l'antiquité. Il seroit à souhaiter qu'en faisant attention aux mots, il en eût fait un peu plus aux choses; ses ouvrages renfermeroient plus de pensées, et ils plairoient aux philosophes autant qu'ils plaisent aux littérateurs.

LE PÈRE PORÉE.

Choisi immédiatement après le Père Jouvency, pour remplir la chaire de rhétorique du collége de Louis-le-Grand, le Père Porée le remplaça dignement. Même zèle, même piété, même application; mais plus d'esprit, plus de génie, plus d'élévation dans le successeur. Une latinité moins élégante et moins pure; mais un style plus vif, plus ingénieux, un style que Sénèque et Pline auroient peut-être envié. On lui a reproché de n'avoir point l'éloquence nombreuse et périodique de Cicéron; mais il ne vouloit pas l'avoir. Le style coupé, pressé, vif, lui paroissoit plus convenable pour des discours académiques, tels que ceux qu'il prononçoit. On a de lui, 1°. un recueil de Harangues, publié à Paris en 1735, en deux volumes in-12. On ne peut nier qu'il n'y ait dans ces discours, un grand nombre de tours ingénieux, de pensées fines, d'expressions vives et saillantes : il eût été à souhaiter qu'il en eût retranché des jeux de mots généralement réprouvés par les gens de goût. 2°. Un second recueil de ses Harangues, donné en 1747, in-12 : il y en a quelques-unes sur des sujets pieux, dans lesquelles il est plus simple que dans ses discours d'apparat : il ne pense qu'à éclairer l'esprit et à toucher le cœur; et il y réussit.

LE PÈRE DU BAUDORI.

On a, de ce jésuite, des Œuvres diverses,

dont la dernière édition est de Paris, en 1762, in-12. On trouve dans ce recueil quatre discours latins et quatre plaidoyers français ; les sujets des discours sont intéressans, les divisions nettes et simples, la latinité quelquefois très-bonne. On peut reprocher à l'auteur quelques pointes, quelques jeux de mots, qui gâtent presque toujours notre latinité moderne, et qui ont régné si long-temps dans le Collége de Louis-le-Grand ; mais l'on doit avouer qu'il en a moins que ses prédécesseurs. Ses plaidoyers sont aussi ingénieux que bien choisis. On peut juger, par ces écrits, combien il avoit l'esprit élégant et facile : il répand à pleines mains les fleurs de l'éloquence, les beautés du style, les grâces de la diction ; en un mot, il partage avec les Pères Hardouin, Tournemine et Bougeant, la gloire d'avoir illustré la Bretagne, son ordre et sa patrie, par d'excellens ouvrages de littérature et de goût.

Le plaidoyer est un genre d'exercice très-propre à développer les talens de la jeunesse, et à les perfectionner : le Père du Baudori y excelloit : il en donnoit des modèles à ses écoliers, tels que ceux qui sont recueillis dans ses œuvres. Tous les genres d'éloquence y sont employés avec art ; l'orateur passe habilement de l'enjoué au sérieux, du sublime au pathétique. Le style est conforme à chaque sujet, mais n'est pas exempt de négligence; vous y trouverez des manières de parler triviales ou déplacées.

L'abbé le Noir Duparc, ex-jésuite, a publié, en 1786, un nouveau recueil de Plaidoyers français; il y en a du Père Porée et du Père Geoffroy : ce volume devoit avoir une suite, l'éditeur est mort sans l'avoir publiée.

GRENAN.

Son discours latin sur les Causes de la corruption du goût et sur les remèdes qu'on peut y apporter, mériteroit d'être traduit en français.

LE BEAU.

On trouve d'excellens morceaux dans les *Carmina et Orationes* du célèbre professeur le Beau, publiés après sa mort par M. Thierriat, en 1782 et 1784, 4 vol. in-8°. Les narrations sont remarquables par le goût antique qu'elles respirent ; on en prendroit quelques-unes pour des restes du siècle d'Auguste.

DE QUELQUES ORATEURS QUI SE SONT DISTINGUÉS A LA TRIBUNE DE L'ASSEMBLÉE CONSTITUANTE, DE LA CONVENTION, ET DES ASSEMBLÉES LÉGISLATIVES.

La carrière des affaires politiques ouverte à tous les citoyens, a produit le même effet en France que chez tous les peuples où chaque individu étoit appelé à prendre part à l'administration publique. Les âmes se sont enflammées à l'aspect des grands intérêts qu'elles avoient à discuter, et les factions venant tour à tour à les comprimer ou à les exalter suivant leurs triomphes ou leurs défaites, dans l'espace de quelques années, l'art oratoire a acquis, en France, un degré de supériorité qui y étoit inconnu. Le génie national, impatient, vif et impétueux, a produit dans son effervescence, des chefs-d'œuvres d'éloquence. Les haines des partis, les froissemens des intérêts, les élans de la liberté, les résistances de l'ambition déconcertée, les efforts de l'amour-propre éveillé, l'image des grandes catastrophes, le sentiment des dangers pressans, tant de germes, en alimentant à la fois toutes les passions, en les irritant, ont fait éclore des talens dans tous les partis, qui méritent d'être placés dans une galerie destinée aux orateurs célèbres. Nous commencerons par Mirabeau.

LE COMTE DE MIRABEAU.

Ce célèbre écrivain mérite le premier rang parmi les orateurs qui se sont distingués dans l'assemblée constituante. Jamais, peut-être, la nature n'avoit réuni dans un même homme autant de talens oratoires, à des formes plus propres à les faire valoir. Son ton, ses regards, son geste, la force de sa déclamation, tantôt impétueuse et entraînante, et tantôt majestueuse et calme; son attitude fière et imposante à la tribune, un organe qu'il maîtrisoit à volonté, une physionomie dessinée à grands traits, et où toutes les passions venoient successivement se peindre avec énergie; cet ascendant, en un-mot, que donne à une grande âme le sentiment de ses forces et de sa supériorité, tout concouroit à faire de Mirabeau le plus grand des orateurs.

Quant aux ressources de son génie, peu

d'hommes, peut-être, en eurent de plus fécondes et de plus brillantes. Dans cette assemblée, où tous les partis se trouvoient en présence, Mirabeau eut à lutter contre les plus grands talens; et si, le plus souvent, il fut leur vainqueur, il faut convenir que la nature l'avoit autant favorisé des dons du génie que des avantages extérieurs.

Après avoir rendu justice à Mirabeau, nous ne devons pas oublier d'observer que, lorsqu'il étoit forcé d'improviser, il étoit bien inférieur à l'orateur qui s'étoit préparé : aussi a-t-on remarqué qu'il évitoit, autant qu'il le pouvoit, ces épreuves, aussi difficiles que délicates pour son amour-propre.

On doit à M. Etienne Méjan la collection complète des travaux de Mirabeau à l'assemblée nationale, précédée de tous les discours et ouvrages de cet auteur, prononcés ou publiés pendant le cours des élections, 1791, 5 volumes in-8°. On imprima, en 1792, le choix des meilleurs Discours de cet orateur, sous le titre de *Mirabeau à la Tribune*, 1 vol. in-8°. ou 2 vol. in-18.

M. LE CARDINAL MAURY.

M. Maury fut le concurrent de Mirabeau
à

à la tribune de l'assemblée constituante. Son éloquence hardie étoit toujours semée des traits brillans d'une érudition vaste et profonde : doué d'une mémoire prodigieuse, il mit plus d'une fois en défaut ses antagonistes, en relevant leurs erreurs, et en les mettant dans l'embarras des rétractations; sa constance imperturbable le ramenoit sans cesse à la tribune, où quelquefois, après avoir été foudroyé par l'éloquence de Mirabeau, il se montroit aussi grand que son rival. Il avoit, comme lui, des formes oratoires; sa voix étoit forte, sa prononciation distincte, son geste expressif et animé : destiné à courir, avant la révolution, la carrière de la chaire, il avoit fait une étude particulière de l'art de la déclamation; ses succès dans ce genre lui avoient, pour ainsi dire, donné la clef du cœur humain; et dans les grandes occasions, il sut toucher et entraîner ceux même qui étoient venus l'entendre avec le plus de préventions.

Ses écrits pendant sa carrière politique, sont nombreux ; on distingue les suivans :

Opinion dans la cause des Magistrats qui composoient la ci-devant chambre des vacations du parlement de Bretagne; 1 vol. in-8°.

Opinion sur le Droit de faire la Guerre et de conclure les Traités de Paix, d'Alliance et de Commerce, 1 vol. in-8°.

Opinion sur les Finances et sur la Dette Publique, 1 volume in-8°.

Réflexions sur la Constitution Civile du Clergé, 1 vol. in-8°.

Opinion dans l'affaire de la Dot de la Reine d'Espagne, 1 vol. in-8°.

Opinion sur la Réunion d'Avignon à la France.

Opinion sur la Régence, etc. On a publié, en 1791, 1 vol. in-8°., intitulé : *l'Esprit de M. l'abbé Maury.*

M. DE TALLEYRAND-PÉRIGORD.

M. de Talleyrand-Périgord a montré à l'assemblée constituante une éloquence de discussion qui a obtenu les suffrages de tous ceux qu'un esprit de parti n'égaroit pas. Ses dehors étoient calmes ; la réserve et la modestie présidoient à tous ses mouvemens ; il sembloit, en quelque sorte, se défier de ses forces; peu d'orateurs cependant ont offert dans leurs rapports des vues plus philosophiques et plus heureuses ; celui qu'il fit sur l'instruction publique, est à la fois un modèle de sagesse et d'éloquence : que d'excellens matériaux sont présentés dans ce discours, pour concourir au perfectionnement de l'instruction publique, cette sauvegarde des mœurs et de la prospérité nationale!

CAZALÈS.

Une logique exacte, serrée et pressante, une franchise qui s'exprimoit par des saillies pleines de traits brillans, tel fut le caractère de l'éloquence de Cazalès. Il avoit tout ce que la nature peut donner d'esprit, tout ce que peuvent laisser puiser de talens dans une éducation de province, les habitudes et le ton d'une caste privilégiée. On lui a reproché, cependant, d'avoir une trop grande envie de briller, trop de présomption et trop de prétention à l'esprit. Il ne savoit pas assez abandonner de ses idées aux autres, pour leur en faire adopter quelques-unes des siennes, et pour ménager leur amour-propre : en général, Cazalès a éprouvé tout ce que les hommes qui marquent à la tête d'un parti ont coutume d'éprouver : il a été trop préconisé par les uns, et trop rabaissé par les autres : la postérité, plus juste, le placera parmi les hommes les plus instruits de l'assemblée constituante, et au rang de ses grands orateurs.

Cazalès revint d'Angleterre en 1803. Il fut parfaitement accueilli en France, mais il mourut en 1805, après avoir été nommé candidat au corps législatif.

DESPRÉMÉNIL.

L'éloquence forte et vigoureuse qu'il déploya pendant la lutte entre la cour et les parlemens, avoit rendu son nom célèbre avant la révolution. Il parloit alors en homme passionné pour la liberté de son pays; aussi trouve-t-on dans ses écrits cette énergie profonde qui caractérise les anciens orateurs de Rome et d'Athènes.

Despréménil étoit alors le défenseur des droits de l'humanité opprimée; depuis, il a changé de système, et l'on n'a plus trouvé en lui qu'un homme de parti mécontent, passionné; son éloquence s'est évanouie, et l'on s'est demandé avec étonnement si c'étoit le même homme. Du reste, sa destinée étoit d'être poursuivi par l'infortune; car après avoir été plongé dans les cachots du despotisme, il a fini par perdre la vie sur un des échafauds élevés sous la tyrannie de Robespierre.

BAILLY.

L'énergie qu'il développa à la fameuse séance du Jeu de Paume, et la noble fierté de ses réponses, suffiroient seules à sa réputation d'orateur, si, avant cette époque, il n'eût déjà été connu par son éloquence. Nous croyons donc devoir le placer dans la galerie des orateurs qu'a produits la révolution. Heureux, si après avoir été comblé de gloire, il n'eût pas été traîné sur l'échafaud, où périrent avec lui les plus beaux talens!

TARGET.

M. Target, comme académicien et comme avocat, promettoit des talens oratoires à l'assemblée constituante. Il se jeta de bonne heure dans la lice : il y brilla; mais ses succès furent passagers : les événemens se pressoient; les grands discours fatiguoient; et comme Target n'avoit pas l'art de forcer l'attention, il fut contraint d'abandonner le genre oratoire, pour embrasser celui des discussions constitutionnelles.

LE CHAPELIER.

A peine se montra-t-il à la tribune, que les connoisseurs lui assignèrent un rang parmi les orateurs distingués de l'assemblée constituante : son éloquence étoit énergique et simple, rehaussée surtout par le ton de la franchise la plus décidée : il avoit beaucoup d'érudition : nourri de Montesquieu, il en avoit pris, et les principes, et la manière. Il est auteur d'un fameux rapport sur les sociétés populaires, où l'éloquence la plus énergique brille à côté des discussions les plus profondes et les plus philosophiques.

THOURET.

Des idées nettes, un excellent esprit, de la méthode, un talent rare pour la discussion, et cette heureuse facilité, qui fixe toujours l'attention dans une grande assemblée, tels furent les caractères de l'éloquence de ce législateur. On lui doit presque toutes les bases de l'ordre judiciaire; c'est lui encore qui avoit conçu la grande idée de la distribution départementale et municipale, qui fut regardée comme un chef-d'œuvre de politique.

M. DE LALLY-TOLLENDAL.

Si quelqu'homme étoit fait pour obtenir le premier rang dans la carrière de l'éloquence, c'étoit sans doute M. de Lally-Tollendal : une déclamation vive et animée, des manières tragiques, une physionomie fortement prononcée, voilà quels étoient ses titres extérieurs. La faveur publique, d'un autre côté, le suivoit à la tribune ; le procès et la réhabilitation de son père le faisoient regarder avec un intérêt touchant : ajoutons à tous ces traits, les avantages que lui donnoient une imagination bouillante, un esprit orné et une éducation soignée, on aura l'idée des droits qu'il avoit à la prééminence dans l'art oratoire. Mais Lally-Tollendal ne sut pas se mettre à l'abri des séductions de l'amour-propre, il abusa de ses talens ; son éloquence devint boursouflée, romanesque ; et lorsqu'il disparut de l'assemblée, il avoit déjà beaucoup perdu de cette réputation brillante qui avoit accueilli ses premiers essais à la tribune. Les productions qui sont sorties de sa plume pendant la révolution, sont en très-grand nombre.

BARNAVE.

Mirabeau disoit de lui, qu'il ne comprenoit pas comment un jeune homme pouvoit parler aussi vite, aussi long-temps et aussi bien. Barnave commençoit à s'essayer alors dans la carrière qu'il a si glorieusement remplie dans la suite. Nul ne posséda plus de grâce dans la diction et plus de talens dans l'art de résumer. Ni la rapidité, ni la lenteur des discussions, ni le choc des intrigues, ni la déviation des parleurs ne pouvoient le détourner du sujet ou des branches de la question; son calme étoit imperturbable pendant ces intervalles; mais lorsque tout étoit dit, ou épuisé, c'est alors que reprenant son ascendant, et se livrant à son énergie, il changeoit à son gré les opinions de l'assemblée, et emportoit les décrets.

Il devoit être un grand exemple des vicissitudes qui attendent ceux qui fondent leur célébrité sur la faveur populaire; après avoir joui de tout l'éclat qu'elle distribue à ceux qui la recherchent avec le plus d'empressement, il tomba dans le discrédit, et ensuite dans l'oubli : il en fut retiré, pour être traduit devant le tribunal révolutionnaire.

Quinze

Quinze mois de captivité l'avoient mûri. Quelle éloquence! quelle profondeur il développa devant ses juges! Quoique les talens fussent alors spécialement un titre à la proscription, tel fut l'ascendant de ses moyens et de son génie, que la foule qui avoit assisté à son procès ne pouvoit douter de son triomphe, lors même que son arrêt de mort étoit prononcé et prêt à être éxécuté!

PÉTION.

Pétion avoit à la tribune une contenance fière, quoique son éloquence fut douce, souple et insinuante. Sa grande célébrité tient plutôt au rôle qu'il a joué dans les événemens de la révolution, qu'à la grande supériorité de ses talens. On ne peut cependant disconvenir que formé par ces mêmes événemens, il n'eût acquis une grande facilité, et surtout cette éloquence populaire qui lui fit tant de partisans et tant d'ennemis. On publia ses Œuvres en 1793, en 4 volumes in-8°.

M. REGNAULT DE SAINT-JEAN D'ANGÉLY.

Doué d'un bel organe et d'une merveilleuse

facilité, cet orateur parut souvent, et avec succès, à la tribune de l'assemblée constituante. Les discours qu'il a prononcés dans différentes circonstances en qualité de conseiller d'état, sont remarquables par la force des pensées et l'élégance du style.

BRISSOT.

L'objet qui a le plus particulièrement exercé son éloquence, est l'affranchissement des hommes de couleur, dont il s'étoit constitué l'orateur spécial. Il y a dans les nombreux écrits qu'il a laissés sur ce sujet, des morceaux dignes des plus grands modèles; mais, en général, il est diffus, et ses productions se ressentent de la précipitation avec laquelle il les mettoit au jour. Peu d'hommes ont plus écrit que Brissot, et laissé moins d'ouvrages.

VERGNIAUD.

L'éloquence si magnifique et si brillante dans l'assemblée constituante, avoit singulièrement dégénéré pendant les troubles et les intrigues de l'assemblée législative. La gloire de la rappeler à son éclat et de la porter même au plus haut degré de perfection, étoit réservée à Vergniaud. Il n'avoit pas, à la vérité, le talent d'improviser; mais quand il avoit préparé ses discours, ils étoient écrits avec tant de force, il les prononçoit avec tant de noblesse et de charmes ; il étoit à la fois si séduisant et si terrible, si entraînant et si persuasif, si simple et si sublime, que d'un bout de la France à l'autre, il fut proclamé le plus éloquent de son siècle. Jamais homme, peut-être, ne s'étoit servi avec autant de succès du secours des images; il avoit l'art de les présenter sous des rapports si frappans et si vrais, qu'il ravissoit à la fois l'admiration et la surprise. S'il avoit eu des formes aussi oratoires que Mirabeau ou M. Maury, ces deux orateurs ne tiendroient auprès de lui que le second rang; mais sa constitution physique ne lui permettoit ni la contenance fière du premier, ni l'audace du second; il étoit trop absorbé dans la tribune pour s'y livrer aux élans d'un geste dont l'expression tient à l'attitude de tout le corps. Nous avons parlé de la force de ses images; en voici une dont l'impression fut générale, quand il la présenta. « Pourquoi, disoit-il aux partisans de Marat, pourquoi présenter la Liberté et l'Egalité sous l'image de deux tigres qui se dévorent, tandis qu'on devroit les présenter sous celle de deux frères qui s'embrassent? Si la liberté se propage chez les étrangers avec tant de lenteur, c'est qu'ils ne l'ont encore aperçue que sous un voile ensanglanté. Quand, pour la première fois, les peuples se prosternèrent devant le soleil, qu'ils appelèrent le père de la nature, croyez-vous qu'il s'enveloppa de nuages qui portent la tempête? »

Malheureusement Vergniaud parloit à des hommes, ou qui ne savoient que l'admirer, ou à ceux qui, voulant le perdre, s'embarrassoient peu qu'il eût des talens. Il justifia la vérité de cette grande et belle pensée, qui sortit de sa bouche au moment où il alloit paroître devant ses juges : que la révolution, comme Saturne, devoroit ses enfans. Il périt, en effet, victime de Robespierre.

CONDORCET.

Condorcet n'avoit pas des moyens suffisans pour parler au milieu d'une assemblée tumultueuse ; sa voix n'étoit pas assez imposante pour prendre part à des débats, dont l'avantage restoit souvent à celui qui portoit à la tribune l'énergie d'un organe bruyant;

mais lorsqu'au milieu du calme et du silence il pouvoit élever sa voix, alors on goûtoit tant de plaisir à l'entendre ; il offroit à la fois à l'esprit et au cœur tant de jouissances, qu'on ne pouvoit se lasser de l'écouter ; il étoit proprement l'orateur des âmes sensibles et des philosophes. Il a laissé une foule d'écrits ; mais celui qui a fait le plus de sensation, est son Plan d'Education, où, malgré quelques nuances d'afféterie et de prétention académique, il a posé les bases d'une excellente organisation dans ce genre. Une éloquence douce et persuasive y règne d'un bout à l'autre, à côté des idées les plus philosophiques et le plus savamment méditées.

GUADET.

Cet orateur, qui a eu une fin si tragique, avec toute sa famille, dans l'endroit même qui l'avoit vu naître, avoit une éloquence douce et persuasive : il cherchoit à émouvoir, et il y réussissoit souvent. On se rappellera toujours avec intérêt le discours qu'il prononça, pour répondre aux diatribes de Marat, qui l'avoit accusé de mener une vie voluptueuse, d'avoir réuni dans sa maison toutes les jouissances du luxe le plus raffiné ;

et d'insulter, par sa vie scandaleuse, à la misère publique. Guadet s'adressant à tous les cœurs honnêtes, les conjura de pénétrer dans l'asile simple et modeste qu'il habitoit avec sa famille. Il fit ensuite un portrait si touchant des soins respectables auxquels sa femme se livroit pour élever ses enfans, qu'il arracha des larmes à ses auditeurs, et fit rougir ses détracteurs de la lâcheté de leurs calomnies. Dans plusieurs circonstances, Guadet a donné des preuves d'un beau talent.

M. PORTALIS.

Ce célèbre orateur arriva à Paris avec une réputation qui fit espérer des morceaux d'éloquence, dignes des temps anciens. Les circonstances lui permirent bientôt de développer ses rares talens. Ce fut au conseil des anciens, qu'il commença à publier des opinions marquées du sceau d'une éloquence vive et lumineuse. Les discours qu'il a composés ou prononcés comme conseiller d'état, ont mis le comble à sa gloire.

DANTON.

Nous ne citerons pas son éloquence comme

un modèle, mais comme une originalité que nous croyons digne de figurer parmi les productions de l'art oratoire. Danton avoit une voix de tonnerre, un regard fier et menaçant, une physionomie hargneuse et des poumons infatigables. Son éloquence n'étoit ni brillante, ni façonnée, mais énergique et tranchante; on y remarquoit quelquefois les lueurs d'une imagination singulièrement féconde en idées extraordinaires et originales : comme il savoit que l'on étoit disposé à lui pardonner tous les écarts d'un jugement déréglé en faveur de ses élans révolutionnaires, il se livroit, sans frein, à l'impétuosité de ses idées, et de cette effervescence sortoient quelquefois des étincelles de génie. Dans la carrière difficile et orageuse qu'il a parcourue, il a eu des momens sublimes, où l'homme de la nature se montroit seul, et parvenoit à imposer silence aux accens d'une éloquence étudiée. Mirabeau sembloit avoir pressenti ses talens et le parti que l'on pourroit en tirer, il en avoit fait son ami; sa grande popularité s'évanouit devant celle de Robespierre, qui, pour le punir de l'avoir contrebalancé pendant quelques instans, l'envoya à l'échafaud.

M. BARRÈRE.

L'élégance de ses formes, la facilité de son travail, et la séduction de son débit, lui avoient donné l'art de plaire et d'entraîner les suffrages ; mais son éloquence n'étoit plus qu'un fade et insupportable jargon, lorsque se présentant chaque jour à la tribune, pour débiter avec grâce, ce qu'il appeloit ses *carmagnoles*, il venoit faire tous ces rapports, où le néologisme n'étoit employé que pour déguiser, sous des expressions figurées, les assasinats de Robespierre et de ses complices.

ROBESPIERRE.

Sa première passion fut l'envie de briller sur la scène où les circonstances l'avoient placé; et sa seconde, qui devint en même temps la plus funeste, fut d'anéantir tout ce qu'il ne pouvoit atteindre ou surpasser dans son impuissance : la nature ne lui avoit rien accordé de ce qui constitue un orateur; lorsqu'il commença sa carrière politique, il n'avoit ni mouvement, ni dignité, ni éloquence, ni courage ; il n'avoit pas même d'extérieur. Sa figure, trop peu expressive pour les passions

sions généreuses, n'offroit aux observateurs que le caractère des âmes petites, celui de l'envie. Son geste consistoit en quelques mouvemens convulsifs, que rendoit encore plus ridicules une voix aigre et insupportable à l'oreille : tel fut Robespierre pendant l'assemblée constituante. Les affronts que son amour-propre y essuya fréquemment, rendirent sa présomption plus circonspecte ; à force d'art et de soins, il parvint à se faire une sorte d'éloquence, qui, envisagée sous le rapport littéraire, n'étoit pas sans quelqu'intérêt : c'est surtout en exprimant les sentimens malfaisans de son âme, qu'elle devenoit énergique et rapide : ses ressources étoient étonnantes, lorsqu'il s'agissoit d'accabler un ennemi qu'il vouloit perdre, et qu'il falloit auparavant vouer à l'indignation populaire. Quelle triste prérogative, que celle de n'avoir des talens que pour nuire ! En plaçant Robespierre au rang des orateurs, nous avons voulu rendre hommage à l'indépendance des lettres, et non pas le célébrer. Néron eut aussi quelques talens, que l'histoire n'a pas dédaigné de consigner à côté de ses forfaits.

SAINT-JUST.

Jamais orateur n'a manifesté une exaltation aussi effrénée de sentimens et d'opinions, sous des dehors plus calmes et plus compassés. Camille Desmoulins avoit dit de lui, qu'il portoit sa tête comme un Saint-Sacrement. Cette plaisanterie peignoit assez la roideur avec laquelle il se conduisoit à la tribune. Ses rapports, qui lui valurent dans le temps une si grande réputation, et que ses partisans colportoient comme des chefs-d'œuvres d'éloquence, sont farcis d'un langage amphigourique, plus digne de figurer parmi les capucinades les plus grotesques, que parmi les productions avouées par le bon goût; on en jugera par ce seul trait : « Concentrons, disoit-il un jour à la tribune, dans le point central, la force excentrique; remuons, sans le mouvoir, le levier qui agit avec impassibilité, afin que le mobile ait un bon comportement, et que le terrorisme soit utilisé. » C'est cependant avec de pareilles rapsodies que Saint-Just étoit parvenu à se faire passer pour un orateur !

En plaçant Saint-Just au nombre des orateurs, nous avons voulu montrer, qu'au milieu des factions, on n'obtient que trop souvent des réputations, qui s'évanouissent aux premiers regards de la raison.

M. DAUNOU.

M. Daunou a été, sans contredit, l'un des meilleurs orateurs de la convention et des dernières législatures; il s'est toujours fait remarquer par la justesse de sa logique, et sa clarté dans la discussion.

M. TALLIEN.

Comment ne pas mettre au rang des orateurs celui qui, cachant un poignard sous son habit, osa concevoir l'audacieux projet d'immoler Robespierre en plein sénat, s'il ne pouvoit abattre ce tyran par la force de son éloquence, et qui fut son vainqueur en l'attaquant avec les seules armes de la parole? On n'a point assez recueilli les traits de l'éloquence véhémente et terrible de Tallien, dans ce moment décisif : jamais orateur n'a peut-être rassemblé autant de forces physiques et morales pour découvrir un abîme, et pour le faire entrevoir à ses auditeurs effrayés. Jamais impulsion plus rapide et plus terrible ne fut communiquée : sa voix, son geste, ses paroles entrecoupées, ses yeux étincelans de colère et d'horreur, un frémissement universel répandu sur tout son corps, tout annonçoit le plus sublime effort de l'éloquence humaine : elle triompha ; et quand elle n'auroit rendu que ce service à l'humanité, il faudroit en conserver le souvenir et publier éternellement ses bienfaits.

Nous terminerons ici cet article, en rappelant à nos lecteurs que notre but n'a été que de parler de quelques orateurs des différentes assemblées législatives ; c'étoit leur annoncer que nous nous bornerions à une courte notice des orateurs de cette classe. Dans un espace aussi étroit, il nous eût été impossible de parler de tous les hommes éloquens, et encore moins de tous ceux qui ont fait preuve de talent. Comme ce n'est point l'histoire des individus que nous avons voulu écrire, mais celle des progrès de l'éloquence, nous espérons que nos lecteurs nous sauront gré de n'avoir pas donné plus d'étendue à cet article.

Au reste, si d'un côté on nous faisoit un reproche d'avoir oublié quelques orateurs ; et d'un autre, d'avoir parlé de quelques hommes plus fameux que célèbres ; nous répondrions au premier reproche, que notre ouvrage ne doit offrir que des notices courtes et rapides sur les plus grands talens ; quant au second, nous observerions que nous avons dû caractériser l'éloquence politique en France depuis la révolution, en marquer les progrès et les abus, et que nous ne pouvions y parvenir, sans faire une esquisse des divers genres d'éloquence qui ont brillé dans cette nouvelle carrière ; mais nous invitons surtout nos lecteurs à ne pas oublier que nous n'avons considéré les orateurs dont nous avons parlé, que sous le rapport de leurs talens littéraires, et non sous celui de la moralité de leurs actions.

§. VII. DES ORATEURS ANGLAIS.

L'Angleterre est un des pays de l'Europe où les progrès de l'éloquence ont eu une marche plus lente. Hume, dans son *Traité sur les Causes de cette Lenteur,* présente à ce sujet des observations pleines de justesse. « Il y a, je l'avoue, dit ce philosophe, dans le tempérament et le caractère de notre nation, des qualités préjudiciables aux progrès de l'éloquence, et qui rendent les tentatives de cette nature plus difficiles et plus dangereuses chez nous que partout ailleurs.

Les Anglais sont recommandables par leur bon sens ; et ce bon sens inspire de l'ombrage contre tout ce qui sent trop l'illusion. Ils ne veulent point se laisser éblouir par des fleurs de rhétorique et par les charmes de la diction. Les Anglais sont encore fort modestes ; et ils craindroient de paroître trop présomptueux, s'ils osoient proposer autre chose que des raisons aux assemblées publiques, s'ils vouloient surprendre les suffrages en remuant les passions, ou en échauffant l'imagination de leurs auditeurs. Me permettra-t-on d'ajouter que généralement parlant, ils n'ont pas le goût fort délicat, ni l'esprit fort sensible aux agrémens des beaux-arts. Les Muses ne leur ont pas dispensé leurs faveurs avec trop de largesse. Pour leur plaire, leurs poëtes comiques n'ont que la ressource des obscénités, et leurs auteurs tragiques ne sauroient les toucher sans ensanglanter la scène. Les orateurs ne pouvant recourir ni à l'un ni à l'autre de ces moyens, ont renoncé à toute espérance de les émouvoir, et se sont réduits à la simple argumentation. »

Ces réflexions de Hume sur les causes qui retardent les progrès de l'éloquence en Angleterre, sont en général pleines de justesse, mais peut-être aujourd'hui doivent-elles paroître un peu exagérées. Les Anglais ne se bornent plus à l'éloquence argumentative ; ils cherchent ce sublime et ce pathétique que l'on admire dans les orateurs de la Grèce et de Rome. Ils ne dédaignent plus l'art proprement dit de l'éloquence : ils ont reconnu que pour être orateur, il ne suffit pas d'avoir quelques mouvemens rapides, quelques traits sublimes qui échappent à tout homme passionné; mais que c'est l'ordre progressif des idées, une élocution soutenue, un goût sain, et la perfection du langage, unie à la sublimité des pensées, qui caractérisent l'éloquence.

On a remarqué que l'éloquence a fait les premiers progrès chez les Anglais, pendant les guerres civiles, et cela étoit naturel. Lorsque les rivalités domestiques sont fondées sur des principes de liberté, elles ne sont pas pour l'ordinaire nuisibles aux talens de l'éloquence, ou plutôt, en présentant des objets plus élevés et plus intéressans aux hommes de génie, elles les dédommagent par-là de la tranquillité qu'elles leur ôtent. Les discours qui furent prononcés au parlement pendant les guerres civiles de Cromwel, sont bien supérieurs à tous ceux qui avoient paru jusqu'alors en Angleterre. Il semble cependant qu'il faut excepter ceux de cet homme célèbre, qui eut un si grand ascendant sur l'esprit de ses concitoyens. Ses discours sont remplis de passages de l'Ecriture, et paroissent plutôt l'ouvrage d'un sectaire fanatique, que d'un politique adroit.

Nous n'entreprendrons pas ici de donner une notice de tous les orateurs parlementaires ; nous nous bornerons à faire connoître ceux qui sont les plus célèbres et qui ont mérité par leurs talens la réputation dont ils ont joui.

WILLIAM PULTNEY.

Il tient, à cet égard, le premier rang. Ennemi déclaré de Robert Walpole, il employa pour le perdre les ressources de la plus forte éloquence : il étoit, dit Chesterfield, persuasif, agréable, fort et pathétique, selon que les circonstances l'exigeoient. Robert Walpole disoit qu'il craignoit sa langue plus que l'épée d'un autre ; en effet, ce fut Pultney qui le força à se retirer, en dévoilant sa conduite, et en le rendant odieux à la nation.

CHATAM.

CHATAM.

Un homme plus célèbre encore dans la carrière de l'éloquence, fut le comte de Chatam : il étoit fort jeune lorsqu'il parut dans le parlement, et il égala bientôt sur ce grand théâtre, les orateurs les plus distingués. Son éloquence embrassoit tous les genres ; mais il étoit surtout terrible dans les invectives. Il avoit tant d'énergie dans le style, tant de dignité et de chaleur dans l'action, qu'il intimidoit ceux même qui avoient le plus de moyens pour s'opposer à ses vues. Campbell et Mansfield se sentoient désarmer, et cédoient à l'ascendant de son génie.

On cite encore avec éloge parmi les orateurs parlementaires, MM. Littleton, Campbell, Mansfield, Wilkes, lord North, etc. Mais aucun de ces hommes éloquens n'a eu une aussi grande réputation que Burke.

BURKE.

La nature l'avoit rendu susceptible des impressions les plus fortes, et l'avoit doué en même temps de tous les moyens capables de les exprimer avec énergie. Les émotions vives et profondes qu'il a produites, en tra-

TOME III. 8

çant, dans le fameux procès de M. Hastings, le tableau des crimes du despotisme, et la force avec laquelle, pendant la guerre de l'Amérique, il a établi les droits sacrés des hommes, et les véritables intérêts des nations, lui auroient mérité un rang distingué parmi les célèbres orateurs de son siècle, s'il n'eut changé de système et prostitué depuis ses talens au parti ministériel, dont il avoit dévoilé les crimes avec tant de force et de courage. On doit pourtant avouer qu'il conserva toujours la physionomie d'un orateur accoutumé à parler aux passions, et qu'il y a de grands traits d'éloquence dans ses derniers ouvrages contre la Nation Française; mais trop souvent sa fureur l'entraîne, sa raison s'égare, et au lieu d'un écrivain éloquent, on n'aperçoit plus en lui qu'un ennemi plein de rage qui voudroit tout immoler à ses passions.

FOX.

Peu d'orateurs ont eu au même degré que lui cette force de raisonnement, cette logique exacte et pressante qui met dans le plus grand jour la vérité ou l'erreur, cette rapidité entraînante des mouvemens oratoires qui montre un homme passionné pour la vérité et non un écrivain élégant qui ne veut qu'être admiré. Il est, comme Démosthènes, l'athlète de la raison; il la défend de toutes les forces de son génie, et la tribune où il parle devient une arène.

C'est dans la lutte qui s'est élevée au sein du parlement, au sujet de la révolution française, qu'il a surtout déployé les ressources de l'énergie de son éloquence : quand les passions seront appaisées, et les ressentimens étouffés, ses plaidoyers contre l'ambition, et le machiavélisme du ministère britannique à l'époque où la guerre s'alluma entre la France et l'Angleterre, seront proposés comme des modèles d'éloquence, et la postérité les placera à côté de ce que l'antiquité a de plus parfait dans ce genre.

PITT.

William Pitt étoit le troisième fils de l'illustre comte de Chatam. Il naquit à Angers le 8 mai 1759, pendant un séjour momentané que son père fit dans cette ville; ce dernier, confiant à des étrangers l'éducation de ses deux premiers fils, se livra tout entier à celle de William, lui enseigna l'art de raisonner avec justesse, et de réunir, en parlant, la force à l'élégance. Il avoit coutume de dire que cet enfant accroîtroit un jour la gloire du nom de Pitt. Il réunit, en effet, les qualités essentielles de l'orateur, et mérita d'être placé au premier rang. Il ne cédoit à aucun de ses rivaux pour la correction, l'élégance et la facilité. Quoiqu'il eût peu d'images dans son style, il s'animoit lorsqu'il s'agissoit de repousser les attaques de ses adversaires, et conservoit toujours beaucoup de noblesse et de dignité. Son mérite essentiel tenoit à la présence d'esprit avec laquelle il résumoit toutes les idées qui servoient à son but, en écartant toujours, avec la simplicité la plus adroite, celles qui vouloient l'en éloigner. La force de sa dialectique étoit dans la clarté, dans la précision avec laquelle il ramenoit les discussions les plus compliquées à leur premier objet, au résultat le plus praticable et le plus décisif.

Pitt portoit dans la société le même caractère que dans la chambre des communes. Dans la vie privée, ses seuls plaisirs étoient les réunions où régnoient l'étiquette et la représentation : l'ambition étoit sa passion dominante.

M. SHÉRIDAN.

On reproche à M. Shéridan d'employer quelquefois des formes violentes ; mais on ne peut disconvenir qu'il soit un des premiers orateurs du parlement. Il réunit toutes les parties qui constituent la véritable éloquence : le fond des idées, leur abondance, leur choix, la manière de les présenter. Il a la voix forte et claire ; mais son débit est précipité et dépourvu de grâces. Personne n'emploie avec autant d'art le sarcasme et l'ironie ; mais son penchant pour l'épigramme dégénère quelquefois en bouffonneries.

A la suite de ces illustres orateurs, nous placerons avec intérêt MM. Payne, Price, Priestley, Erskine.

L'Angleterre est encore pleine du souvenir des éloquens écrits que ces courageux défenseurs de la liberté britannique ont publiés. Le premier, surtout, que les circonstances ont souvent mis aux prises avec M. Burke, a soutenu cette lutte avec beaucoup de talent. L'éloquence de Price est véhémente, celle de Priestley, douce et persuasive, et celle d'Erskine, simple et méthodique : les uns et les autres laisseront un nom cher aux amis des lettres et de l'éloquence.

Nous terminons cet article par une courte notice sur les orateurs qui se sont distingués dans la carrière de la chaire.

TILLOTSON.

On connoît les Sermons de Tillotson, que son mérite fit placer sur le siége de Cantorbéry. Ce fameux orateur étoit plein de raison, quoique né d'une mère qui en avoit été privée pendant plusieurs années. L'Ecriture-Sainte et les Pères viennent dans ses sermons à l'appui du raisonnement, qui est toujours vigoureux et pressant. Ce n'étoit pas un orateur du commun, et on le met à la tête des prédicateurs d'Angleterre ; mais il paroit qu'il ne seroit pas le premier des orateurs Français : nous demandons plus d'élégance et plus d'agrément ; et il faut avouer que ces deux qualités ne paroissent que rarement dans les discours de Tillotson ; du moins si l'on en juge par la traduction française que nous devons à Barbeyrac.

FORDYCE.

James Fordyce a publié un volume de Sermons pour les jeunes demoiselles, dont le libraire R. Estienne nous a donné une traduction estimée, 1779, in-12. Il y règne une morale pure ; le ton en est insinuant, simple, et à la portée des jeunes personnes.

BLAIR.

Les Sermons du docteur Blair ont eu en Angleterre le succès le plus général et le plus mérité. Ce n'est point à soutenir les dogmes dont il fait profession, ni à fronder ceux qu'il rejette, que l'auteur consacre ses talens ; mais à développer les principes des actions humaines, à détruire les sophismes des passions, à démasquer le vice, à réformer le cœur. La traduction que M. Frossard a faite de ces Sermons, en 1784 et 1787, 3 vol. in-8°., a été bien accueillie. L'auteur en a publié une nouvelle édition, revue et corrigée, en 1807.

M. l'abbé de Tressan a aussi publié, en 1807, trois volumes d'une nouvelle traduction des Sermons de Blair : elle nous a paru plus élégante, mais moins fidèle que la première.

§ VIII. DE L'ÉLOQUENCE SUÉDOISE.

Parmi les éloges des hommes illustres de la Suède, on distingue celui du comte Tessin, écrit par le comte d'Hopken, et traduit en français. Plusieurs Suédois se sont distingués dans les assemblées nationales par leur éloquence politique. Le comte de Fersen avoit beaucoup de force dans le raisonnement, et s'exprimoit avec une mâle énergie et une noble simplicité. On doit citer Gustave III, parmi les plus célèbres orateurs Suédois. Ce prince, dont toute l'Europe a été à portée d'admirer les lumières, a prononcé, dans les diètes nationales, des discours qui donnent l'idée la plus avantageuse de son éloquence.

Felsroden, évêque de Carlstad; Wingand, évêque de Gothemdurg; Murray, Flodin et quelques autres se sont fait un nom dans l'éloquence sacrée. Plusieurs personnes, jalouses de hâter ses progrès, se sont réunies pour proposer un prix aux meilleurs sermons; et cette institution a déjà produit d'heureux effets.

§ IX. DE L'ÉLOQUENCE POLONAISE.

Il n'existoit jadis en Europe aucune assemblée où le talent de l'éloquence pût briller avec plus d'éclat que dans les diètes de Pologne : on y discutoit les plus grands intérêts de l'Etat ; l'amour de la gloire s'y joignoit à l'amour de la patrie pour exciter l'orateur, et les grandes places qui peuvent flatter l'ambition, étoient ordinairement la récompense des grands succès. Presque tous les hommes célèbres qui ont joué un grand rôle en Pologne, ont été éloquens. Dans un gouvernement libre, c'est surtout par le talent de persuader qu'on peut s'élever au-dessus de ses concitoyens : l'empire de la parole est le seul qu'on puisse y exercer sans les alarmer et sans exciter leur jalousie.

Jean Sobieski, un des plus grands hommes de son siècle, fut d'abord simple soldat polonais, puis gendarme en France, ensuite staroste et grand général de la couronne, et enfin roi. Au génie de la guerre, il joignoit une grande éloquence : pour s'en convaincre, il suffit de lire ses discours aux Etats et à ses soldats, dont il étoit plutôt le père, que le

Tome III.

chef. Sobieski fut le modèle des guerriers et le protecteur des lettres. Il parloit presque toutes les langues de l'Europe. L'abbé Coyer a écrit sa vie en trois volumes in-12.

Stanislas Leczhzinzki, roi de Pologne, joignoit beaucoup d'esprit et de lumières aux vertus les plus rares. Charles XII disoit de lui, qu'il n'avoit jamais vu d'homme si propre à concilier tous les partis. C'est surtout à son éloquence qu'il devoit cet avantage.

On doit placer à côté de ces hommes célèbres, Jean Zamoiski. Il fut honoré du titre de *Défenseur de la Patrie et de Protecteur des Sciences*. Il étoit savant lui-même : n'étant encore qu'étudiant à Padoue, il fut élu recteur de l'université. Ce fut dans cette fonction honorable qu'il composa, en latin, ses livres du Sénat Romain et du Sénateur parfait. L'histoire de Pologne a conservé plusieurs discours de Zamoiski, où brille une véritable éloquence.

Parmi les autres Polonais célèbres par leur éloquence, on distingue encore Zolkiewski, grand général de la couronne, qui alla faire prisonnier l'empereur de Russie dans sa capitale, et l'amena chargé de fers dans les prisons de Varsovie.

§ X. DE L'ÉLOQUENCE RUSSE.

M. Levesque dit, dans son Histoire de Russie, que les Russes ont l'avantage de parler la plus belle et la plus ancienne langue de l'Europe ; mais cette langue n'avoit eu jusqu'au siècle dernier aucun écrivain remarquable. L'archevêque de Novogorod, Théophane Prokopowitch, qui fut d'un si grand secours à Pierre-le-Grand pour la réforme de sa nation, le servit autant par ses talens littéraires que par ses conseils. Il fut le premier qui fit sentir aux Russes la force et la douceur de l'éloquence en prose et en vers. Il laissa des sermons, des panégyriques, des éloges, des histoires et des poésies.

C'est surtout au célèbre Lomonosof que la littérature russe doit ses progrès. Cet auteur composa une Grammaire et une Rhétorique : il publia plusieurs Discours, et entre autres un Eloge de Pierre-le-Grand, que les Russes regardent comme des modèles d'éloquence. Platon, archevêque de Moscow, passe pour un excellent orateur : ses Sermons, qui forment au moins neuf volumes in-4°., ont obtenu les suffrages des gens éclairés de sa nation.

CHAPITRE II.

ÉCRITS QUI TRAITENT DE L'ÉLOQUENCE.

§ I.ᵉʳ OUVRAGES DES ANCIENS.

ARISTOTE.

Les Grecs ont été les premiers qui ont donné des règles d'éloquence ; mais de tous ceux qui ont brillé en ce genre, il n'y en a point qui aient mieux réussi qu'Aristote. On trouve dans sa rhétorique, de l'ordre, de l'exactitude, une grande suite de principes et des raisonnemens bien liés. Les préceptes que ce rhéteur philosophe fournit sur le genre délibératif, le démonstratif et le judiciaire ; la peinture qu'il fait des mœurs de chaque âge, de chaque état, de chaque condition ; la manière dont il explique les moyens d'exciter ou de calmer les passions ; les instructions qu'il donne par rapport aux preuves, aux caractères de la bonne élocution, au choix des mots, à la structure de la période, à toute l'économie du discours oratoire, montrent qu'il n'ignoroit rien de ce qui est essentiel à l'éloquence, et qu'il en avoit approfondi toutes les parties. C'est le sentiment du Père Rapin ; et tous ceux qui ont lu l'ouvrage d'Aristote, ont applaudi à l'éloge de ce jésuite. Mais en général, la diction du rhéteur grec a un air sec, triste et scolastique. Voltaire le traite avec plus d'indulgence : il prétend que tous ses préceptes respirent la justesse éclairée d'un philosophe, et la politesse d'un Athénien ; et en donnant les règles de l'éloquence, il est, dit-il, éloquent avec simplicité.

On estime l'édition grecque de la Rhétorique d'Aristote, publiée à Oxfort en 1759, in-8°.

TRADUCTIONS.

CASSANDRE.

François Cassandre, le même que Boileau a peint comme un misantrope, donna en 1675, in-12, une traduction française de la Rhétorique d'Aristote, qui est claire, exacte et fidèle, mais qui pourroit être plus élégante. Il y joignit des remarques pour éclaircir quelques endroits de l'ouvrage même, l'un des plus difficiles que nous ayions, et que les différentes versions latines ont encore obscurci.

DENIS D'HALYCARNASSE.

Cet habile historien a fait un *Traité de l'Arrangement des mots*, dans lequel il recherche d'abord ce qui rend une composition agréable, ensuite ce qui la rend belle; il y donne des règles pour le choix des mots, pour la formation des membres d'une période, pour l'assortiment de ces membres, ce qui le conduit à l'examen des lettres, de leurs qualités et de la manière dont leur son est formé par l'action des organes de la voix. On a une bonne édition grecque et latine de ce Traité, publiée à Londres par Jacques Upton, en 1702, in-8°. Nous en avons une traduction française coulante, aisée et élégante, par l'abbé Batteux ; elle a paru en 1788, in-12 : on peut dire qu'elle ne dépare point *les Principes de Littérature* du même auteur, auxquels elle sert de suite.

LONGIN.

Les Grecs ont eu un autre rhéteur, non moins profond qu'Aristote, et plus agréable; c'est Longin, qui, en traitant des beautés de l'élocution, en a employé toutes les finesses. Souvent il donne lui-même l'exemple de la figure qu'il enseigne; et en parlant du sublime, il est sublime quelquefois, sans pourtant s'écarter trop du style didactique. Ce petit Traité est une pièce échappée du naufrage de plusieurs autres livres que cet auteur avoit composés : il ne faut pas en négliger la lecture.

Il a été réimprimé en 1694, in-4°., à Utrecht, avec les remarques de plusieurs savans : cette édition est estimée; on lui préfère cependant celle qui a été donnée par Toup, à Oxfort, en 1778, in-4°.

La traduction française que Boileau en a faite, a rendu la copie facile, et aussi agréable à lire que l'original.

M. Desessarts en a publié une nouvelle édition in-12, et il y a joint l'Essai sur le beau, par le Père André. L'idée de cette réunion de deux bons ouvrages est très-heureuse; ce recueil contient des exemples qui ne peuvent être trop médités par les écrivains. Les réflexions qu'on a ajoutées à ces deux écrits, en augmentent l'intérêt.

CICÉRON.

Si des Grecs nous passons aux Latins, nous trouvons d'abord Cicéron qui fut le maître, ainsi que le modèle, de la véritable éloquence. Après avoir donné les exemples dans ses Harangues, il donna les préceptes dans son Livre de l'Orateur. Il suit presque toujours la méthode d'Aristote, et s'explique avec le style de Platon. Ce Traité fut un des fruits de la vieillesse de ce grand homme.

L'abbé Colin en publia une excellente traduction en 1737 ; exactitude, fidélité, élégance, on y trouve ce qu'on devoit attendre d'un auteur familier avec les orateurs anciens et modernes.

Deux jeunes écrivains (MM. Daru et Nougarède), qui, dans ces derniers temps, ont obtenu des succès distingués dans différens genres, persuadés que la traduction de l'abbé Colin étoit au-dessous de la réputation dont elle jouissoit, et que ce traducteur avoit recherché une élégance étudiée, à laquelle il avoit souvent sacrifié la fidélité, ont cru devoir adopter, dans une nouvelle traduction, des principes plus sévères et moins vagues : c'est ce qu'ils ont exécuté, en publiant le volume

volume intitulé, *l'Orateur de Cicéron*; latin et français, traduction nouvelle, 1787, in-12. Ce volume n'est pas assez connu.

Il ne faut pas confondre ce Traité de Cicéron avec ses Entretiens sur les Orateurs illustres. Ce dernier ouvrage est une espèce d'application des préceptes contenus dans l'autre : Cicéron y fait une revue de tous ceux qui, avant lui, ou même de son temps, s'étoient distingués dans cet art. Il porte un jugement sain et précis de leurs ouvrages ; il en découvre les beautés comme les défauts.

Les Muses et les Grâces semblent avoir travaillé de concert à ces Entretiens ; mais on ne peut pas donner le même éloge à la traduction que Villefore en fit paroître en 1726, in-12. : on n'y retrouve point l'élégance de l'original; et le sens n'est pas toujours bien rendu.

QUINTILIEN.

Quintilien, sous l'empereur Galba, tint école de rhétorique, et enseigna avec la même distinction, que Cicéron avoit harangué. Après vingt ans d'instruction publique, il se retira et donna un Traité sur les causes de la corruption de l'éloquence, dont on regrette la perte. Ses Institutions Oratoires que nous possédons, sont une rhétorique complète, que l'on vante avec raison, et qui n'a d'autre défaut, que d'être trop prolixe.

<blockquote>
Ses préceptes, brillant d'une lumière pure,
Semblent être puisés au sein de la nature.
C'est ainsi qu'avec art, dans les dépôts de Mars,
Sont rangés les drapeaux, les piques et les dards;
Non pour offrir aux yeux une parade vaine;
Mais placés avec ordre, on les trouve sans peine.
</blockquote>

C'est ce que dit Pope en parlant de Quintilien. Ce rhéteur a profité du travail et des lumières d'Aristote et de Cicéron; mais il a suivi une route toute différente. Il prend au berceau celui qu'il veut former à l'éloquence : il lui choisit des maîtres vertueux et habiles; il montre comment il faut lui enseigner les principes des langues, des sciences et des beaux-arts. Il prescrit la méthode qu'on doit garder pour cultiver ses dispositions naturelles, pour éclairer son esprit, diriger ses lectures, corriger ses essais, et le former peu à peu à l'exactitude de la composition. Non content de donner des règles par rapport à la conduite de l'esprit, il en donne aussi pour celle des mœurs. Ensuite quand le cœur et l'esprit du disciple sont assez formés, il lui ouvre les trésors de la rhétorique; il lui en découvre la nature, la fin et les moyens. De son temps, l'éloquence avoit beaucoup dégénéré : on commençoit à préférer le clinquant à l'or pur ; on rejetoit les pensées que la nature dicte, pour courir après celles que l'art suggère. On vouloit, dans un discours, des pointes, des jeux de mots, des traits brillans. On cherchoit, non ce qui orne la vérité, mais ce qui la farde ; et l'on croyoit n'avoir ni esprit, ni délicatesse, si ce qu'on disoit pouvoit s'entendre facilement, et sans avoir besoin d'interprètes. Quintilien combattit ce mauvais goût : il prit la défense des anciens ; il soutint qu'il étoit dangereux de vouloir avoir plus d'esprit que Démosthènes, que Cicéron, qu'Homère, que Virgile et qu'Horace ; que ces vains ornemens, dont on étoit si amoureux, faisoient une éloquence fardée, qui n'avoit plus rien de naturel ; enfin, que l'affectation, l'obscurité, l'affèterie et l'enflure étoient incompatibles avec le beau style.

Les meilleures éditions de Quintilien sont celles d'Obrecht, Strasbourg, 1698, 2 vol. in-4°., et de Capperonnier, Paris, 1725, in-fol.

TRADUCTIONS.

L'ABBÉ DE PURE.

Cet abbé est le premier qui ait entrepris de donner en France, une traduction de l'ouvrage de Quintilien ; sa version a été oubliée en naissant ; et son nom seroit aussi peu connu, si Despréaux ne l'avoit consigné dans ses Satires.

L'ABBÉ GEDOIN.

Tout le monde connoît la fidèle et élégante traduction de Quintilien en quatre volumes in-12, et en un volume in-4°., par l'abbé Gedoin. Admirateur des Grecs et des Romains, il en devint l'heureux interprète. Ses versions ressemblent aux belles copies de l'antiquité, qui font revivre, dans un travail moderne, le feu et l'esprit de l'original ancien.

On a attribué à Quintilien, mais peut-être sans raison, le Dialogue des Orateurs, qui se trouve parmi les œuvres de Tacite. Ce Dialogue ne peut être que l'ouvrage d'un grand maître : on y trouve des caractères soutenus, des portraits d'après nature, des contrastes ménagés avec art, une composition variée, des comparaisons justes ; partout on discerne un auteur sage, judicieux, mais trop fleuri et trop porté vers cette éloquence déclamatoire, qui s'empara peu à peu de tous les esprits, et qui perdit entièrement le goût.

Morabin publia en 1722, à Paris, une traduction de ce Dialogue, qui est exacte et conforme à l'original. M. de Sigrais en a publié une nouvelle en 1782 ; elle est plus élégante que la précédente.

M. Dureau de la Malle a placé aussi une traduction de ce Dialogue à la suite de sa belle traduction de Tacite.

§ II. OUVRAGES DES MODERNES.

Les modernes ont écrit sur la rhétorique comme les anciens : ils ont suivi leurs préceptes ; mais ils les ont quelquefois approfondis de façon à se les rendre propres. On doit aussi aux modernes des ouvrages sur le choix des livres ou sur la manière de lire avec fruit, dont les anciens ne nous ont pas laissé de modèles. Nous commencerons par citer quelques articles de ce dernier genre, avant de faire connoître les principaux rhéteurs des différens pays.

LE PÈRE SACCHINI.

Le jésuite Sacchini, un des auteurs de la fameuse Histoire des Jésuites, a publié à Rome, en 1611, un petit volume intitulé : *de Ratione libros legendi cum profectu libellus*. Il existe sept ou huit éditions de cet ouvrage, qui contient des réflexions pleines de justesse et des anecdotes très-curieuses : la dernière, publiée à Mautauban en 1753, petit in-12, est dédiée au célèbre Malesherbes. M. Durey de Morsan a traduit cet ouvrage en français, sous le titre de *Moyens de lire avec fruit*, 1783, in-12.

LE PÈRE JOUVANCY.

C'est surtout par une latinité pure et élégante que le Père Jouvancy s'est distingué. Ce mérite éminent se remarque dans tout ce qu'il a écrit, et notamment dans *le Traité de la manière d'étudier et d'enseigner*. Voltaire dit que cet ouvrage est un des meilleurs qu'on ait eus en ce genre, et des moins connus depuis Quintilien. Rollin en porte le jugement le plus favorable. La traduction qu'en a donnée M. Lefortier, en 1803, in-12, est bien écrite : il a rendu un véritable service aux maîtres et aux élèves. On trouve en tête un Discours sur les études, sagement pensé et écrit d'un style convenable au sujet.

L'original latin a été élégamment réimprimé par Barbou, en 1778, in-12.

LE PÈRE LAMY.

Il y a d'excellentes choses dans l'ouvrage du Père Lamy, de l'Oratoire, intitulé : *Entretiens sur les Sciences*, 1706, in-12. Une lecture approfondie de cet ouvrage fait aimer les livres, les lettres et la vertu. Peut-être suffiroit-il à son éloge de rappeler que J.-J. Rousseau le lut et le relut cent fois, et qu'il résolut d'en faire son guide.

La *Lettre sur les Humanités*, qui suit le second Entretien, est du célèbre Duguet, alors de la Congrégation de l'Oratoire.

DES RHÉTEURS ITALIENS.

BENI.

L'ouvrage qui le met au rang des rhéteurs contient des recherches curieuses, et l'auteur n'y laisse aucune difficulté sur la Rhétorique d'Aristote sans l'expliquer, soit qu'elle vienne du texte ou du fond des choses : il parut en 1625, in-folio.

VALERIO.

Augustin Valerio est auteur d'une Rhétorique ecclésiastique qui est divisée en trois livres, et dont la huitième édition parut à Padoue en 1672, in-8°.

Cet ouvrage, solide et instructif, renferme des réflexions judicieuses sur l'art d'exciter les passions de l'auditeur, sur celui d'orner et de fortifier la diction, sur les défauts dans lesquels les orateurs sacrés peuvent tomber; il est en latin : nous en avons une traduction française, par l'abbé Dinouart, Paris, 1750, in-12.

BARTOLI.

Le P. Bartoli a été un des meilleurs écrivains que les jésuites aient eus en Italie. Son ouvrage, intitulé *l'Homme de Lettres*, est rempli d'érudition, de critique et de préceptes : il a été traduit en français par le Père de Livoy, 1768, 2 vol. in-12.

L'ABBÉ BETTINELLI.

Son Essai sur l'éloquence, imprimé à Venise, avec ses autres ouvrages, en 1782, annonce un écrivain aussi éloquent que philosophe. En traçant ses préceptes de l'Art oratoire,

toire, il examine par quels ressorts un discours peut laisser dans l'âme des auditeurs de profondes impressions. Il y discute l'empire des passions, et l'usage que l'orateur en peut faire. Des vues neuves, des observations pleines de goût et de justesse, y sont exposées avec beaucoup de clarté, d'élégance et de chaleur.

VILLA.

Cet écrivain, dans un ouvrage qu'il a donné sous le titre de *Leçons sur l'Éloquence*, s'est livré à des recherches qui tiennent plus de l'historien et du critique que du rhéteur. On y trouve un Tableau de l'éloquence chez les Grecs, et les Romains, et une Discussion intéressante sur les causes qui ont le plus contribué à sa décadence. On doit pourtant convenir que dans la partie de cet ouvrage, où l'auteur rentre dans son sujet, on y distingue des idées lumineuses sur la perfection de l'art oratoire. En général, il est clair, précis et éloigné des formes sèches et didactiques, qui si souvent rebutent l'esprit, et éloignent l'instruction. *Les Leçons sur l'Éloquence*, de Villa, ont été imprimées en 1772, 1 volume in-8°.

BECCARIA.

L'auteur du Traité des délits et des peines a donné des Recherches sur le style ; mais il n'y a pas montré autant de profondeur qu'on en trouve dans le premier ouvrage : le dernier pèche surtout par le défaut de clarté dans les idées. M. l'abbé Morellet en a publié une traduction française en 1774, in-8°.

DES RHÉTEURS FRANCAIS.

Traités sur la Rhétorique et les Belles-Lettres.

GIBERT.

L'ouvrage que Gibert a publié sous ce titre, *Jugemens des Savans sur les Auteurs qui ont traité de la Rhétorique*, avec un *Précis de la doctrine de ces auteurs*, 1713-1719, 3 vol. in-12, est d'autant plus utile, qu'on peut le regarder, en quelque façon, comme un corps de rhétorique, à cause du grand nombre de règles, de principes et de réflexions sur cet art, dont il est rempli. C'est en même temps un bon recueil de mémoires qui peuvent infiniment servir à ceux qui voudront écrire sur cette matière. Il y a beaucoup à profiter dans l'examen qu'il fait des sentimens de tant de différens auteurs, sur un art aussi beau et aussi utile que celui de l'éloquence. Gibert ne prétend pas cependant avoir épuisé son sujet, ni avoir parlé de tous les rhéteurs anciens et modernes. En ceci, comme dans les autres sciences, le bon est borné, et le mauvais est infini.

Il faut mettre, dans ce dernier genre, toutes les Rhétoriques qui ont précédé l'Art de parler du Père Lamy, de l'Oratoire; et l'on pourroit même y comprendre ce livre, plein de choses étrangères à son sujet, d'idées fausses et bizarres, et qui est d'ailleurs très-superficiel. C'est le sentiment de Gibert, qui nous a donné quelque chose d'infiniment meilleur dans sa Rhétorique ou Règles de l'Eloquence, Paris, 1730, in-12.

Cet ouvrage est divisé en trois livres : l'auteur traite, dans le premier, de l'invention oratoire, c'est-à-dire, de cette partie de l'art de l'éloquence, qui donne des préceptes pour aider à trouver les pensées qui doivent composer le discours; il explique, dans le second, les différentes parties du discours et l'arrangement qu'il faut y garder; l'élocution et tout ce qui y a rapport, font la matière du troisième livre. Dans tous, on sent un maître qui avoit enseigné depuis plus de quarante ans les règles qu'il explique. « C'est lui rendre » justice, dit l'abbé des Fontaines, que de » reconnoître qu'il possède Aristote, Her- » mogène, Cicéron, Quintilien ; qu'il entend » la matière qu'il traite ; que les principes de » ces grands maîtres sont bien expliqués ; et » qu'il y a de la dialectique dans ce qu'il a » écrit sur l'Art oratoire, où l'imagination a » tant de part. Mais on y remarque quelques » endroits obscurs ; et cette obscurité vient » du style qui est embarrassé, peu châtié, » pour ne pas dire dur. Il est vrai qu'on se » propose seulement d'instruire : mais le genre » didactique a ses grâces particulières ; j'en » appelle à l'Art de penser. Je n'aime pas non » plus les termes techniques, écorchés du » grec; il falloit en substituer de plus intelli- » gibles. Ce que je pardonne encore moins à » l'auteur, si estimable par son savoir et par » sa probité, c'est de citer des vers classi- » ques, qui doivent mourir dans les lieux où » ils sont nés. Les exemples sont en général » bien choisis et bien éclaircis ; mais il s'en » trouve quelques-uns d'un très-mauvais » goût. »

ROLLIN.

L'auteur du Traité des Etudes excelle dans les parties qui manquent à M. Gibert. On sait que le second volume de son ouvrage est entièrement consacré à la rhétorique. « Il peint,
» dit l'écrivain déjà cité, agréablement ses
» pensées ; son style est vif et élégant ; mais il
» y a peu d'ordre dans son Traité ; ses fré-
» quentes contradictions font de la peine à
» des lecteurs attentifs ; elles se dérobent à la
» plupart des lecteurs entraînés par les agré-
» mens du style. Après qu'on a lu un certain
» nombre de pages, tout vous échappe ; on
» sait seulement que l'auteur a dit des choses
» ingénieuses, et a souvent parlé en orateur ;
» on ne peut presque rien réduire en princi-
» pes. Je voudrois que M. Gibert eût l'esprit
» et le style de M. Rollin, ou que celui-ci
» eût autant médité que son émule, les fon-
» demens de l'Art oratoire ; l'un a plus de sa-
» voir, l'autre a plus de goût. A l'égard de
» l'ordre et de la méthode, la Rhétorique de
» M. Gibert tient beaucoup de celle d'Aris-
» tote ; et M. Rollin semble s'être formé sur
» Quintilien, qui donne rarement des pré-
» ceptes sans ornemens. »

Il faut joindre à la lecture du Traité des Etudes de Rollin, celle des *Observations* qui ont été adressées à l'auteur par Gibert, 1727, in-12. Cet ouvrage est mieux écrit que les *Règles de l'Eloquence*.

LE PÈRE RAPIN.

Nous devons à trois jésuites, des Observations relatives à la rhétorique, qui ne sont pas sans mérite. Le premier est le Père Rapin, dont les Réflexions sur l'éloquence de ce temps en général, imprimées à Paris en 1672, petit in-12, méritent quelque attention. Ce que l'auteur dit en particulier sur les causes de la chute de l'éloquence, est fort judicieux : il les attribue au peu de liberté qu'ont les orateurs, à la modicité des récompenses qu'ils espèrent, à la multitude des affaires qui les accablent, au peu de soin qu'ils prennent de s'instruire, au défaut de génie, à la fuite du travail. Mais dans d'autres endroits, le Père Rapin montre plus son érudition que la justesse de son esprit : il rapporte mal plusieurs faits ; plusieurs de ses idées sont fausses ; et il confond les grands ornemens de l'éloquence avec les antithèses, les épithètes, les faux brillans.

LE PÈRE BOUHOURS.

La Manière de bien Penser dans les ouvrages d'esprit, Paris, 1688, in-12, par le Père Bouhours, confrère du Père Rapin, offre aussi beaucoup de pensées plus brillantes que solides. On y donne de grands éloges à des saillies de bel esprit, plutôt qu'aux vraies productions du génie. Il y a d'ailleurs un autre défaut; c'est que, sur un grand nombre d'exemples que l'auteur rapporte, il se contente de dire qu'ils plaisent, sans montrer pourquoi ils plaisent. Son autorité n'étant point infaillible, il devoit, ce semble, l'appuyer sur de bonnes raisons; aussi tous ses lecteurs ne sont-ils pas de son goût. Beaucoup de pensées qu'il approuve, qu'il loue, ne paroissent à d'autres, que des trivialités brillantes. On n'a pas trouvé non plus assez de justesse dans plusieurs de ses idées, comme dans celle qu'il donne de la délicatesse, qu'il fait consister dans le mystère qu'une pensée présente à l'esprit, et que l'esprit se plaît à développer : cette définition peut être appliquée à une pensée obscure, comme à une pensée fine.

Il peut aussi y avoir des raisonnemens qui

aient le même caractère. Ce qui choque le plus dans l'ouvrage du Père Bouhours, ce sont des retours sur lui-même trop marqués, et une trop grande attention à faire connoître ses propres qualités dans la peinture avantageuse qu'il fait de ses interlocuteurs (car son livre est en forme d'entretiens). Avec tous ces défauts, il faut avouer qu'il y a une telle abondance de jolies choses dans ces Dialogues, qu'ils satisfont quelquefois autant l'imagination que les oreilles ; et l'on y est comme ébloui par la variété des objets : mais peut-être n'est-ce pas là faire l'éloge d'un ouvrage d'instruction. L'auteur avoit voulu qu'il servît, en même temps, de rhétorique et de logique : ce n'est assurément ni l'une ni l'autre. Le Père Bouhours sentit bien qu'il seroit critiqué ; et pour aller au-devant des censeurs, il se donna les plus grands éloges dans quatre Lettres anonimes à une Dame de Province, publiées en 1688.

BUFFIER.

Le Père Buffier, autre jésuite, a donné une forme moins agréable, mais plus solide, à son Traité philosophique et pratique de l'Eloquence, à Paris, chez le Clerc, 1728, in-12.

in-12. Il y a des paradoxes dans cet écrit ;
mais il y a aussi des réflexions très-justes.
L'auteur regarde tous les Traités des anciens
sur la rhétorique, plutôt comme des ouvrages propres à occuper agréablement l'esprit,
qu'à donner cette sensibilité qui caractérise
l'homme éloquent. Il fait consister l'éloquence uniquement dans le talent de faire sur
l'âme des autres, par l'usage de la parole,
l'impression de sentiment que nous éprouvons. C'est à peu près la définition qu'en a
donnée ensuite d'Alembert. Selon l'auteur
jésuite, cette éloquence, la seule qu'il admet
pour vraie, tire peu de secours des règles
ordinaires ; parce que, dit-il, elles ne peuvent être que générales et vagues. Elles sont
vraies en elles-mêmes, mais inutiles dans la
pratique, par la quantité infinie de circonstances où elles doivent avoir des applications
particulières, dont il prétend qu'on ne peut
indiquer le détail. Il entre cependant lui-même dans une sorte de détail de ces règles
touchant les principales parties du discours ;
et ce qu'il dit, peut faire plaisir à ceux même
qui ne seroient pas de son opinion. Les préceptes sur les figures de rhétorique lui paroissent encore plus inutiles ; parce que ces

figures sont, selon lui, des tours si naturels à tous les discours humains, que l'art ne fait qu'y prêter des noms, pour faire souvenir que leur variété sert à en mettre dans les discours ; ce qui se présente, ajoute-t-il, comme de soi-même, à tout homme qui n'a pas une imagination froide.

GAMACHE.

On trouve de la profondeur et de la finesse dans les Agrémens du Langage réduits à leur principe, publiés en 1718, in-12, par Etienne-Simon de Gamache, chanoine de Sainte-Croix de la Bretonnerie. Ses règles sont ingénieuses et ses exemples agréables ; on a appelé son livre le Dictionnaire des Pensées fines, parce qu'il y en a beaucoup de ce genre, et qu'il peut servir à en faire naître ; mais ces traits déliés ne sont que trop communs dans notre siècle : loin de nous donner le moyen de faire un amas de fleurs, sous lesquelles le goût se perd, il faudroit plutôt nous apprendre l'art d'être simples.

FÉNÉLON.

Les Dialogues sur l'éloquence, ouvrage posthume de Fénélon, parurent la même année que les Agrémens du Langage. Les anciens et les modernes avoient traité de l'éloquence avec différentes vues, et en différentes manières, en dialecticiens, en grammairiens, en poëtes ; mais il nous manquoit un homme qui traitât cette science en philosophe, et en philosophe chrétien : c'est ce qu'a exécuté l'illustre archevêque de Cambrai, dans ses Dialogues. Mais plus il y a d'agrémens dans cet ouvrage, plus on doit être en garde contre ce qu'il renferme de contraire aux progrès et à la perfection de l'éloquence ; c'est ce qui a engagé Gibert à faire remarquer plusieurs des défauts qui se trouvent dans ces Dialogues : les réflexions qu'il fait, à cet égard, dans ses Jugemens des Savans sur les Maîtres d'Eloquence, méritent d'être lues. Il observe, entr'autres, que l'auteur s'attache à décrier ce qu'il a fait briller partout, le bel esprit, qu'il est plus aisé de censurer que d'éviter ; mais, dans les défauts même de Fénélon, on reconnoît toujours sa belle âme. Il exhorte, dans plusieurs endroits, à n'employer l'éloquence que pour porter les hommes à la vertu. Il dit que le désir de plaire, de s'élever, de se faire de la réputation, n'est point un motif qu'on doive écouter; qu'il ne faut parler que pour instruire ; ne louer un héros, que pour apprendre ses vertus au peuple, que pour l'exciter à les imiter, que pour montrer que la gloire et la vertu sont inséparables.

Les Dialogues de Fénélon sur l'éloquence, ont été réimprimés en 1804, avec ses *Sermons choisis*.

GAILLARD.

Dans la Rhétorique française à l'usage des Demoiselles, avec des exemples tirés de nos meilleurs orateurs et de nos poëtes modernes, in-12, par Gaillard, les exemples sont tous pris dans les littérateurs français, et à la portée de tous les esprits. Les femmes qui veulent réunir les talens du cabinet à ceux de la société, ne peuvent se dispenser de lire cet ouvrage.

LE PÈRE PAPON.

L'Art du Poëte et de l'Orateur, publié en 1766, in-12, par le Père Papon, de l'Oratoire, n'a point été destiné aux demoiselles : l'auteur l'annonce comme un ouvrage classique; mais, quoique cette rhétorique soit faite pour les jeunes gens, c'est peut être la plus éloignée de la route ordinaire des rhéteurs. L'auteur ayant réfléchi sur un défaut essentiel des rhétoriques de collége, qui est de ramener tout à l'imitation des anciens, et de nous remplir des préceptes d'Aristote, sans les plier à nos usages, à nos mœurs, a cru devoir les abandonner, et tracer un nouveau plan. Toutes les autres rhétoriques sont bornées à l'éloquence, et ne parlent point de la poésie. On embrasse ici ces deux objets; parce que le poëte et l'orateur (ainsi qu'on l'observe) n'ayant tous deux que le même but, celui de plaire, de toucher, d'instruire, ils ne diffèrent que dans la manière d'employer les moyens qui leur sont communs : mais la poétique n'est pas longue, parce qu'on se propose moins de former des poëtes que des lecteurs éclairés. La dernière édition de l'ouvrage du Père Papon est de 1800, in-8°. : elle a été revue et augmentée par l'auteur.

THOMAS.

Dans l'Essai sur les Eloges, ouvrage qui fut trop peu vanté, mais qu'on n'auroit pu louer comme il le méritoit, sans presqu'autant de courage qu'il y en avoit eu à le publier, Thomas ne parut faire, et bien des gens ne virent, en effet, qu'un Traité de Rhétorique, sur une branche de l'art, dont on vouloit bien avouer au moins qu'il avoit quelque droit de parler. Mais quel plan vaste et quelle conception hardie ! quelle exécution ferme, quelle vigueur de pensée et de style !

En suivant l'histoire des éloges depuis les Egyptiens et les Grecs jusqu'à nous, sous prétexte de tracer les révolutions de l'éloquence, ce sont réellement les vicissitudes de la liberté qu'il nous trace ; il ne semble vouloir juger que des orateurs, et ce sont presque tous les personnages de l'histoire qu'il cite eux-mêmes devant lui ; il les remet à leur place, et avec eux leurs panégyristes. Et comme ces personnages, souvent loués pendant leur vie par la crainte servile, ou par l'intérêt plus vil encore, tinrent presque tous dans leurs mains le sort des peuples, c'est la destinée même des nations, leur caractère et le progrès de leur avilissement ou de leur gloire, c'est toute l'histoire morale de cette misérable race humaine qu'on passe rapidement en revue dans un livre où l'on ne s'attendoit à trouver que des règles ou des faits relatifs à l'art oratoire.

M. HÉRISSANT.

Il y a long-temps que nos grands maîtres ont donné des règles et des modèles de style : dans la multitude, M. Hérissant, auteur des *Principes de Style*, ou *Observations sur l'art d'écrire, recueillies des meilleurs auteurs*, 1779, in-12, n'a pu être embarrassé que du choix : ses règles sont vraies ; et les exemples qu'il rapporte, offrent des instructions brillantes et sûres. La lecture de cet ouvrage contribue à conserver et à perfectionner le goût.

M. FERRI.

Son Traité de l'Eloquence et des Orateurs anciens et modernes, 1789, in-8°., est divisé en deux parties : la première, qui est purement didactique, renferme les préceptes de l'éloquence exposés avec beaucoup d'ordre, de clarté et de précision ; on y trouve d'excellens principes de goût et de littérature, un bon choix d'exemples et une critique judicieuse, quelquefois même trop sévère ; la seconde partie offre une histoire abrégée de l'éloquence ; l'auteur y fait passer en revue les principaux orateurs anciens et modernes. Cet ouvrage, qui embrasse l'éloquence de toutes les nations, est un des plus complets qui aient paru sur cette matière.

Il y a tant de choses relatives à la rhétorique dans les Elémens de Littérature de Marmontel et le Cours de Littérature de La Harpe, que nous avons cru devoir placer ces deux écrivains distingués dans la classe des rhéteurs modernes.

MARMONTEL.

Les Elémens de Littérature de cet auteur, 1787, 6 vol. in-8°. et in-12, sont le résultat de trente ans de méditations sur l'art d'écrire et sur les divers genres de compositions. Ils n'avoient d'abord été qu'un recueil d'observations à son usage, qu'il a retravaillées avec soin, pour en faire, dans l'Encyclopédie, la théorie générale de la littérature, et qu'il a revues ensuite et améliorées.

Les élémens de toute science doivent être exposés dans un ordre méthodique, puisque ce n'est qu'à l'aide de la méthode qu'on peut faire saisir l'enchaînement des idées et le rapport des parties. L'ouvrage de Marmontel est cependant formé d'articles disposés par ordre alphabétique, ce qui rompt toute liaison.

Marmontel,

Marmontel, qui n'ignoroit pas que cette marche avoit des inconvéniens, lui connoissoit aussi des avantages qui la lui ont fait préférer; et cependant il imagina d'ajouter à son ouvrage une table méthodique, à l'aide de laquelle on pût le lire comme un traité suivi et complet, où les chapitres seroient placés dans un ordre naturel; et sa table est si bien faite, qu'elle est à elle seule une preuve sensible du mérite de tout son travail.

LA HARPE.

M. de La Harpe a fondu dans son *Cours de Littérature*, 16 vol. in-8°., tout ce qu'il avoit répandu d'observations littéraires dans les journaux, auxquels il travailla long-temps. Plusieurs circonstances ont empêché l'auteur de donner à cet ouvrage toute la perfection dont il étoit susceptible. M. de La Harpe, livré à la composition presqu'en sortant du collége, n'avoit pas eu le temps d'étudier assez l'antiquité; et la partie de son Cours, où il traite des auteurs anciens, manque entièrement de profondeur, et pèche par le défaut de connoissances que le critique n'avoit pu acquérir. Orateur et poète, le critique paroît trop souvent se souvenir de ses tragédies et de ses discours, et songer à sa réputation dans l'énoncé de ses jugemens, et dans l'application de ses principes. Il n'est pas assez désintéressé ; l'amour-propre fait quelquefois vaciller cette balance, qu'il tient en général d'une main si ferme. Essentiellement amateur de l'argumentation et du genre polémique, il saisit trop facilement l'occasion de discuter longuement des questions qu'il auroit pu trancher en deux mots ; il se répand trop en réfutations aussi fastidieuses que longues et inutiles. Enfin, la nature même de ce Cours, qui consiste en leçons données dans une espèce d'académie, semble s'être opposée à ce que l'auteur pût établir entre les différentes parties la liaison et la proportion nécessaires. Quelques sujets importans n'y sont qu'effleurés; d'autres, d'un intérêt secondaire, y sont traités avec une étendue et une diffusion qui étouffent la matière, en dégoûtant le lecteur. De petits auteurs y remplissent un espace considérable ; et plusieurs écrivains, même du premier ordre, ont à peine trouvé une place dans cet immense recueil, dont les derniers volumes sont particulièrement écrits d'un style qui accuse trop l'abus de la facilité, la négligence et la précipitation.

La Correspondance avec le grand duc de Russie, peut-être considérée comme une suite du Cours de Littérature ; les quatre premiers volumes agitèrent violemment la république des lettres, lorsqu'ils parurent en 1801. La Harpe vivoit encore ; et l'on crut apercevoir entre les principes qu'il professoit si hautement, et la publication de ces lettres, une sorte de contradiction qu'on n'étoit pas disposé à lui pardonner. On a dit que cette Correspondance renfermoit des choses qui ne paroissoient pas s'accorder avec le nouveau genre de vie qu'il avoit embrassé : on prétendit qu'elle étoit écrite d'un style trop mondain, que le vieil homme s'y montroit trop à découvert, et surtout que La Harpe, qui s'étoit fait tant d'ennemis par ses critiques publiques et officielles, n'avoit pas besoin d'attirer sur lui de nouvelles haines, en mettant au jour les secrets de sa sévérité et les confidences de son jugement. Le livre n'en eut pas moins de succès. Les deux volumes qui ont paru en 1807, excitèrent moins de trouble, parce que l'auteur n'étant plus, le ressentiment cessoit d'avoir un but. Ces six volumes ont un attrait qu'on trouve rarement dans les ouvrages de l'auteur, et qui résulte de la liberté du genre épistolaire, et de la rapidité du style convenable à ce genre. Ce n'est plus ici un professeur qui traite didactiquement des points de littérature ; c'est un homme de lettres, d'un jugement en général très-sûr, qui passe légèrement d'un sujet à un autre, dont la plume caractérise tout, en effleurant tout : les ouvrages du moment ne sont pas les seuls objets de ses observatinos rapides ; tout ce qui peut offrir quelqu'intérêt, tous les événemens qui marquent, tous les hommes qui paroissent sur la scène, deviennent la matière de ses réflexions, souvent très-piquantes, mais quelquefois injustes. Ces lettres sont peut-être de toutes les productions de La Harpe, celle qui doit donner l'idée la plus avantageuse de l'étendue de ses connoissances, par la variété des objets sur lesquels il prononce. Les hommes impartiaux regrettent néanmoins d'y trouver un éloge continuel de ses propres ouvrages, et une critique outrée de ceux des autres. On fera bien de joindre à cette Correspondance, la Correspondance Turque, 2ᵉ. édition, Paris, Colnet, 1801, in-8°,

DOMAIRON.

On trouve dans ses *Principes généraux des Belles-Lettres*, nouvelle édition, Paris, 1802, 3 vol. in-12, des vues aussi neuves qu'ingénieuses sur la grammaire, et dans la partie proprement littéraire, beaucoup de sagacité et de goût. C'est le meilleur ouvrage de cet auteur, mort en 1807, l'un des inspecteurs généraux de l'instruction publique. Il avoit été professeur de grammaire et de littérature à l'Ecole Royale Militaire.

Traités sur l'Eloquence de la Chaire et du Barreau.

L'éloquence de la chaire a de grands avantages sur l'éloquence profane : elle trouve plus aisément l'art d'intéresser le sentiment, d'étonner l'imagination ; elle présente de plus grands moyens à celui qui parle ; elle étale de plus grands objets à ceux qui écoutent. Le rôle le plus imposant que puisse jouer un orateur profane, c'est d'être l'interprète de son roi ou l'organe de la patrie ; le théâtre le plus brillant qu'il puisse s'ouvrir, c'est un sénat, une cour, une place publique ; les sujets les plus frappans qu'il puisse traiter, sont l'homme et ses besoins, le temps et ses vicissitudes. L'orateur sacré joue un plus grand rôle, celui d'être l'interprète de son Dieu, et l'organe de la religion. Il s'ouvre un plus grand théâtre ; il parle dans le sanctuaire des temples et à la face des autels ; il traite un plus grand sujet, JÉSUS-CHRIST et ses lois, l'éternité et ses suites. Il est donc important pour ceux qui se consacrent à ce genre d'éloquence, de lire les auteurs qui en ont donné les règles.

LE PÈRE RAPIN.

Le Père Rapin a laissé quelques bonnes réflexions sur ce sujet intéressant ; mais elles trouvèrent, dans le temps, plusieurs censeurs. « L'on voit bien (dit Gueret dans sa » Guerre des Auteurs anciens et modernes), » que l'auteur n'a fait son livre, que pour dé- » charger son chagrin sur nos plus grands » orateurs, et particulièrement sur ceux de » la chaire. » Le critique en cite quelques-uns de ceux que Rapin a censurés ; mais ils sont si peu connus, que le temps a prouvé que le jésuite n'avoit pas tort.

LE PÈRE GISBERT.

Voici un autre livre d'un jésuite ; c'est l'Eloquence Chrétienne dans l'idée et dans la pratique, par le Père Blaise Gisbert, 1715, in-4°. Cet écrit est rempli d'idées fausses, et écrit d'un style entortillé. Le dessein de l'auteur est d'expliquer ce qui est de bon ou de mauvais goût dans l'éloquence de la chaire ; et ce dessein est louable, mais il est mal exécuté. Le jésuite blâme les prédicateurs qui citent les auteurs païens ; parce que, dit-il, c'est donner une pierre à un enfant au lieu de pain, un scorpion au lieu de poisson. La raison sur laquelle il s'appuie, est fort mauvaise, à moins qu'on ne suppose une doctrine perverse dans ces citations. En condamnant le brillant dans le discours, il dit qu'un homme qui s'en défait, écrase tous ses petits contre la solidité de la pierre. Tout est écrit de ce style pédantesque.

LE PÈRE GAICHIÉS.

Voulez-vous quelque chose de mieux ? Lisez les Maximes sur le Ministère de la Chaire, par le Père Gaichiés, de l'Oratoire. Elles ont été recueillies avec ses discours académiques, à Paris, 1738, in-12. Il y a peu de livres écrits avec plus de précision que ces Maximes. Il seroit difficile de rassembler en moins de mots et avec autant de goût et de discernement, tout ce qui sert à bien connoître l'art de prêcher : l'auteur a recueilli avec soin les préceptes les plus importans sur cette matière ; et quoique distingués par des chiffres, ils ne laissent pas de former un tissu délicat et ingénieux. On voit tout d'un coup, qu'il n'a observé cette méthode que pour les rendre plus vifs et plus aisés à retenir Il y a un art admirable à avoir ainsi fondu ses idées, et à les avoir exprimées avec un laconisme, dont l'énergie ne nuit point à la clarté. Un ouvrage si bien digéré, et dont toutes les parties tiennent par un fil presque imperceptible, suppose la méditation la plus profonde, la plus parfaite connoissance des vraies beautés de l'éloquence, et l'attention la plus sérieuse aux principes et aux conséquences qui en résultent. Rien n'y sent la sécheresse didactique ; le style est toujours plein d'agrément et de noblesse. Un grand éloge encore de ces Maximes, plusieurs fois réimprimées, c'est que dans une édition faite à Toulouse, on les attribua, sur un bruit assez répandu,

au

au Père Massillon : mais on se trompoit ; et le célèbre orateur déclara qu'il n'en étoit point l'auteur, en marquant en même temps toute l'estime qu'il en faisoit.

M. Dubroca a publié, en 1802, in-12, une nouvelle édition des excellentes Maximes du Père Gaichiés, à la suite des Dialogues de Fénélon sur l'éloquence de la chaire, le tout sous ce titre : *l'Éloquence de la Chaire*, ou *Nouveau Manuel des Orateurs sacrés*.

L'ABBÉ DE SAINT-PIERRE.

Les Observations pour rendre les sermons utiles, par l'abbé de Saint-Pierre, n'ont presque rien qui ressemble aux autres ouvrages sur l'éloquence chrétienne, dont j'ai parlé. C'est un écrit systématique, où, avec de fort bonnes idées, on en trouve beaucoup plus de singulières, comme dans la plus grande partie des opuscules de cet écrivain. Dans celui-ci, il exclut de la chaire les discours où l'on ne traiteroit que des mystères, où l'on ne parleroit que de la vérité de la religion, et plusieurs autres sujets que nos meilleurs prédicateurs ont traités avec beaucoup de solidité. Il convient de l'importance des sermons ; il veut qu'on y assiste ; et il recommande cette pratique : mais il voudroit que dans son discours, on eût pour but unique, de diminuer le nombre des injustices, et d'augmenter celui des bienfaisances de la plus grande partie des auditeurs; il traite tout le reste de vérités spéculatives. Entr'autres opinions singulières que l'on trouve répandues dans cet écrit, on est étonné que l'auteur y soutienne celle-ci : que les chrétiens sages et éclairés croient qu'il vaut mieux écouter un beau et bon sermon pour mieux pratiquer les vertus, que de demander à Dieu la grâce de bien pratiquer ces vertus; et il ose traiter ceux qui pensent différemment, d'idolâtres, de païens, de quakers et de fanatiques ignorans.

LE P. J. ROMAIN JOLY.

Il y a des faits curieux, des anecdotes piquantes dans l'Histoire de la Prédication par le P. J. Romain Joly, capucin, Paris, 1767, in-12; mais il faut se défier du jugement de cet auteur, qui trouvoit la composition de Massillon trop maniérée, et qui ne conseille pas aux prédicateurs de le prendre pour modèle.

M. GROS DE BESPLAS.

L'Essai sur l'Eloquence de la Chaire, par M. l'abbé Gros de Besplas, 1767, in-12, est d'un homme d'esprit, qui a bien réfléchi sur un art qu'il cultivoit avec succès. Il se propose de relever une partie des défauts qu'il a remarqués dans les plus célèbres prédicateurs, anciens et modernes, et dont il présente le remède. L'érudition, le jugement, le goût caractérisent cet ouvrage, fait pour instruire les jeunes ecclésiastiques qui se destinent à la chaire.

L'auteur a publié, en 1778, une seconde édition de cet Essai, revue et considérablement augmentée, avec un discours de la Cène, prononcé devant le roi en 1777, et un panégyrique de S. Bernard.

M. LE CARDINAL MAURY.

A la tête des *Discours choisis sur divers sujets de Religion et de Littérature*, 1777, in-12, ou 1805, in-8°., paroît un Discours sur l'éloquence, morceau précieux de littérature, qui est comme la poétique du genre, dans lequel l'auteur s'est exercé avec tant de succès. Ce Discours contient des réflexions utiles, tant sur l'art en général, que sur les différentes parties d'un discours oratoire. Les divers sujets qu'il traite sont parfaitement distingués par les sommaires même auxquels ils se rapportent; mais nous ne savons s'ils naissent tous assez naturellement les uns des autres ; s'ils sont assez liés entre eux, et s'il résulte de la manière dont ils sont amenés et placés, un ensemble assez marqué, une méthode assez sensible, une marche assez régulière ; ce Discours, au reste, renferme les détails les plus instructifs et les plus piquans. Le morceau le plus remarquable est l'Eloge de Saint Vincent de Paul. On sait que depuis, le célèbre orateur a développé le même sujet dans la chaire, et qu'il en a fait le triomphe de son éloquence. L'impression de ce panégyrique du *meilleur citoyen que la France ait eu*, est ardemment désirée.

Je pourrois faire connoître plusieurs autres écrits sur l'éloquence ; mais ils sont répandus çà et là dans des Traités qui roulent sur diverses matières. Il vaut mieux dire quelque chose des écrits sur l'éloquence du barreau.

DE MERVILLE.

On trouve de bonnes choses dans les Règles pour former un avocat, par Biarnoi de Merville, avocat au parlement de Paris, 1740, in-12. L'auteur entre dans le détail de tout ce qui doit composer un bon plaidoyer, et des talens extérieurs de l'avocat. Son ouvrage est en forme de maximes; et j'en ai peu trouvé qui ne soient solides et judicieuses. Un peu plus de précision, et dans quelques-unes un peu plus de clarté, n'y eussent pas nui.

Cet ouvrage a été réimprimé en 1778, avec une Histoire abrégée de l'Ordre des avocats, par Boucher d'Argis, et un Index des principaux livres de jurisprudence, par Drouet, ancien bibliothécaire des avocats.

M. GIN.

Le Traité de l'Eloquence du Barreau, par M. Gin, 1767, in-12, offre quelques vues nouvelles et des réflexions judicieuses. Cet ouvrage peut être utile aux jeunes avocats, quand ils entreprennent des mémoires ou des discours; les anciens y trouveront avec plaisir, les règles qu'ils ont été obligés de découvrir eux-mêmes. M. Gin donne une idée juste de la véritable éloquence du barreau, et de la perfection dont elle est susceptible.

Ce volume a été réimprimé en 1803, avec des corrections et des augmentations.

M. LACRETELLE L'AINÉ.

Les Mélanges de Jurisprudence de cet auteur, publiés en 1779, in-8°., et réimprimés en 1807, sont précédés d'un Essai sur l'éloquence du barreau, où l'on trouve de la justesse et de la fécondité dans les vues et dans les idées.

Cet ouvrage est terminé par des idées morales sur la profession d'avocat. Le tableau qu'il offre des avocats consultans est tracé avec force et noblesse.

CAMUS.

Feu M. Camus, dans ses Lettres sur la profession d'Avocat 1772, 1777, in-12, 1805, 2 vol. in-12, cherche à former un homme capable de paroître avec honneur au barreau, et d'y venger les droits de l'innocence et de la vertu. Il établit d'excellens principes, et propose de très-bonnes vues. Son style simple et clair ne se ressent point de cette espèce d'emphase qu'on dit attachée à la profession d'avocat.

Les jeunes gens qui se destinent à fournir cette carrière, feront très-bien de prendre M. Camus pour guide ; il formera leur cœur ; il éclairera leur esprit ; il les enrichira de toutes les connoissances nécessaires pour se distinguer non-seulement au barreau, mais encore dans l'administration publique.

Les trois quarts de la dernière édition de cet ouvrage, sont consacrés à former la bibliothèque d'un avocat et d'un administrateur. Le catalogue très-étendu qu'en présente l'auteur, est lui seul un bon ouvrage : on y trouve le tableau de tous les livres qui traitent des différentes parties du droit et de l'économie politique ; on y indique les meilleurs auteurs et les meilleures éditions. Il est seulement à regretter que l'on ait laissé dans un ouvrage aussi utile, une multitude de fautes d'impression : il sera essentiel de les faire disparoître dans une nouvelle édition, qui ne peut manquer d'avoir lieu.

MALLET.

L'abbé Mallet, qui donna, en 1753, des *Principes* pour la lecture des orateurs, publia la même année un *Essai* sur les bienséances oratoires, dans lequel il expose, avec netteté, les préceptes des grands maîtres. Ces bienséances s'étendent à l'éloquence politique, militaire, académique, à l'éloquence de la chaire et du barreau. Quoique l'auteur ne présente rien de neuf, son travail n'en est pas moins utile ; c'est un corps de préceptes recueillis des plus grands maîtres, et justifiés par des exemples choisis avec discernement dans les plus célèbres orateurs anciens et modernes.

DINOUART.

Trois ans après que l'ouvrage de l'abbé Mallet eût paru, l'abbé Dinouart fit présent aux littérateurs d'un Traité plus approfondi, intitulé, *l'Eloquence du corps,* ou *l'Action du Prédicateur ;* ouvrage utile à tous ceux qui parlent ou qui se disposent à parler en public. Cette production, réimprimée en 1761, in-12, renferme tout ce que les grands hommes de l'antiquité et du dix-septième siècle ont écrit de plus judicieux sur l'action de l'orateur. « Une excellente rhétorique, dit Fé-
» nélon, seroit celle où l'on rassembleroit les
» plus beaux préceptes d'Aristote, de Cicé-
» ron, de Quintilien, de Longin, etc. ; et ne
» prenant que la fleur de la plus pure anti-
» quité,

» quité, on feroit un ouvrage exquis. » L'auteur a rempli ce dessein par rapport à l'objet qu'il traite. Les jeunes prédicateurs trouveront dans un seul volume les maximes et les règles des meilleurs orateurs anciens et modernes. Toute la matière de ce livre est distribuée en vingt-trois chapitres, qui roulent uniquement sur l'action de l'orateur sacré. L'auteur traite diverses questions qui y sont relatives; et il couronne son ouvrage par l'excellent poëme latin du Père Lucas, jésuite, sur le geste et la voix; par l'Art de Prêcher de l'abbé de Villiers, et par le poëme du Père Sanlecque, sur les mauvais gestes des prédicateurs.

DE SAINTE-ALBINE.

Quelque différens que soient l'objet du comédien et celui du prédicateur, comme ils les remplissent par les mêmes moyens, parce que les mêmes moyens peuvent servir au vice et à la vertu, je crois pouvoir conseiller à ceux qui se destinent à la chaire, la lecture du livre de Remond de Sainte-Albine, intitulé *le Comédien*, 2e. édition; 1749, in-8°.; livre excellent et rempli de réflexions très-justes et très-fines sur l'art de la déclamation.

On sait que Cicéron avoit eu pour maître Clodius Esopus, le plus grand acteur qu'aient eu les Romains dans le tragique; et j'ai entendu dire que le Père de la Rue avoit quelquefois consulté le fameux Baron.

RICCOBONI.

On peut aussi se servir très-utilement des *Pensées sur la Déclamation*, qu'un célèbre acteur du Théâtre Italien de Paris, Louis Riccoboni, donna en 1738, in-8°.; elles ont été réimprimées en 1752, à la suite de l'Art du Théâtre, par le fils de l'auteur. Il ne borne pas ses préceptes aux comédiens; il en donne aux orateurs sacrés. Il remarque les différens caractères de la déclamation qui leur convient, selon les différentes sortes de discours qu'ils ont à prononcer. Le ton de zèle doit dominer dans le sermon, le ton de l'admiration dans le panégyrique, et le ton de la douleur dans l'oraison funèbre. En finissant, Riccoboni exhorte les jeunes orateurs à s'exercer long-temps en secret, avant que de paroître en public. Pour ne plus revenir sur les deux ouvrages de Sainte-Albine et Riccoboni, nous en ferons ici un parallèle, qui eût peut-être mieux convenu à l'article du théâtre.

Les deux auteurs traitent leur matière d'une façon toute différente. Riccoboni est serré, précis, et dépouillé de tout ornement; Remond est fleuri, nombreux, et souvent même trop chargé de richesses. L'un écrit avec la simplicité d'un homme qui est persuadé que l'importance de son sujet le dispense du soin de l'embellir; l'autre, au contraire, croit devoir orner sa matière, pour la rendre plus agréable. Dans le premier, on reconnoît un acteur réservé, qui blâme quelquefois ses confrères en général, mais qui n'en loue aucun en particulier, dans la crainte sans doute d'être obligé de dire ce qu'il pense de tous les autres; dans le second, on voit un homme désintéressé, qui n'appréhende ni l'accusation de partialité, ni le soupçon de rivalité dans l'éloge et la critique qu'il fait de nos acteurs et de nos actrices. Enfin, par la multitude d'anecdotes théâtrales qu'on trouve dans le Comédien, on jugeroit que Remond a été élevé parmi les enfans de Melpomène et de Thalie; elles sont, au contraire, en si petit nombre dans l'Art du Théâtre, qu'on croiroit Riccoboni étranger à la scène, si son Traité ne prouvoit pas d'ailleurs les connoissances qu'il y a acquises.

D'HANNÉTAIRE.

Trente années d'expérience, et l'habitude de réfléchir, ont donné à cet auteur le droit de publier ses remarques sur un art qu'il a exercé avec succès. Il a rassemblé dans ses *Observations sur l'Art du Comédien*, quatrième édition, Paris, 1776, in-8°., d'excellens extraits des meilleurs traités qui ont paru sur le même sujet, c'est-à-dire, du Comédien, de Remond de Sainte-Albine, et des Pensées sur la Déclamation, de L. Riccoboni. Tous ces extraits sont accompagnés de longues remarques, souvent plus curieuses, et toujours plus approfondies que le texte même. Les anecdotes dont cet ouvrage est semé, en rendent la lecture très-agréable. On y trouve aussi l'excellent article de Marmontel sur l'Art de la Déclamation, tiré de l'Encyclopédie.

MADEMOISELLE CLAIRON.

Cette célèbre actrice a voulu perpétuer la tradition de ses succès par l'histoire de ses travaux, renouveler ses exemples par ses préceptes, et figurer sa pratique par sa théorie. Ses *Mémoires*, publiés en 1799, in-8°., sont avec *l'Article de la Déclamation Théâtrale* de Marmontel, ce que l'on a de meilleur pour étudier avec fruit la théorie de cet art. Les pièces détachées qui terminent ces Mémoires méritent d'être lues ; on s'arrête surtout à deux Dialogues aussi singuliers que piquans, dans lesquels l'auteur joue certainement le premier rôle : l'un est entre le maréchal de Richelieu, la duchesse de Grammont et mademoiselle Clairon; l'autre, entre le margrave d'Anspach et le même interlocuteur. Viennent ensuite des réflexions très-sensées sur *les Mariages d'inclination*, des *Conseils à une jeune amie* ; conseils dans lesquels la connoissance du cœur humain, la raison, la vérité, l'observation, les sentimens se sont réunis pour instruire, plaire et persuader. Tout ce qu'on lit dans ce volume est aussi fortement pensé qu'élégamment exprimé.

On a aussi publié, en 1799, les Mémoires de Marie-Françoise Dumesnil, en réponse à ceux d'Hyppolite Clairon. Cette actrice célèbre n'a pas fourni une seule ligne à l'ouvrage qui parut sous son nom. On peut même douter que ce soit de l'aveu de mademoiselle Dumesnil qu'aient été écrits ces prétendus Mémoires, en réponse à ceux qu'Hyppolite Clairon a véritablement publiés. Le nom du véritable auteur se trouve dans le Dictionnaire des ouvrages anonimes et pseudonymes.

M. DUBROCA.

Au premier aspect du livre de M. Dubroca, intitulé, *Principes raisonnés sur l'art de lire à haute voix*, 1802, in-8°. de 520 pages, tout lecteur, et surtout tout acheteur aura droit de s'étonner qu'on ait pu trouver de quoi composer un si épais volume sur une matière qui paroît dépendre en grande partie de l'intelligence et de la sensibilité. Cependant le but de cet ouvrage est fort estimable, et dans l'exécution, il offre aux jeunes gens l'ensemble de tous les moyens nécessaires pour se rendre habiles dans l'art de lire. Cet art a, comme tous les autres, ses procédés et ses règles, qu'on ne peut violer, sous peine de provoquer l'impatience ou le sommeil, chez ceux que le devoir, la convenance ou d'autres circonstances rassemblent autour de vous, et condamnent à vous entendre, si ce n'est pas à vous écouter.

On doit aussi à M. Dubroca l'exposition d'une méthode élémentaire propre à former les jeunes gens à la lecture à haute voix, au débit oratoire, et à les disposer aux cours de haute déclamation, 1805, in-12 : c'est un abrégé de l'ouvrage précédent.

DES RHÉTEURS ANGLAIS.

BACON.

Cet homme célèbre, que nous plaçons à la tête des écrivains Anglais qui ont parlé de l'art oratoire, ne doit point être confondu avec de simples rhéteurs, dont les ouvrages n'ont traité que des préceptes de l'éloquence; l'universalité de ses connoissances le met bien au-dessus de ce rapprochement. En parlant de la rhétorique, ce grand homme a prouvé que son génie pouvoit embrasser toutes sortes d'objets.

HUGUES BLAIR.

Les Leçons sur la Rhétorique, imprimées à Londres en 1783, 2 vol. in-4°., peuvent être regardées comme le traité le plus parfait qui ait paru jusqu'à ce jour dans ce genre. L'auteur n'a rien omis de ce qui concerne l'art de bien parler et de bien écrire; soit en prose, soit en vers. Il joint à une vaste érudition, une impartialité rare, et juge avec équité les écrivains de toutes les nations, leurs théâtres, poésies, etc. M. Cantwel a donné une mauvaise traduction de cet ouvrage en 1798, 4 vol. in-8°.

Un des professeurs de Blair détermina son goût pour les belles-lettres, en accordant des éloges à un *Essai sur le beau*, que le disciple écrivit pendant qu'il étudioit la logique. Cet ouvrage fut destiné, avec des circonstances honorables pour l'auteur, à être lu en public, à la clôture des exercices académiques. Cette marque de distinction fit une impression profonde sur l'esprit du jeune Blair : il aima toujours à se rappeler ce succès; et jusqu'à sa mort, il se regarda comme le premier fondement de sa réputation.

Blair est mort le 27 décembre 1800, âgé de 82 ans.

PRIESTLEY.

Cet écrivain, à qui la physique doit tant de découvertes utiles, la politique tant de principes d'équité sociale, ne s'est point borné à cette carrière. Il publia en 1777, à Londres, un Cours de leçons sur l'art oratoire et l'art de la critique. On trouve dans cet ouvrage d'excellens principes et des observations judicieuses et piquantes.

CHAPITRE III.

DE LA GRAMMAIRE.

Il y a eu des hommes qui parloient et qui raisonnoient très-bien, avant qu'il y eût des logiques et des grammaires; mais on ne doit pas conclure de là, que ces sortes d'ouvrages soient inutiles : ils rassemblent en un faisceau les rayons de lumière épars de divers côtés ; ils ordonnent les parties de la science, de manière que l'ensemble en puisse être saisi avec plus de facilité.

Si l'homme n'eut pas créé des signes, dit le comte de Rivarol, d'après Condillac et Diderot, ses idées simples et fugitives, germant et mourant tour à tour, n'auroient pas laissé plus de traces dans son cerveau, que les flots d'un ruisseau qui passe n'en laissent dans ses yeux. En effet, si l'on réfléchit que les mots sont les signes de nos idées, que sans eux nous n'aurions pu nous faire des idées abstraites ; on concevra l'importance et l'utilité de la science des mots ; or, la grammaire n'est que cela. Mais la science des mots n'est pas simplement une *science de mots*, comme quelques esprits superficiels affectent de le croire ou de le dire : cela est si vrai, que le vocabulaire seul d'une langue quelconque suffit pour donner une idée précise du degré de perfection où est parvenu, dans tous les genres, le peuple qui la parle.

§ Ier. GRAMMAIRES GÉNÉRALES.

LANCELOT ET ARNAULD.

La Grammaire Générale et Raisonnée que Claude Lancelot donna en 1660, sous le nom du sieur de Trigny, et à laquelle le grand Arnauld a eu beaucoup de part, contient, d'une manière nette et précise, les fondemens de l'art de parler : on y voit les raisons de ce qui est commun à toutes les langues; on y fait sentir les principales différences qui s'y rencontrent. Les meilleurs critiques avouent qu'il n'y a rien dans les anciens grammairiens, ni dans les nouveaux, qui présente autant de jugement et de solidité. Un autre avantage de ce petit livre, c'est qu'il fait en particulier beaucoup d'honneur à notre langue, sur laquelle les auteurs offrent des observations aussi utiles que sensées. Duclos en a donné une nouvelle édition en 1754, in-12, avec des remarques, où règne une métaphysique saine, qui est la clef de toutes les langues. M. Petitot a publié, en 1803, une nouvelle édition in-8°. de cet excellent ouvrage : elle est enrichie d'un Essai sur l'origine et les progrès de la langue française, et suivie du Commentaire de Duclos, auquel le nouvel éditeur a ajouté des notes.

JACQUES HARRIS.

M. François Thurot a fait paroître, en 1796, Hermès, ou Recherches Philosophiques sur la grammaire universelle; ouvrage traduit de l'anglais de J. Harris, avec des remarques et des additions du traducteur, un vol. in-8°. L'impression de cet ouvrage a été ordonnée par un arrêté du comité d'instruction publique de la convention nationale : l'état d'imperfection où se trouvoit la théorie des langues, le désir d'encourager ceux qui se livrent à des recherches utiles, et souvent mal payées par le public, la réputation de l'Hermès d'Harris, ont motivé cet arrêté. Nous croyons que ce dernier motif auroit perdu de sa force, si l'on avoit soumis l'Hermès à un examen plus approfondi. Cet ouvrage est néanmoins nécessaire à tous ceux qui étudient en philosophes leur propre langue, ou les langues étrangères ; ils trouveront dans le discours préliminaire, un Précis très-bien fait de l'histoire de la science grammaticale ; et les remarques du traducteur leur apprendront l'état actuel de cette science.

Harris publia en 1752 la première édition de son Hermès : il a été réimprimé plusieurs fois, notamment en 1783, avec les autres ouvrages de l'auteur, en 4 vol, in-8°.

LE PRÉSIDENT DE BROSSES.

Une érudition vaste et bien digérée, une philosophie saine et lumineuse, des recherches profondes sur l'organe vocal de l'homme, et sur l'influence naturelle et nécessaire de son organisation dans la formation et le progrès des langues ; un système où tout est lié, dont toutes les parties se prêtent un appui réciproque, et s'éclairent, pour ainsi dire, d'une lumière mutuelle ; tels sont les caractères qui distinguent *le Traité de la formation mécanique des langues*, 1765, ou 1801, 2 vol. in-12, et qui placent son auteur au premier rang parmi ceux qui ont écrit sur les principes de l'étymologie.

BEAUZÉE.

Sa Grammaire Générale et Raisonnée, 1767, 2 vol. in-8°., quoique l'un des meilleurs ouvrages et des plus complets qu'il y eût alors, a plusieurs défauts essentiels : des divisions oiseuses et beaucoup trop multipliées, des analises peu exactes, et des définitions quelquefois fausses, un style lourd et extrêmement diffus; voilà ce qu'on peut reprocher au livre de Beauzée, et ce qui en rend la lecture pénible et fatigante : on y trouve cependant de fréquens traits de lumière, des morceaux où brille un esprit vraiment philosophique, et une métaphysique fine et profonde.

COURT DE GEBELIN.

Court de Gebelin se montra, peu de temps après, dans la même carrière, et y débuta par un ouvrage, dont le plan seul annonçoit un génie hardi, capable d'embrasser la plus vaste étendue d'objets, et dont l'exécution montra non-seulement un écrivain laborieux et d'une érudition immense ; mais ce qui est très-rare en ce genre, un écrivain élégant et fleuri. *Le Monde Primitif, analisé et com-*

paré avec le *Monde moderne*, Paris, 1773 et ann. suiv., 9 vol. in-4°., est un de ces monumens qui étonnent l'imagination : on a peine à concevoir comment un seul homme a pu entreprendre et exécuter un pareil ouvrage ; il rappelle en quelque sorte les héros d'Homère ; c'est Ajax ou Diomède, enlevant sans effort un rocher énorme, que plusieurs hommes ordinaires auroient eu peine à porter. La Grammaire Universelle, qui forme le tome II de cet ouvrage, est pleine de recherches curieuses, de choses nouvelles, et de vues quelquefois très-ingénieuses.

Les lecteurs qui seroient effrayés de l'étendue de cette collection, pourront se contenter de deux volumes que l'auteur en a extraits : l'un a paru sous le titre d'*Histoire Naturelle de la Parole*, Paris, 1776, in-8°. ; et l'autre, sous celui de *Dictionnaire chronologique et raisonné des Racines latines*, 1780, in-8°.

CONDILLAC.

La Grammaire de Condillac, 1798, in-12, est l'ouvrage le plus parfait qui existe en ce genre dans aucune langue ; elle est divisée en deux parties : dans la première, l'auteur parlant de la simple sensation, explique en peu de mots, et pourtant d'une manière extrêmement claire et même très-élémentaire, l'origine et la génération de nos idées et des opérations de notre âme; la seconde partie renferme les applications des principes exposés dans la première; il s'y rapproche des grammairiens qui l'avoient précédé, et particulièrement de Dumarsais, de Duclos et de Beauzée.

M. SILVESTRE DE SACY.

En déclarant modestement à ses lecteurs que ses Principes de Grammaire Générale, mis à la portée des enfans, ne sont qu'un extrait des meilleurs ouvrages qui ont paru sur la langue française, M. Silvestre de Sacy observe qu'il n'a fait d'application des principes de la grammaire générale à des exemples pris dans la langue française, ou dans toute autre langue, qu'autant qu'il a été nécessaire pour se rendre intelligible. On lui sait gré d'avoir fait diversion à ses profondes études en d'autres genres, pour offrir à la jeunesse l'ouvrage peut être le plus propre à servir d'introduction à l'étude de toutes les langues. Les augmentations et les changemens faits en 1804, dans la seconde édition, qui se vend chez Duminil-Lesueur, la rendent très-supérieure à la première, qui avoit paru en 1799.

M. L'ABBÉ SICARD.

Ses Elémens de Grammaire Générale appliqués à la langue française, 2ᵉ. édition, 1801, 2 vol. in-8°., sont le fruit d'une méditation profonde, et de vingt années de travail, fondé sur une longue expérience : on pourroit les appeler une sorte de métaphysique, et de grammaire expérimentale et vraiment classique ; mais l'on a reproché, avec raison, à l'auteur, d'y avoir fait entrer des mots forgés, singuliers, bizarres, et jusqu'ici étrangers à la grammaire, lesquels déparent un livre, dont l'objet est la perfection du langage.

M. DE TRACY.

Le succès des *Elémens d'Idéologie*, publiés en l'an IX (1801), par M. Destutt-Tracy, membre du Sénat Conservateur, faisoit vivement désirer la suite des travaux auxquels ils servent d'introduction et de base. M. de Tracy acquit, en 1803 et en 1805, de nouveaux droits à la reconnoissance des bons esprits,

esprits, en faisant paroître la seconde et la troisième partie de son ouvrage. Il avoit parlé des Idées dans la première; la Grammaire fait le sujet de la seconde; la troisième est un Traité de logique. Notre devoir est d'attirer l'attention sur la seconde partie; elle nous paroît mériter d'être comprise dans la classe peu nombreuse des ouvrages qui, sur un sujet donné, important et difficile, approfondissent, simplifient et rapprochent toutes les idées fondamentales; des ouvrages qui accélèrent et assurent la marche de l'esprit humain dans sa carrière indéfinie. S'il y avoit un reproche à faire à l'ouvrage de M. Destutt-Tracy, ce seroit d'être d'une lecture un peu difficile pour ceux qui ne sont pas familiers avec le genre des discussions qui en font le sujet..

§ II. GRAMMAIRES ET DICTIONNAIRES DE LA LANGUE GRECQUE.

LANCELOT ET AUTRES.

La Nouvelle Méthode pour apprendre la langue grecque, qu'on appelle de Port-Royal, a pour principal auteur le bénédictin Claude

Lancelot ; rien n'est plus clair, plus savant et mieux entendu que la manière dont l'auteur explique tout ce qui peut servir à la parfaite intelligence de la langue grecque. Il a profité du travail de ceux qui avoient écrit avant lui sur le même sujet ; mais il a su si bien digérer leurs pensées et leurs recherches, qu'il est devenu lui-même auteur original. Cette méthode parut pour la première fois en 1655. La dernière édition est de l'année 1754 ; elle passe pour la meilleure, quoiqu'elle ne contienne rien de plus que plusieurs des précédentes.

L'auteur a aussi publié, en 1655, un Abrégé de cette Méthode, en faveur des commençans et de ceux qui n'auroient pas le temps d'approfondir tout ce qu'il a renfermé de savant et de mieux dans la grande méthode.

On assure qu'Arnauld et Nicole ont aidé Lancelot dans la composition de la Méthode Grecque.

Les grammaires grecques les plus suivies en France, sont celles de Furgault et de M. Gail. En Allemagne et en Hollande, on paroît préférer celle de Weller, de l'édition de Fischer, Leipsic, 1756, in-8°.

Le même Fischer a fait de savantes observations sur cette grammaire.

HENRI ESTIENNE, SCAPULA, HÉDÉRIC.

Le Trésor de la Langue grecque, publié par le célèbre Henri Estienne, en 1572, 4 vol. in-fol., auxquels on joint un cinquième volume, contenant *deux Glossaires*, est considéré, même aujourd'hui, comme le plus nécessaire des dictionnaires. Scapula en a fait un bon Abrégé, dont la meilleure édition est celle d'Amsterdam, 1652, in-fol. Scapula rapporte tous les dérivés à leur racine ; c'est au commencement un assez grand embarras, parce qu'on n'est pas assez habile pour savoir ce que les composés et les dérivés ajoutent ou retranchent à leur racine pour les séparer et les chercher dans leur origine. Mais cette peine est avantageusement récompensée par la connoissance d'un grand nombre de mots, qui dépendent d'un principe commun : et en cas qu'on ne fût pas assez habile ou assez heureux pour trouver la racine, on n'a qu'à chercher le mot tel qu'il est, dans une table qui est à la fin du lexicon, où l'on apprend d'où il vient, et où il faut le chercher.

Parmi les dictionnaires grecs portatifs, on distingue celui d'Hédéric, de l'édition de J. Aug. Ernesti, Leipsic, 1767, in-8°., ou de celle de Thomas Morell, Londres, 1778, in-4°.

§ III. GRAMMAIRES ET DICTIONNAIRES DE LA LANGUE LATINE.

RECUEIL DE PUTSCHIUS.

Hélias Putschius, ou Elie Von Putschen, publia à Hanau, en 1605, in-4°., un Recueil d'anciens auteurs qui ont écrit sur la grammaire latine. Cette édition, très-estimée et très-rare, fut soignée par Godefroi Jungermann, correcteur d'imprimerie des Wechels à Hanau. Putschius a inséré dans ce Recueil plusieurs ouvrages inédits ou revus et augmentés sur des manuscrits de Bongars. Il avoit dessein de faire des notes sur ces auteurs, et plusieurs en avoient grand besoin; mais la mort l'en empêcha.

SANCTIUS.

C'est Sanctius qui, par la droiture de son esprit, et par la solidité de son jugement, a montré le premier l'art de parler dans tout son jour ; et c'est cet Hercule de l'Espagne, qui, avec un travail infiniment pénible, a purifié les étables de la grammaire, comme l'autre Hercule avoit nettoyé celles d'Augias.

La meilleure édition de la Grammaire de Sanctius a été publiée par Perizonius, à Amsterdam, en 1714, in-8°. : elle contient les notes de Scioppius.

LANCELOT.

La Méthode pour étudier la Langue Latine de cet auteur, qu'on appelle aussi Méthode de Port-Royal, est, sans contredit, la meilleure que l'on puisse choisir pour apprendre le latin. On peut la considérer comme un composé de ce qu'ont écrit de meilleur Laurent Valle, Jules-César Scaliger, Scioppius, et surtout Sanctius ; mais elle ne traite pas seulement de toutes les parties du discours ; on y trouve aussi à s'instruire sur les noms des Romains, sur les marques de leurs nombres et sur la division du temps ; elle renferme de plus un Traité des lettres et de la manière de prononcer des anciens, de la quantité des syllabes, des accens, et de la manière de bien prononcer le latin. Tout cela est rempli de choses si curieuses et si bien écrites, qu'on peut dire que Lancelot fait trouver des fleurs où les autres n'offrent que des champs arides. La première édition de cette Méthode est de l'année 1653, et la dernière de 1761; celle-ci est augmentée d'un *index* général des mots : elle est la plus recherchée.

L'auteur a publié, en 1658, un Abrégé de cette Méthode. Il a été souvent réimprimé, ainsi que l'Abrégé de la Méthode Grecque.

Arnauld et Nicole passent aussi pour avoir aidé Lancelot dans la composition de la Méthode Latine.

DUMARSAIS.

L'Exposition d'une Méthode Raisonnée pour apprendre la Langue Latine, publiée par Dumarsais en 1722, in-8°., devoit opérer une révolution dans la manière d'enseigner le latin. Tous les hommes qui tenoient au mode d'enseignement suivi dans les collèges, ne manquèrent pas de soulever les esprits médiocres contre le nouveau système; mais d'habiles grammairiens en sentirent la justesse, et son utilité est aujourd'hui généralement reconnue. *La Méthode* de Dumarsais a été réimprimée à Paris en 1795, in-12 : on la trouve en tête de la collection des Œuvres de ce célèbre grammairien, Paris, 1797, 7 vol. in-8°.

L'ABBÉ DE RADONVILLIERS.

Cet habile instituteur des enfans de France vers le milieu du 18°. siècle, se proposa, à l'exemple de Dumarsais, de simplifier la connoissance des langues anciennes, en se les rendant familières par l'usage, comme on apprend sa langue maternelle. Cet usage, il le fait consister en une lecture réitérée avec un maître qui sert d'interprète à l'idiome inconnu, sans le secours des grammaires, qui rebutent les commençans ; tel est le plan et le but de l'ouvrage anonime, intitulé : *de la Manière d'apprendre les Langues*, Paris, 1768 ; in-8°., et 1804, in-12. L'édition in-12 devoit empêcher l'éditeur des Œuvres de l'abbé de Radonvilliers de présenter cet ouvrage comme très-rare.

M. GUÉROULT.

Lorsque Dumarsais publia sa Méthode Raisonnée pour apprendre la Langue Latine, il eut pour principaux adversaires les professeurs des colléges. Il falloit peut-être que cette Méthode eût été éprouvée pendant près d'un siècle, pour trouver des apologistes dans ces mêmes colléges. M. Guéroult, l'un des plus anciens et des plus habiles professeurs de l'Université, aujourd'hui proviseur du Lycée Charlemagne, s'est fait honneur en publiant une Nouvelle Méthode pour étudier la Langue Latine suivant les principes de Dumarsais, 1800, in-8°., et 1805, in-12. Le mérite de cet ouvrage est déjà reconnu presque généralement. L'auteur y a rassemblé, en un petit nombre de pages, les règles et les principes établis par Dumarsais et par les savans de Port-Royal.

ROBERT ESTIENNE, J. MATTHIEU GESNER, ET GILLES FORCELLINI.

Un des Dictionnaires Latins les plus amples et les plus commodes que nous ayons, est le *Novus linguæ et eruditionis Romanæ Thesaurus, editus à Joan. Matt. Gesnero, Lipsiæ*, 1749, 4 vol. in-fol. Ce Dictionnaire, que l'on pourroit en quelque sorte considérer comme une table générale des bons auteurs latins, est un livre absolument nécessaire à tous ceux qui président aux études latines, aussi-bien qu'à ceux qui se font une honnête

et

et utile occupation de lire les ouvrages que nous ont laissés en latin les plus beaux génies de l'antiquité. C'est originairement le *Thesaurus Linguæ Latinæ* du célèbre Robert Estienne, imprimé à Paris en 1543, 3 volumes in-fol. Une société de savans Anglais l'avoit revu avec le plus grand soin, et l'avoit considérablement augmenté; c'est à elle que l'on doit l'édition de Londres de 1734. Plusieurs savans y trouvèrent des fautes : c'est ce qui fit entreprendre l'édition publiée à Bâle en 1740, par les soins d'Antoine Birrius. M. Gesner a ensuite mis douze ans à retoucher ces éditions, et nous ne croyons pas qu'il soit possible à un seul homme de faire mieux qu'a fait ce savant et laborieux lexicographe. Toutefois, malgré tant de recherches et tant de soins, il manque encore certaines choses à cet excellent ouvrage. Les savans font plus de cas du dictionnaire intitulé, *Totius Latinitatis Lexicon*, composé par Gilles Forcellini, sous la direction de son maître, Jacques Facciolati, Padoue, 1771, 4 vol. in-fol.

Forcellini n'a pas joui du succès de son grand ouvrage, étant mort le 4 avril 1768, âgé de 80 ans.

§ IV. GRAMMAIRES ET DICTIONNAIRES DE LA LANGUE FRANÇAISE.

Il n'y a point de pays, peut-être, où l'on ait tant écrit sur la grammaire de la nation, qu'en France. Nous tâcherons de faire connoître ceux qui se sont le plus distingués en ce genre.

L'ABBÉ REGNIER.

Sa Grammaire parut à Paris en 1706, in-4°. Le nom de l'auteur prévint en faveur de l'ouvrage : mais on ne tarda pas à s'apercevoir que l'abbé Regnier, quoique secrétaire de l'Académie Française, n'avoit point suivi le plan qui lui avoit été proposé par sa Compagnie. Au lieu d'une méthode courte et facile, on fut fâché de ne voir qu'un ouvrage extrêmement prolixe. Il pouvoit bien être de quelqu'utilité aux savans; mais il ne paroissoit guère propre qu'à effrayer les commençans, par la multitude de préceptes, de réflexions et de remarques : on ne fut pas moins surpris de ce que, malgré cette longueur, il n'y étoit rien dit de la syntaxe ; l'auteur renvoyoit cette partie importante à un autre ouvrage qui n'a point paru. En un mot, cette Grammaire, quoique semée de quantité d'observations utiles, ne répondit nullement à l'espérance que le public en avoit conçue. On critiqua l'auteur; on déprécia son ouvrage; et il est aujourd'hui assez peu consulté : c'est cependant une mine abondante, où tous nos grammairiens ont puisé.

LE PÈRE BUFFIER.

Un des plus ardens censeurs de la Grammaire de l'abbé Regnier, fut le jésuite Buffier, qui avoit composé un livre sur la même matière. Sa Grammaire Française, lue à plusieurs reprises dans les assemblées de l'Académie, fut soumise à son jugement, et reçut de grands éloges, dès qu'elle vit le jour en 1708. C'est celle, en effet, qui a eu long-temps le plus de cours pour l'usage ordinaire; mais elle a été, ce semble, entraînée dans la chute des jésuites, quoiqu'elle méritât d'être conservée, par l'esprit d'analise qui y règne.

RESTAUT.

La plupart des colléges s'étoient déjà décidés pour la Grammaire de Restaut, avocat au parlement. Cet auteur étoit un homme judicieux, instruit du génie et de la délicatesse de notre langue, et qui a su faire un très-bon usage des ouvrages les plus estimés sur cette matière. Sa Grammaire est intitulée, *Principes généraux et raisonnés de la Grammaire Française*; parce que c'est en effet un bon choix de préceptes, développés, avec méthode et avec justesse. La forme qu'il a prise par demandes et par réponses, n'est point agréable; et c'est en partie ce qui a donné cours à des livres plus récens.

Il y a deux orthographes dans la langue française, suivant Restaut : l'orthographe de principes, et celle d'usage. Par la première, il entend celle qui est fondée sur les principes mêmes de la langue, et dont on peut donner des règles générales, comme l'orthographe des différentes terminaisons des noms par rapport aux genres et aux nombres, et des verbes par rapport aux temps et aux personnes. Il ne croit pas qu'il soit possible d'apprendre cette orthographe, et de la posséder parfaitement, que par une étude particulière de la grammaire française.

Par l'orthographe d'usage, il entend celle dont on ne peut guère donner de règles générales, et suivant laquelle les syllabes des mots s'écrivent d'une manière plutôt que d'une autre, sans autre raison que celle de l'usage ou de l'étymologie.

L'ABBÉ GIRARD.

Il y a beaucoup moins d'ordre, mais beaucoup plus d'esprit et de finesse, dans *les Principes de la Langue Française*, par l'abbé Girard, in-12, deux volumes, 1747. Le fonds de l'ouvrage est bon, mais il est mal fait. L'auteur subtilise trop sur la théorie du langage, et ne cherche pas assez à en exposer clairement et nettement la pratique. Il n'écrit point d'une manière convenable à son sujet : il affecte ridiculement d'employer des tours et des phrases qu'on souffriroit à peine dans de mauvais romans. Son livre, quoique rempli de vues neuves et originales, a été abandonné, parce qu'il s'écarte trop de la méthode et du langage ordinaires.

Dans toutes les langues, il se trouve plusieurs expressions qui représentent une même idée principale, mais dont chacune ajoute quelques idées accessoires. Cette ressemblance, quoiqu'imparfaite, trompe ceux qui ne se donnent pas la peine de réfléchir. Ils prennent, pour synonymes, des mots qui ne le sont nullement. C'est pour les guider dans leur incertitude, que l'abbé Girard donna, en 1736, ses *Synonymes Français*, leurs différentes significations, et le choix qu'il en faut faire pour parler avec justesse. Il montre qu'il n'y a point de parfaits synonymes dans la langue française. Il découvre à ses lecteurs toutes les finesses de notre langue ; et il les emploie lui-même avec beaucoup d'art. En général, ses remarques sont bien fondées ; et la plupart de ses exemples sont heureusement choisis, à quelques-uns près, qu'il n'auroit pas dû prendre dans les choses de galanterie. Ses définitions, surtout, paroissent fort justes ; quelques-unes peut-être sont trop subtiles ; d'autres, en petit nombre, sembleront un peu arbitraires ; mais la plupart sont également simples et naturelles. Aussi Voltaire a dit que ce livre subsisteroit autant que la langue, et serviroit même à la faire subsister.

Beauzée a publié une nouvelle édition des Synonymes de l'abbé Girard, considérablement augmentée, en 2 vol. in-12 : tous les articles qu'il y a fait entrer, ne sont pas de lui ; mais on ne peut que lui savoir gré, et de ce qu'il a écrit d'après lui-même, et de ce qu'il a puisé chez les autres.

L'ABBÉ ROUBAUD.

L'abbé Roubaud a publié, en 1786, quatre vol. in-8°. de *Nouveaux Synonymes Français*. Cet ouvrage ne doit pas être regardé comme une amplification des *Synonymes* de l'abbé Girard, ni tout-à-fait comme un supplément à ce livre ingénieux. L'abbé Roubaud a embrassé son sujet avec une plus grande étendue d'idées, de connoissances et de détails. Ce n'est pas une production purement agréable, faite pour amuser les gens du monde par des observations fines et délicates ; c'est un ample recueil de remarques et de discussions sur la langue, où un grand nombre de mots sont analisés, non-seulement sous leur rapport synonymique, mais relativement à leur valeur primitive, étymologique, et, pour ainsi dire, intrinsèque ; c'est un livre fait pour les gens de lettres et pour les savans ; ce qui n'empêche pas qu'il ne puisse plaire à toute sorte de lecteurs par une foule d'exemples, moins brillans, moins délicats peut-être que ceux de l'abbé Girard ; mais plus variés, plus moraux, plus critiques, et plus éloquens.

M. Morin, ancien libraire, a publié un ouvrage aussi commode qu'utile, sous le titre de Dictionnaire Universel des Synonymes de la Langue Française, par Girard, Beauzée, Roubaud, d'Alembert et autres, 3 vol. in-12.

DUMARSAIS.

A côté des Synonymes Français, il faut mettre *le Traité des Tropes*, ou des différens sens, dans lesquels un même mot peut être pris dans une même langue, par Dumarsais. L'auteur expose d'abord dans cet ouvrage, à peu près comme il a fait depuis dans l'Encyclopédie, au mot *Figure*, ce qui constitue en général le style figuré, et montre combien ce style est ordinaire, non-seulement dans les écrits, mais dans la conversation même. Il fait sentir ce qui distingue les figures de pensées, communes à toutes les langues, d'avec les figures de mots, qui sont particulières à chacune, et qu'on appelle proprement Tropes. Il détaille l'usage des tropes dans le discours, et les abus qu'on peut en faire. Il fait sentir les avantages qu'il y auroit à distinguer dans les dictionnaires latins-français, le sens propre de chaque mot, d'avec le sens figuré qu'il peut recevoir. Il
explique

explique la subordination des tropes, ou les différentes classes auxquelles on peut les réduire, et les différens noms qu'on leur a donnés. Enfin, pour rendre son ouvrage complet, il traite encore des autres sens, dont un même mot est susceptible, outre le sens figuré; comme le sens adjectif ou substantif, déterminé ou indéterminé, actif, passif ou neutre, absolu ou relatif, collectif ou distributif, composé ou divisé, et ainsi des autres. Les observations et les règles sont appuyées partout d'exemples frappans; et d'une logique dont la clarté et la précision ne laissent rien à désirer. Tout mérite d'être lu dans ce Traité, dit M. d'Alembert, jusqu'à l'*Errata*, qui contient des réflexions sur notre orthographe, sur ses bizarreries, ses inconséquences et ses variations. On voit dans ces réflexions un écrivain judicieux, également éloigné de respecter superstitieusement l'usage, et de le heurter en tout, par une réforme impraticable.

Dumarsais, après avoir publié différens ouvrages très-estimables, étoit presque ignoré, et ce qui est plus triste, dans une sorte d'indigence. Deux hommes de génie, Diderot et d'Alembert, venoient de concevoir le projet d'élever aux connoissances humaines un monument immortel; ils s'associèrent les savans et les artistes les plus illustres; il leur auroit fallu, pour chaque partie, des hommes comme eux : mais quel siècle auroit jamais présenté une pareille réunion! Du moins, ils devinèrent le génie partout où ils purent le trouver; et ils invitèrent Dumarsais à se charger de la partie grammaticale de l'Encyclopédie. Sa mort, arrivée en 1756, ne lui permit pas d'achever cette grande entreprise, à laquelle il s'étoit livré avec le plus grand zèle. Tous les articles qu'il a faits sont marqués au coin d'une métaphysique lumineuse, annoncent un esprit dont les qualités dominantes étoient la justesse et la netteté, portées l'une et l'autre au plus haut degré, et lui assurent une place distinguée parmi les grammairiens de génie, et l'une des premières parmi les grammairiens Français.

On a imprimé séparément, en 1769, les divers morceaux de grammaire qu'il avoit faits pour l'Encyclopédie : ils sont précédés d'une *Logique* trouvée dans ses papiers.

DE WAILLY.

Cet auteur d'une des bonnes Grammaires

que nous connoissons, a évité la plupart des défauts de ses prédécesseurs. Son ouvrage renferme des préceptes solides et assez clairement exposés : il parut pour la première fois en 1754, in-12, sous le titre de *Principes généraux et particuliers de la Grammaire Française*, et a été réimprimé, pour la onzième fois, avec des corrections, en 1800. On l'a adopté dans plusieurs colléges de la capitale et des départemens; il méritoit cette distinction, quoiqu'un peu au-dessus de la portée des jeunes gens.

L'ABBÉ FERAUD.

A quelqu'un qui voudroit se contenter d'un seul ouvrage sur la langue, je conseillerois *le Dictionnaire Grammatical de la Langue Française*, où l'on trouve rangées, par ordre alphabétique, toutes les règles de l'orthographe, de la prononciation, de la prosodie, du régime et de la construction, etc., et les mêmes règles appliquées à chacun des mots; de plus, les remarques et observations des plus habiles grammairiens ; ouvrage très-utile aux jeunes gens, aux étrangers et aux habitans des différentes provinces de l'Empire, en deux vol. in-8°., à Paris, chez Vincent, 1768, réimprimés en 1786.

Ce livre remplit son titre, et est très-bien fait; c'est un des meilleurs dictionnaires qu'on ait donnés dans le dernier siècle. L'auteur a le mérite d'avoir réduit toute la grammaire en articles courts, en principes clairs et sensibles : il en arrange les règles dans la méthode la plus commode. Ce qui rend cet ouvrage précieux aux provinciaux, c'est qu'on fixe la prononciation, en substituant aux caractères romains de l'orthographe, les caractères italiques, qui rendent les mots tels qu'on doit les prononcer. Comme l'abbé Feraud, de Marseille, n'est pas né à Paris, il n'est pas étonnant que ses observations ne soient pas toujours justes; mais il n'a rien oublié pour rendre son Dictionnaire complet, et le faire imprimer correctement.

Nous ne pouvons donner les mêmes éloges à l'ouvrage que le même auteur publia en 1787, 3 vol. in-4°. C'étoit une entreprise utile qu'un *Dictionnaire critique* de notre langue, surtout dans un temps où l'innovation et le néologisme tendoient sans cesse à la corrompre. M. l'abbé Feraud a-t-il bien senti à quoi l'engageoit le titre qu'il a choisi, et l'a-t-il rempli dans toute son étendue, ou du moins dans les parties les plus importantes ? C'est ce qui ne paroît pas. On trouve dans l'ouvrage de M. Feraud, un relevé des remarques grammaticales répandues dans beaucoup de livres, et dans les autres dictionnaires; une attention un peu minutieuse et souvent fautive sur la prononciation et l'orthographe; des citations de journaux, qui ne sont pas toujours bien choisies, et d'autres ouvrages souvent obscurs, qui ne doivent pas faire loi ; enfin, des critiques hasardées d'expressions heureuses, et trop peu de critiques des locutions néologues qui infectent des ouvrages fort vantés. Selon nous, ce qui devoit distinguer un Dictionnaire critique de tous les autres, c'étoit une étude approfondie du langage figuré, de toutes les acceptions que nos bons auteurs ont données aux termes dans les différens styles, en un mot, de toutes les richesses et du génie de la langue française. Ce travail n'auroit pas été simplement une compilation de grammairien, mais un ouvrage de goût, instructif pour toute sorte de lecteurs, et nécessaire peut-être à bien des gens de lettres, pour leur faire connoître de combien de hardiesses est susceptible une langue qu'ils trouvent si pauvre et qu'ils appauvrissent encore.

LE ROI.

Restaut n'a pas perdu de vue sa division des deux orthographes, dans l'édition qu'il nous a donnée, en 1752, de l'excellent *Traité de l'Orthographe Française*, en forme de dictionnaire, enrichi de notes critiques et de remarques sur l'étymologie et le genre des mots, la conjugaison des verbes irréguliers, et les variations des auteurs, par Charles le Roi. On croiroit, en lisant ce bon ouvrage, imprimé à Poitiers pour la première fois, in-8°., en 1739, que c'est le fruit des longues méditations d'un grammairien de profession et de goût, aussi familiarisé avec nos académies, que versé dans la lecture de nos meilleurs écrivains. L'auteur cependant n'avoit point d'autre prefession, que celle de prote, ou de directeur de l'imprimerie même, d'où son livre est sorti. Ce Dictionnaire est précédé d'une préface, où le Roi détermine, avec autant de précision que de justesse, l'usage des accens et la propriété des lettres. Ces remarques, appuyées dans les dernières éditions des réflexions de Restaut, peuvent être regardées comme des décisions, quoiqu'il les propose avec la modestie d'un homme qui ne donneroit que des conjectures. On voit qu'il avoit lu avec soin, et médité avec application tous ceux qui avoient fait, avant lui, des Grammaires françaises, des Dictionnaires, et des Observations critiques sur notre langue. On doit lui savoir gré d'un travail fort épineux en lui-même, mais dont il ne peut manquer de revenir beaucoup d'utilité à ceux qui voudront en profiter.

DOUCHET.

On n'a pas moins d'obligation à l'auteur des *Principes généraux et raisonnés de l'Orthographe Française*, avec des remarques sur la prononciation, Paris, 1762, in-8°. L'auteur, avocat en parlement, successeur de Dumarsais dans la partie grammaticale du Dictionnaire Encyclopédique, continua le travail de ce grammairien, avec le succès d'un homme profondément versé dans cette matière. Douchet définit d'abord l'orthographe : c'est, suivant lui, la partie de la grammaire qui traite de la parole écrite. « La parole
» écrite est l'image de la parole prononcée :
» pour donner à cette image toute la ressem-

» blance dont elle est susceptible, l'ortho-
» graphe emploie six sortes de caractères. »
C'est l'exposition, l'analise et la discussion
de ces caractères, qui font l'objet de son
livre ; c'est l'histoire de l'état actuel de la langue écrite qu'il y présente. S'il s'éloigne quelquefois des sentimens de nos meilleurs maîtres, c'est avec tous les égards qu'on leur doit.
S'il contredit leurs principes, c'est toujours
modestement qu'il propose ou, qu'il établit
les siens, avec autant de clarté que de précision.

L'ABBÉ D'OLIVET.

Il est louable de savoir bien écrire sa propre langue ; mais il ne l'est pas moins, ce
semble, de la bien prononcer ; et c'est ce
qu'on rencontre difficilement, surtout en province. Malgré l'excellent *Traité de la Prosodie Française*, donné par l'abbé d'Olivet,
bien des gens ignorent encore si notre langue
a une prosodie. Plusieurs observent, en
prononçant, les brèves et les longues ; mais
sans trop savoir pourquoi, n'étant guidés que
par l'habitude. D'autres, qui n'ont pas eu les
mêmes secours dans leur éducation, font en
ce genre les fautes les plus grossières. L'abbé
d'Olivet

d'Olivet a rendu un service inestimable au public, en consacrant ses talens et ses veilles à un travail utile, mais pénible et ingrat. Tous ceux qui parlent en public doivent étudier son Traité de la Prosodie ; c'est un livre classique. Il faut donner la préférence aux dernières éditions revues par l'auteur.

L'abbé d'Olivet a aussi laissé d'excellentes *Remarques sur Racine*, petit vol. in-12, imprimé à Paris en 1738. Si dans quelques-unes il y a une délicatesse trop pointilleuse, s'il montre dans d'autres trop peu d'attention à conserver les priviléges de la poésie, il y a en revanche, dans ses écrits, des observations utiles pour la perfection de notre langue. L'abbé Desfontaines opposa à cette critique une brochure intitulée, *Racine vengé*, ou Examen des Remarques grammaticales de M. l'abbé d'Olivet sur les Œuvres de Racine : c'est un petit-volume in-12, imprimé à Paris en 1739, quoique le titre porte à Avignon. L'auteur l'a adressé à l'Académie Française, par une épitre aussi élégante que polie. L'abbé Desfontaines analise, dans son écrit, toutes les remarques de son adversaire ; et partout il prétend faire voir clairement, que dans le plus grand nombre, ou même dans presque toutes, l'abbé d'Olivet a pris le change. C'est ce qu'on croira difficilement, même après avoir lu le Racine vengé. Il y a certainement, dans cet écrit, beaucoup d'observations qui font voir un homme de goût, et qui connoît bien notre langue ; mais il y en a d'autres qui sentent trop la chicane, et d'autres enfin, où le critique prend autant le change que l'auteur censuré. Il auroit dû aussi moins insister sur la différence du langage poétique d'avec celui de la prose, qui me paroit un peu chimérique, pour ce qui concerne les règles de la grammaire, que les poëtes, comme les auteurs qui écrivent en prose, doivent également suivre avec exactitude.

Au reste, il auroit été à souhaiter que l'abbé d'Olivet, ou la Compagnie dont il étoit membre, eût exécuté sur nos meilleurs écrivains, ce qu'il a commencé sur Racine. « Quel ser-
» vice ne rendroit pas l'Académie Française
» aux lettres, à la langue et à la nation, dit
» Voltaire, si au lieu de faire imprimer tous
» les ans des complimens, elle faisoit imprimer
» les bons ouvrages du siècle de Louis XIV,
» épurés de toutes les fautes de langage qui
» s'y sont glissées! Corneille et Molière en
» sont pleins; La Fontaine en fourmille. Celles

» qu'on ne pourroit pas corriger, seroient au
» moins marquées. L'Europe, qui lit ces au-
» teurs, apprendroit par eux notre langue
» avec sûreté ; sa pureté seroit à jamais fixée.
» Les bons livres français, imprimés aux dé-
» pens du roi, seroient un des plus glorieux
» monumens de la nation. J'ai ouï dire que
» Despréaux avoit fait autrefois cette propo-
» sition, et qu'elle a été renouvelée par un
» homme dont l'esprit, la sagesse et la saine
» critique sont connus; mais cette idée a eu
» le sort de beaucoup d'autres projets utiles,
» d'être approuvée et d'être négligée. »

LE PÈRE DE LIVOI.

Les Tropes de Dumarsais et les Synony-mes de l'abbé Girard, n'ont presque rien de commun avec le *Dictionnaire des Synonymes Français*, par le Père de Livoi, barnabite, à Paris, chez Saillant, 1767, in-8°. Ce Dictionnaire peut être fort utile, non-seulement aux étrangers, mais encore à tous ceux qui composent, et particulièrement aux poëtes. Cependant l'objet d'un Dictionnaire de Synonymes Français n'étant point de donner l'intelligence des vieux livres écrits en cette langue, mais d'indiquer les mots qui sont en usage ; l'auteur n'auroit pas dû le grossir inutilement de quantité de termes surannés, et surtout de mots de patois, dont on peut user avec le peuple dans les pays où ils ont cours, mais qu'on ne doit jamais écrire, au moins dans un ouvrage poli : j'y ai remarqué de plus quelques méprises. Un livre fait pour apprendre l'usage des termes, ne doit adopter ni autoriser des mots pris abusivement. Il y en a beaucoup dont on ne donne point les différentes acceptions : enfin, l'idée de ce Dictionnaire est bonne ; mais il auroit pu être mieux exécuté.

Les additions et corrections que Beauzée, un de nos plus habiles grammairiens, fit à cet ouvrage en 1788, lui donnent un prix réel.

RICHELET.

Le public a été inondé de Dictionnaires sur la langue ; dans cette foule, le premier qui mérita quelque attention, fut celui de Pierre Richelet ; il le publia à Genève en 1680, in-4°., sous ce titre, *Dictionnaire Français*, contenant l'explication des mots, plusieurs nouvelles remarques sur la langue française, ses expressions propres, figurées et burlesques, la prononciation des mots les plus difficiles, le genre des noms, le régime des verbes avec les termes les plus connus des arts et des sciences; le tout tiré de l'usage et des bons auteurs de la langue française.

Outre les mots et les choses, Richelet y a renfermé des remarques diverses sur notre langue; mais la plupart manquent de justesse. Il y rapporte aussi, avec assez d'exactitude, les expressions propres et figurées; on désireroit seulement qu'il eût montré plus de finesse en les distinguant. L'auteur avoit beaucoup profité des lumières de d'Ablancourt et de Patru, dont il avoit eu l'amitié, et de celles de l'Académie, que l'abbé d'Aubignac avoit établie, et où Richelet avoit été admis en 1665; mais ces lumières n'étoient que de foibles lueurs. On lui reproche, avec raison, les licences qu'il s'est données dans son Dictionnaire. Cet ouvrage passa dans l'esprit de bien des personnes sensées, pour un livre satirique et contraire aux bonnes mœurs.

Ces deux défauts ont été corrigés dans l'édition que l'infatigable abbé Goujet en donna en 1757, en trois volumes in-fol. Le même écrivain publia un abrégé de ce volumineux Dictionnaire, en un volume in-8°., qui a été porté à deux volumes en 1774, par de Wailly : cet abrégé est entre les mains de tout le monde.

FURETIÈRE.

Le Dictionnaire de Furetière, moins mauvais que celui de Richelet, ne parut pas pourtant un livre parfait, lorsqu'il vit le jour en 1690, en trois volumes. « C'est, suivant » l'abbé Goujet, un riche trésor, où l'on » trouve presque tout ce que l'on peut dési- » rer pour l'intelligence de notre langue. » On y démêle les différentes propriétés et » les diverses significations des mots. Tout y » paroît développé avec tant d'ordre et de » clarté, que cet ouvrage est très-propre à » instruire ceux qui savent le moins, et à sa- » tisfaire les savans mêmes. » Cet éloge doit recevoir beaucoup de restrictions. Il est vrai que lorsque le livre parut pour la première fois, c'étoit ce qu'on avoit vu de mieux en ce genre ; mais nous avons aujourd'hui des dictionnaires, et plus étendus, et mieux exécutés. On sait que celui-ci procura des chagrins à son auteur. L'Académie Française prétendit que Furetière avoit profité des cahiers manuscrits du Dictionnaire, auquel cette Compagnie travailloit, pour composer le sien. Furetière se justifia dans des factums; mais il ajouta aux raisons, les injures. Il se livra dans quelques écrits en vers et en prose, à tout son ressentiment contre l'Académie en général, et contre plusieurs de ses membres en particulier, et il mourut en 1688, sans avoir vu la fin de ce procès. Toutes les pièces qu'il enfanta durant le cours de cette querelle, furent réunies en 1694, en deux vol. in-12. L'Académie ne fit aucune réponse en son nom; elle n'opposa à Furetière, que la modération et le silence. Il ne parut même contre lui qu'une épigramme de La Fontaine, auquel Furetière répliqua d'une manière outrageante.

Son ouvrage, très-imparfait alors, fut le fonds sur lequel on bâtit le grand *Dictionnaire de Trévoux*, qu'on annonça comme un livre universel, fait sur un plan nouveau, contenant tous les mots français, tant anciens que modernes, et les termes des arts et des sciences, 1704, trois volumes in-fol., et porté ensuite jusqu'à huit du même format. Cet ouvrage mérite des détails.

DICTIONNAIRE DE TRÉVOUX.

Le titre de ce Dictionnaire fit sa vogue et sa fortune : on le crut Dictionnaire Universel ; et il ne l'étoit pas, comme il ne l'est pas même encore, après les corrections et les augmentations considérables qui se trouvent dans la huitième et dernière édition, 1771, 8 vol. in-fol. Nous avons un grand nombre de mots, dont il ne fait aucune mention. Ceux qui ont rapport aux sciences, et surtout aux arts et aux métiers, ne sont ni clairement définis, ni suffisamment développés. L'histoire, de l'aveu même des éditeurs, y est totalement négligée ; on n'y parle d'aucun de ces faits qui piquent la curiosité, ou qui instruisent sur les mœurs des différens siècles.

Un Dictionnaire Universel devroit être un code de littérature et de belles-lettres ; celui de Trévoux, plus occupé à copier les phrases de nos bons auteurs, qu'à recueillir et à exposer les principes et les préceptes de a nature et de l'art, n'enseigne presque rien sur des objets si intéressans : c'est ce qu'on remarquera à tous les articles qui ont rapport à l'éloquence, à la poésie, et aux différens styles qu'exigent les divers genres d'écrire.

On

On n'y trouve aucune règle pour la bonne prononciation, ni pour la quantité prosodique des syllabes. Ce point étoit cependant essentiel dans un livre fait pour apprendre l'usage de la langue, et pour montrer l'emploi des mots qui la composent. Cette seule omission doit être une source d'erreurs pour les étrangers, et pour la plupart des nationaux, qui, n'étant point à portée de connoître les lois ou les caprices de l'usage, prononcent les mots comme ils les trouvent écrits. Ce Dictionnaire, dit Universel, n'indique point les nuances fines et délicates, qui différencient un même mot placé différemment, ou plusieurs mots crus synonymes. On n'y voit point cette gradation philosophique, qui fait apercevoir, d'un coup d'œil, l'origine, la filiation, les sens différens, la vraie valeur, et le meilleur emploi d'un mot pris séparément, ou réuni avec d'autres. On n'y dit que très-peu de chose sur le régime des verbes, sur la manière de conjuguer ceux qui sont irréguliers, et sur quantité d'autres détails de grammaire, dont la connoissance est indispensable pour écrire et pour parler avec pureté.

Outre tant d'omissions, on peut encore se

plaindre, avec fondement, de l'ambiguité, de l'obscurité même, et surtout de l'insuffisance et de l'inexactitude de la plupart des définitions. Le principal et le seul mérite de ce livre, si ce n'est pas un vice, est d'avoir accumulé une foule d'exemples tirés d'auteurs connus; mais ces exemples ainsi entassés, fatiguent bien plus le lecteur, qu'ils ne l'instruisent.

L'ACADÉMIE FRANÇAISE.

Celui de tous les ouvrages sur la langue, qu'on estime le plus, c'est le Dictionnaire de l'Académie Française, dont la cinquième édition a paru en 1798, en deux volumes in-folio. et in-4°. Cette compagnie s'étoit occupée depuis son établissement, de ce Dictionnaire; et l'on peut dire qu'il a pour auteurs les poëtes, les orateurs et la plupart des écrivains célèbres des dix-sept et dix-huitième siècles. L'Académie a toujours cru qu'elle devoit se restreindre à la langue commune, telle qu'on la parle dans le monde, et telle que nos poëtes et nos orateurs l'emploient. Ainsi l'on n'a point fait entrer dans ce Dictionnaire, tous les mots dont on ne se sert plus et qu'on ne trouve aujourd'hui que dans les auteurs qui ont écrit avant la fin du seizième siècle. On a cru devoir admettre, dans l'édition de 1762, les termes élémentaires des sciences, des arts, et même ceux des métiers, qu'un homme de lettres est dans le cas de trouver dans des ouvrages, où l'on ne traite pas expressément des matières auxquelles ces termes appartiennent. On n'a point négligé de rapporter le sens métaphysique que certains mots reçoivent quelquefois en vertu d'un usage établi ; mais on n'a pas fait mention des sens figurés que les poëtes et les orateurs donnent à plusieurs termes, et qui ne sont point autorisés par un usage reçu : ces sortes de figures appartiennent à ceux qui les hasardent, et non pas à la langue. On n'y expose point non plus les significations relatives et les nuances de certains mots appelés synonymes. On n'y trouve point de règles détaillées sur la grammaire, sur la prononciation et sur la quantité prosodique des syllabes. Son unique objet est de fixer et de déterminer le vrai sens et la vraie signification des mots de la langue les plus usités.

On sait que l'Institut National s'occupe d'un nouveau Dictionnaire ; il peut rendre un important service aux écoles publiques, aux jeunes gens, aux étrangers, en le rédigeant avec méthode, et de manière qu'il présente des définitions claires et précises, l'étymologie, les racines des mots et des exemples habilement choisis dans les auteurs classiques, depuis Malherbe jusqu'à Voltaire, depuis Pascal jusqu'à Buffon.

Ce n'est pas sur ce plan qu'est rédigé le Dictionnaire de l'Académie Française : pour mieux dire, il est remarquable par l'absence de plan ; point d'étymologie ; nulle clarté dans les définitions ; des rédactions vagues, incomplètes ; quant aux phrases composées tout exprès pour faire autorité, elles fournissent presque toujours des exemples de mauvais style, souvent des modèles de ridicule. Ce travail malheureux est digne en tout sens du mépris qu'il inspiroit à Voltaire dans les derniers temps de sa vie.

Nous observerons ici, pour la satisfaction de ceux qui aiment les détails relatifs à l'histoire littéraire, que la première édition du Dictionnaire de l'Académie Française, en 1694, est due en grande partie à l'abbé Regnier des Marais ; l'Epître dédicatoire au roi et la Préface, sont de François Charpentier. Mirabaud eut beaucoup de part à la troisième, qui parut en 1740 ; et Duclos à la quatrième, donnée en 1762. L'édition de 1778, en 2 vol. in-4°., n'est qu'une répétition de cette dernière ; quant à la cinquième, elle a été faite sur un exemplaire chargé de notes de la main de plusieurs académiciens, écrites avant 1789. M. Dominique-Joseph Garat est auteur du Discours Préliminaire. Pendant quelque temps, Selis a revu une partie du Dictionnaire, sous le double rapport de la grammaire et de la typographie ; après sa mort, cette révision a été continuée par le grammairien de Wailly et l'abbé Bourlet de Vauxcelles.

ANONIME.

Les Remarques Morales, Philosophiques et Grammaticales sur le Dictionnaire de l'Académie Française, publiées par le libraire Renouard, en 1807, in-8°., sont en général justes, quelquefois fines et judicieuses, quelquefois encore obscures ou énigmatiques, et souvent exprimées avec dureté par un homme qui sait tout, excepté l'art d'adoucir ce que la critique a d'amer ou d'offensant.

M. LAVEAUX.

La nouvelle édition du Dictionnaire de l'Académie Française, imprimée par Moutardier et Leclere, en 1802, deux gros volumes in-4°., a été dirigée par M. Laveaux, ancien professeur royal à Berlin, connu par la publication de différens ouvrages historiques et littéraires; elle contient les mots et les locutions adoptées depuis la dernière édition de 1762; l'explication des termes et des expressions synonymes, les termes des sciences, des arts et des métiers; et particulièrement ceux de la nouvelle nomenclature chimique. On peut dire qu'il est le plus exact et le plus complet qui ait paru jusqu'à présent, et le seul qui contienne la nouvelle langue politique, administrative, militaire et scientifique; en un mot, c'est le Dictionnaire de l'Académie Française, avec des corrections et augmentations faites, non par l'Académie elle-même, mais par tous les bons auteurs qui ont écrit depuis la dernière édition; aussi est-il très-recherché.

M. BOISTE.

Dans son Dictionnaire Universel de la Langue Française, 2ème. édition, 1803, in-4°., et 2 vol. in-8°. oblongs, M. Boiste s'est proposé, 1°. d'ajouter à la nomenclature du Dictionnaire de l'Académie Française, édition de 1778 (1762), tous les mots admis par les autres dictionnaires anciens et modernes, avec l'indication de leurs auteurs, et les termes particuliers aux sciences, arts, manufactures et métiers, etc. ; 2°. de donner succinctement la signification des mots, leurs acceptions différentes et leurs équivalens ou synonymes, en indiquant les différences, souvent très-grandes, dans la signification, et quelquefois même les sens diamétralement opposés que leur donnent les autres dictionnaires.

3°. De présenter avec clarté le rapprochement et la comparaison des systèmes d'orthographe, c'est-à-dire, les différentes manières d'écrire les mots, lorsqu'ils sont susceptibles de variantes, ce qui est très-fréquent; et toujours avec l'attention de citer les auteurs de ces systèmes.

4°. Enfin, de séparer le néologisme de la néologie, c'est-à-dire, de désigner par des indications précises les mots nouveaux, adoptés depuis l'Académie, et qui font aujourd'hui partie de la langue ; ceux qui ne peuvent être employés qu'avec circonspection, même dans le style familier, et ceux qui doivent être rejetés.

Le but de l'auteur a été de lever les difficultés sans nombre qui naissent de la confusion des différens systèmes d'orthographe, du renouvellement ou de l'oubli d'anciens mots; de l'emploi de mots nouveaux, dont les Français mêmes, et à plus forte raison les étrangers, ne connoissent pas la signification ; et par-là de contribuer à ce que la langue française, conservée dans sa pureté, ne cesse pas d'être en Europe la langue universelle. Les efforts de M. Boiste ont été couronnés du plus brillant succès. Son Dictionnaire, rare dans son espèce, ne contient pas un seul mot inutile; c'est peut-être le plus substantiel qui existe, et on peut le regarder comme la solution d'un problème où l'on auroit proposé les moyens de resserrer les sciences dans le plus court espace, et de mettre le plus de choses dans le moins de mots qu'il est possible.

M. MORIN.

Son Dictionnaire Etymologique des Mots Français dérivés du Grec, revu et enrichi

de

de notes par le célèbre de Villoison, 1804, in-8°., est d'une utilité générale pour tous ceux qui ne savent pas le grec, et pour ceux-mêmes qui possédant cette langue, ne se sont pas familiarisés avec tous les termes de sciences, d'arts et de métiers, dont on trouve l'étymologie et l'explication dans cet ouvrage.

VAUGELAS.

Ses Remarques sur la Langue Française, publiées en 1647, in-4°., et réimprimées en 1738, 3 vol. in-12, avec des notes de Patru et de Thomas Corneille, ont eu beaucoup plus de réputation qu'elles n'en méritent. Quand on considère une grande partie des difficultés que cet auteur avoit entrepris de résoudre, on n'en trouve guère qui puissent arrêter aujourd'hui un Français instruit de sa langue. On est étonné de voir dans quels embarras l'académicien paroît quelquefois se jeter pour l'examen d'un mot ou d'une locution, sur lesquels il ne reste pas à présent le moindre doute. Son ouvrage, d'ailleurs, n'a pas toute la perfection qu'il pouvoit avoir; et je ne suis point surpris que le Père Bouhours y ait trouvé des défauts. Il avouoit, par exemple, que l'auteur avoit approuvé plusieurs expressions qui avoient vieilli ; qu'il en avoit condamné d'autres qui s'étoient introduites, et que nos meilleurs écrivains employoient. Il pensoit même qu'un excès de délicatesse, et le caprice peut-être, avoit quelquefois conduit la plume de l'académicien.

LE PÈRE BOUHOURS.

Le jésuite qui a fait cette critique, a lui-même écrit beaucoup sur la langue. Le second de ses *Entretiens d'Ariste et d'Eugène*, imprimés en 1671, n'est consacré qu'à cet objet. Mais ses remarques ne sont pas toujours judicieuses, comme le prouva Barbier d'Aucour dans sa critique aussi sévère qu'ingénieuse, intitulée : *Sentimens de Cléanthe sur les Entretiens d'Ariste et d'Eugène*. Ces Entretiens avoient été extrêmement goûtés, malgré le style maniéré de l'auteur ; mais après la lecture de la critique, ceux qui avoient été les plus favorables à cet ouvrage, rabattirent bien de l'opinion trop avantageuse qu'ils en avoient conçue. Tout le monde jugea avec le censeur, que l'auteur des Entretiens avoit eu beaucoup plus de soin des paroles que des choses ; et un plaisant dit à cette occasion, qu'il ne manquoit au Père Bouhours, pour écrire parfaitement, que de savoir penser. Mais s'il ignoroit l'art de penser, il apprit du moins à bien des gens à parler purement. Nous avons de lui, outre ses Entretiens, 1°. des Doutes sur la Langue Française, proposés à messieurs de l'Académie, par un prétendu gentilhomme de province, qu'il fit imprimer en 1674, in-12; 2°. des Remarques sur la Langue Française, qu'il donna en 1675, et dont il publia une suite en 1692. Les Doutes furent très-bien accueillis. Ménage dit en parlant de ce livre, qu'un homme qui doutoit si raisonnablement, étoit très-capable de décider. Aussi le Père Bouhours décide-t-il, en effet, plus souvent dans cet ouvrage, qu'il ne propose; il censure même plus ordinairement qu'il ne demande des avis. Il ne montre pas seulement des fautes; il les corrige. La critique qui règne dans les remarques, est moins vive que dans le livre des Doutes; mais trop souvent encore, il fait des écarts pour attaquer différens auteurs, sans que ces attaques puissent être utiles à la perfection de notre langue. Il les juge toujours avec la modestie d'un jésuite. Le ton d'autorité qu'il prend dans tous ses livres, les censures qu'il se permet contre les meilleurs écrivains, lui firent beaucoup d'ennemis. Lorsque sa traduction du Nouveau Testament parut, on ne l'épargna point. Il se plaignit à Boileau de quelques brochures lancées contre cette version. « Je sais d'où elles partent, » ajouta-t-il ; je connois mes ennemis ; je » saurai me venger d'eux. Gardez-vous en » bien, mon Père, lui répondit Despréaux ; » ce seroit alors qu'ils auroient raison de dire » que vous n'avez pas entendu le sens de » votre original, qui ne prêche partout que » le pardon des ennemis. »

LE COMTE DE RIVAROL.

L'Académie de Berlin, en proposant pour le prix de l'année 1784, la question de l'universalité de la langue française, avoit demandé : 1°. *Qu'est-ce qui a rendu la Langue Française universelle ?* 2°. *Pourquoi mérite-t-elle cette prérogative ?* 3°. *Est-il à présumer qu'elle la conserve ?* Ces trois points forment la division naturelle du discours couronné de Rivarol, intitulé : *de l'Universalité de la Langue Française.* Ce discours brille de tout l'éclat de l'esprit. L'auteur court, vole : il jette çà et là des pensées quelquefois profondes, mais toujours présentées d'une manière saillante.

Sans étaler une fastueuse érudition, il montre néanmoins assez de connoissances pour former un tableau exact des nuances graduées de notre langue, depuis la formation de ses premiers mots empruntés d'idiomes corrompus, jusqu'à son entière perfection sous le beau règne de Louis XIV et même sous celui de Louis XV. Rivarol fait dériver du caractère de chaque peuple, le caractère de l'idiome qu'il parle ; ce qui lui fournit le moyen de tracer des portraits extrêmement brillans du Français, de l'Anglais, de l'Espagnol, de l'Italien, de l'Allemand ; il développe ensuite le mécanisme de chaque langue.

On trouve des notes à la suite de ce discours : il en est quelques-unes, et particulièrement celles qui ont pour objet la grammaire, qui demanderoient des discussions. Nous ne releverons pas des constructions vicieuses, des termes impropres, des métaphores forcées, etc. Ce discours fait tant de plaisir, qu'on s'aperçoit à peine de ces taches à la première lecture. Il en existe une jolie édition in-12 ; sortie, en 1785, des presses de Prault.

M. SCHWAB.

Quoiqu'on lise sur le frontispice du Discours de Rivarol, que cet ouvrage a remporté le prix de l'Académie de Berlin; la vérité est que ce prix fut partagé entre deux ouvrages, l'un français, l'autre allemand.

L'ouvrage allemand est de M. Schwab, conseiller de cour et secrétaire intime de S. A. S. le duc de Wirtemberg. On n'y trouve ni le brillant, ni la marche rapide de son concurrent; mais plus d'ordre, plus de méthode, une manière de procéder plus serrée, une plus vaste érudition.

On pourroit désirer que Rivarol eût insisté davantage sur l'influence que la supériorité politique d'une nation a sur la propagation de sa langue : l'importance de cette cause n'a pas échappé à l'auteur Allemand, qui semble avoir mieux envisagé la matière, et lui avoir donné tous les développemens dont elle étoit susceptible.

M. Robelot a publié à Paris, en 1803, in-8°, une bonne traduction de la Dissertation de M. Schwab; il y a joint des notes et des réflexions qui ajoutent au mérite de l'ouvrage.

M. Merian lut, en 1785, à l'Académie de

Berlin, un Précis en français de la Dissertation de M. Schwab : il a été imprimé la même année. Une copie manuscrite étant tombée entre les mains du célèbre comte de Mirabeau, il y fit un grand nombre de corrections interlinéaires : cette copie, corrigée de la main d'un grand homme, a été imprimée en l'an V (1797), à la suite des Lettres de Mirabeau à Chamfort.

L'ABBÉ DES FONTAINES.

Nous avons eu, dans le dernier siècle, un homme qui avoit hérité du caractère critique et du ton despotique du Père Bouhours : c'est l'abbé des Fontaines. Mais on doit lui pardonner l'aigreur de sa censure, en considération des services qu'il a rendus à la langue. On sait que le ridicule utile que son Dictionnaire Néologique a jeté sur certains ouvrages modernes, remplis d'expressions vicieuses, et de phrases vides et alambiquées, a produit, en partie, le même effet sur le Parnasse, que la comédie des Précieuses Ridicules produisit autrefois à la cour. Nos beaux esprits commençoient à s'imaginer que, pour bien écrire, il falloit copier la langue de nos auteurs de ruelles ; ils ont même voulu les surpasser : de là, outre les mots nouveaux, inventés sans besoin, ces façons de parler extravagantes, et quelquefois incompréhensibles. Ce nouveau genre de pédantisme a été poussé si loin, qu'un livre, comme le Dictionnaire Néologique, étoit en quelque sorte nécessaire. Il n'étoit pas question de prouver sérieusement que le style des néologiques est vicieux ; cela n'auroit servi de rien : il falloit le rendre ridicule et méprisable; et c'est ce que l'abbé des Fontaines a fait avec succès. Son livre a été plusieurs fois réimprimé. L'édition de Hollande, faite à Amsterdam en 1728, in-12, est augmentée de plus de deux cents articles, et de plusieurs pièces ingénieuses, mais trop satiriques, quoiqu'elles tendent toutes au même but, de ridiculiser le langage précieux et affecté. On y trouve de la bonne et de la fine plaisanterie dans le goût de Lucien, mais des traits trop piquans. Il seroit à souhaiter pourtant, que cet ouvrage fût réimprimé avec des additions, et l'on auroit une récolte très-abondante à faire dans les écrits modernes.

M. PHILIPPON-DE-LA-MADELAINE.

M. Philippon-de-la-Madelaine ne donne
qu'une

qu'une vingtaine de pages de préceptes dans sa *Grammaire des Gens du Monde*, ou *la Langue Française enseignée par l'usage*, 1807, in-12; et ils sont d'ailleurs clairs, précis et appuyés par des exemples intéressans. Tout le reste de cette utile production est un Dictionnaire alphabétique de tous les mots, de toutes les expressions qu'on emploie souvent d'une manière vicieuse, et que l'auteur rectifie, soit par l'autorité de l'usage, soit par l'autorité des meilleurs écrivains et de nos premiers maîtres. Cet ouvrage peut être utile non-seulement aux gens du monde, mais même aux gens de lettres et aux savans.

DE BEAUCLAIR.

Le Cours de Gallicismes, par P.-L. de Beauclair, Francfort, 1794, 2 vol. in-12, est un vocabulaire qui, sous chaque mot, indique les différentes acceptions éloignées de l'usage général, dans lequel il peut se prendre dans la langue française. Ces acceptions particulières à cette langue, sont, en effet, ce qu'on peut appeler des gallicismes; mais l'auteur nous paroît avoir confondu les locutions proverbiales avec les gallicismes; ainsi il appelle de ce nom celles-ci : *faire croquer le marmot, laver la tête, faire ripaille, boire à tire-larigot :* ce sont bien là des proverbes particuliers à la langue française, mais non pas des gallicismes, ou du moins ils ne sont employés que dans le langage le plus bas ; malgré cela, l'auteur, en déterminant le sens d'une foule de ces mots vulgaires, a rendu un grand service, surtout aux étrangers, parce que les locutions proverbiales présentent, dans toutes les langues, une extrême difficulté.

De Beauclair, connu par son *Anti-Contrat Social*, la Haye, 1765, in-12, est mort en Allemagne, le 11 mai 1804.

DESGROUAIS.

Un service essentiel qu'on pourroit rendre aux provinciaux, ce seroit de composer un livre, où l'on ramasseroit toutes les mauvaises expressions, les tours vicieux, les phrases singulières qu'on se permet dans les différentes provinces de France. C'est ce qu'a exécuté pour les contrées méridionales du royaume, Desgrouais, professeur au Collége Royal de Toulouse, dans ses Gasconismes corrigés ; ouvrage utile à toutes les personnes qui veulent parler et écrire correctement, et principalement aux jeunes gens, dont l'éducation n'est point encore formée ; à Toulouse, in-8°., 1766. L'auteur de ce bon livre ne se propose pas de composer une grammaire, ni d'enseigner aux Gascons les beautés de la langue française : il travaille moins à leur apprendre à bien parler, qu'à ne pas parler mal. Un miroir ne dit pas quels ajustemens il faut prendre pour plaire ; mais il avertit de ce qu'il faut ôter pour ne déplaire pas. L'auteur veut seulement rendre les Gascons attentifs à des gasconismes qui ne leur sont que trop familiers, et dont il est important qu'ils se corrigent, s'ils veulent éviter ces petites humiliations, auxquelles les personnes qui parlent mal sont exposées, surtout à Paris, où ces expressions impropres ne manquent pas de donner lieu à des railleries dont il est toujours désagréable d'être l'objet. Pour que ces remarques soient moins sèches, Desgrouais y a mêlé quelques anecdotes plaisantes ; et l'on trouve quelquefois, dans la même page, l'exemple d'un gasconisme et d'une gasconnade.

Desgrouais est mort en 1766, âgé de 63 ans ; c'étoit un excellent humaniste.

MÉNAGE.

On a beaucoup ridiculisé la science des étymologies. Il est certain qu'elle est remplie d'idées chimériques, surtout lorsqu'un savant chargé de grec, d'hébreu, de syriaque, d'arabe, etc., veut soumettre toutes les origines des mots à ses rêveries. Mais, à cet inconvénient près, les étymologies peuvent servir beaucoup pour l'intelligence de notre langue. La connoissance de l'origine d'un mot en fait mieux sentir toute la force, et sert à donner quelquefois plus d'énergie à une phrase, en y faisant entrer ce mot à propos. Il est bon d'ailleurs de savoir de quelle langue nous avons tiré tel ou tel terme, du moins si l'on veut conserver, en écrivant, les restes de la figure primitive de chaque mot.

Quoi qu'il en soit de l'utilité de la science étymologique, personne ne l'a plus approfondie que le savant Ménage. Avant lui nous possédions les Origines Françaises de Budé, de Baïf, et de cet habile imprimeur, Henri Etienne, aussi fameux par ses propres ouvrages, que par le lustre que ses presses donnèrent à ceux des autres. Nous avions celles de Nicot, de Joachim Perion, de Sylvius, de Picart et de Tripault, qui, par l'entêtement et la passion qu'ils avoient pour le grec, prétendoient y réduire tout. On avoit lu avec moins de plaisir que de surprise, celles de Guichart, qui, sachant l'hébreu à fond, crut faire honneur aux Français, en faisant remonter leur langue jusqu'à sa première source. Enfin, du temps de la ligue, on avoit applaudi au président Fauchet, auteur d'un savant recueil de la Langue et Poésie française, Rimes et Romans, où l'on voit les monumens du vieux langage, dans l'extrait des ouvrages de cent vingt-sept poëtes, qui tous avoient écrit avant la fin du treizième siècle.

Mais on n'eut rien de parfait en ce genre jusqu'en 1694. Ce fut cette année que parut *le Dictionnaire Etymologique*, ou *Origine de la Langue Française*, par Gilles Ménage, nouvelle édition, augmentée par l'auteur, et enrichie des Origines Françaises de Pierre de Caseneuve; d'un Discours sur la Science des Etymologies, du Père Besnier, jésuite; et d'un Vocabulaire Hagiologique, c'est-à-dire, une liste des noms des Saints, qui paroissent éloignés de leur origine, et qui s'expriment diversement, selon la diversité des lieux, par Claude Chastelain, chanoine de l'église de Paris, avec des préfaces et des remarques, par Simon de Valhebert. Il y a eu depuis une troisième édition de ce Dictionnaire, en 1750, en deux vol. in-fol., avec les additions et les corrections d'Augustin-François Jault, professeur au Collége Royal.

On convient généralement que Ménage a trouvé la véritable source d'une multitude de mots; mais on ne peut nier aussi, qu'il ne donne trop souvent des conjectures foibles, hasardées, et en quelques endroits visiblement fausses. L'auteur étoit au désespoir d'avoir vu naître le mot de brocanteur, et de mourir sans en avoir pu découvrir l'origine. La reine Christine disoit de lui, qu'il savoit non-seulement d'où les mots venoient, mais où ils alloient. Si c'étoit un éloge sérieux, il étoit flatteur. Le savant Huet lui reprocha, dans une petite brochure, de s'être trop reposé sur cette louange, et lui fit voir qu'elle avoit peut-être contribué à lui faire hasarder, avec trop de confiance, des paradoxes, des origines incroyables et insoutenables, et des étymologies monstrueuses.

M. LACOMBE.

Une connoissance peut-être plus nécessaire que celle des étymologies, est celle du vieux langage français. Si l'on ne se familiarise de bonne heure avec ce jargon suranné, on ne sauroit goûter nos vieux romans et nos vieux poëtes, dont la lecture peut, cependant, être très-utile : on peut en faire le même usage que Virgile faisoit des poésies d'Ennius. La Fontaine, après s'être formé le goût sur les meilleurs modèles de l'atticisme et de l'urbanité, n'avoit pas négligé cette ressource : il connoissoit surtout nos anciens fabliaux, et en avoit su profiter. On peut donc les lire à son exemple ; et c'est pour en faciliter l'intelligence, que M. Lacombe, d'Avignon, a donné à Paris, en 1766, in-8°., son *Dictionnaire du vieux Langage Français*, enrichi de passages tirés de manuscrits en vers et en prose, des actes publics, des ordonnances de nos rois, etc. : ouvrage utile aux légistes, notaires, archivistes, etc. ; propre à donner une idée du génie, des mœurs et de la tournure d'esprit des auteurs de chaque siècle ; et absolument nécessaire pour l'intelligence des lois d'Angleterre, publiées en français depuis Guillaume le Conquérant jusqu'à Edouard III. L'auteur y a ajouté, en 1767, un second volume, non moins utile que le premier : c'est un Dictionnaire des Langues romance, ou provençale et normande du neuvième au quinzième siècle, enrichi de passages en vers et en prose, pour faciliter l'intelligence des lois, des usages, des coutumes et des actes publics ; avec un coup d'œil sur l'origine, sur les progrès de la langue et de la poésie française, des fragmens des troubadours, et des autres poëtes, depuis Charlemagne jusqu'à François Ier.

Le libraire Warée oncle, publiera incessamment le Glossaire de la Langue Romane, par J.-B. Roquefort, en 2 vol. in-8°. : une dissertation sur le mot *graal*, vase à boire, que nous avons sous les yeux, et qui en est tirée, nous porte à croire que ce travail satisfera les savans. Le même libraire fera bientôt paroître une nouvelle édition des Fabliaux de Barbasan, dont nous avons précédemment parlé ; il y joindra l'Ordène de Chevalerie, ou Recueil de plusieurs anciens Contes, et le Castoyement, ou Instruction d'un Père à son Fils ; le tout formera cinq volumes in-8°.

LE ROUX.

LE ROUX.

Les Siècles dont M. Lacombe nous a expliqué le langage, nous ont non-seulement fourni de vieux mots et des expressions énergiques; nous leur devons encore un grand nombre de proverbes, dont la plupart renferment un grand sens sous des expressions triviales. Presque tous nos dictionnaires français s'attachent à les expliquer ; mais nous avons des lexiques particuliers, où l'on interprète les façons de parler proverbiales : le plus connu, et le moins digne de l'être, est celui qu'un nommé le Roux publia en 1718, in-8°., à Amsterdam. Je suis bien éloigné de vous en conseiller la lecture, quoiqu'il ait été plusieurs fois réimprimé. C'est, selon l'éditeur, un Dictionnaire comique, satirique, critique, burlesque, libre et proverbial; mais dans la vérité, c'est l'ouvrage le plus licencieux que l'on ait pu faire. Il n'est pas possible d'y choquer plus ouvertement la vertu, qu'on le fait dans ce livre : on y met en évidence le plus grand libertinage de l'esprit, et la plus grossière corruption du cœur.

Un défaut remarquable dans le Dictionnaire de le Roux, et dans les autres où l'on rapporte nos proverbes, c'est qu'on s'arrête à expliquer certaines façons de parler, certains proverbes si intelligibles, qu'ils s'entendent d'eux-mêmes; et qu'on en abandonne à la pénétration du lecteur, d'autres dont l'intelligence est beaucoup plus difficile. Ce défaut caractérise en particulier le Dictionnaire des Proverbes, que Panckoucke, libraire de Lille, publia en 1749, in-8°. : mais il ne s'est point permis les explications licencieuses de le Roux ; et l'on n'y trouve point ces turpitudes qui font rougir les personnes les moins honnêtes.

§ V. GRAMMAIRES ET DICTIONNAIRES DE LA LANGUE ITALIENNE.

VENERONI.

Le véritable nom de cet auteur, natif de Verdun, étoit Vigneron : il écrivoit sur la fin du dix-septième siècle, et il écrivoit mal. Sa Grammaire, calquée, comme la plupart de toutes les autres, sur les grammaires latines, s'éloignoit, à divers égards, du génie et du caractère de la langue qui en étoit l'objet. Des hommes véritablement instruits, ont fait disparoître les faux principes et les incorrections qui défiguroient le *Maître Italien*. On donne la préférence à l'édition mise en meilleur ordre par M. Gättel, ci-devant professeur de grammaire générale à l'école centrale du département de l'Isère, Lyon, 1803, in-8°.; elle est augmentée d'un recueil des Italicismes, des Synonymes Italiens, d'un nouveau Traité de la Poésie Italienne, d'un Vocabulaire Poétique, d'une liste des principales productions des meilleurs auteurs Italiens, et de plusieurs additions dans le Vocabulaire des deux Langues.

M. Gattel, dans son avertissement, présente Veneroni comme un étranger écrivant dans une langue qui lui étoit peu familière; c'est une erreur qu'on ne devroit pas trouver en tête d'une édition aussi soignée.

Le dictionnaire intitulé, *Vocabulario degli Academici della Crusca*, 4^a impressione, Florence, 1729 et ann. suiv., 6 vol. in-fol., a été reçu avec un applaudissement général : c'est le fruit de plus de quarante années de travail. Il a servi de modèle à tous ceux qui ont été faits depuis sur les langues modernes; cependant on n'y trouve pas l'étymologie des mots, et on n'en détermine pas avec assez de précision l'usage et l'emploi. L'abbé Salvini y a eu la plus grande part.

On se sert plus fréquemment du Dictionnaire Français-Italien et Italien-Français d'Alberti, troisième édition corrigée et augmentée, Nice, 1788, 2 vol. in-4°.

§ VI. GRAMMAIRES ET DICTIONNAIRES DE LA LANGUE ESPAGNOLE.

On a donné des éloges à la Grammaire Espagnole, composée sur celle de l'Académie Espagnole, par M. Pellizer, ancien professeur au Lycée, Paris, 1786, in-8°.

Les savans estiment beaucoup le Dictionnaire de la Langue Castillane, composé par l'Académie Royale d'Espagne, et auquel l'historien Ferréras a eu beaucoup de part. Ce grand ouvrage a été publié à Madrid en 1726 et ann. suiv., 6 vol. in-fol.; mais on peut se contenter, pour l'usage habituel, du Dictionnaire Espagnol-Français et Français-Espagnol de Sobrino, de l'édition de M. Cormon, Anvers, 1789, 2 vol. in-4°.

§ VII. GRAMMAIRES ET DICTIONNAIRES DE LA LANGUE ALLEMANDE.

La Grammaire Allemande de feu M. Adelung, en un vol. in-8°., a été réimprimée plusieurs fois. L'ouvrage français, intitulé, *Abrégé de la Grammaire Allemande d'Adelung*, avec des remarques par Henri Reichel, Leipsic, 1789, in-8°., ne peut en donner qu'une foible idée. On fait beaucoup de cas du Dictionnaire Grammatical et Critique de la Langue Allemande-Saxonne, nouvelle édition, en 4 vol. in-4°. dont le premier a paru en 1793, et le dernier en 1801. Cet ouvrage du même Adelung, est composé dans le goût de celui de l'Anglais Johnson, qui n'employa pas dans son travail cette connoissance des langues orientales, auxquelles Adelung a bien fait de rapporter une grande partie de la langue germanique.

Les Français qui apprennent l'allemand, se servent beaucoup d'un Dictionnaire Allemand-Français et Français-Allemand, à l'usage des deux nations, 2 vol. in-4°. ou in-8°.; on le réimprime souvent.

§ VIII. GRAMMAIRES ET DICTIONNAIRES DE LA LANGUE ANGLAISE.

LOWTH.

Ce n'est que vers le milieu du dernier siècle que les Anglais ont commencé à avoir de bonnes grammaires : celle de Lowth peut être citée comme la première ; le chevalier de Sausseuil l'a traduite en français, avec des notes critiques, en 1783, in-12. L'auteur mit à la tête de son ouvrage, une introduction, dans laquelle il fait voir que les meilleurs auteurs Anglais sont remplis de fautes contre la grammaire, qui n'est autre chose que la logique.

M. ELPHINSTON.

On peut encore citer parmi les grammairiens Anglais estimables, M. James Elphinston, auteur d'une Grammaire Anglaise réduite à l'analogie, 2 vol. in-8°. ; des Principes de la Langue Anglaise digérés, 1 vol. in-4°. et d'un autre ouvrage en 2 vol. in-4°., sur son caractère. On trouve dans cet ouvrage, des recherches curieuses, des idées justes et utiles, dont plusieurs ont été adoptées, quoique la plupart des critiques aient accusé l'auteur de s'être érigé en réformateur de la langue.

MADAME PIOZZI.

Une dame a fait en Angleterre, ce qu'aucun homme n'avoit osé tenter, et ce n'a pas été sans quelque succès. Madame Piozzi, élève du célèbre Johnson, publia en 1794, deux volumes de *Synonymes Anglais*. On trouve dans cet ouvrage bon nombre d'articles écrits avec esprit, avec finesse, où elle saisit très-bien les différentes significations des mots, et les fait sentir à son lecteur; mais souvent son style est inégal, négligé, incorrect; son ton est tantôt celui du commérage, et tantôt celui du pédantisme.

JOHNSON.

On peut dire qu'il n'existoit pas de Dictionnaire de Langue Anglaise, avant que Johnson eût publié le sien, en 1765, 2 vol. in-fol., réimprimé plusieurs fois dans ce format ou en 2 vol. in-4°. Ceux qui existoient à cette époque étoient très-incomplets et très-défectueux sous tous les rapports : le moins imparfait étoit celui composé par Boyer, réfugié Français. Johnson, quoiqu'il eût des modèles dans le Dictionnaire *Della Crusca*, et de l'Académie Française, tient un rang distingué parmi les lexicographes. L'histoire de la littérature n'offre pas un second exemple d'un ouvrage d'une aussi grande étendue, exécuté par un seul homme, avec une grande supériorité : il recueillit dans son Dictionnaire quarante-huit mille mots, et l'on crut que bien peu lui étoient échappés. Cependant M. Mason a publié à Londres, en 1801, un petit volume in-4°., qui peut servir de Supplément au Dictionnaire de Johnson. Les critiques qu'il en fait sont souvent justes, mais le ton en est souvent déplacé. Beaucoup d'omissions sont suppléées ; mais un nombre considérable de mots très-connus, manquent encore à ce Supplément. Nous ignorons si on jouit à Londres du grand Dictionnaire qui a été promis par M. Hubert Croft, lequel doit contenir 20,000 mots de plus que celui de Johnson.

Le principal mérite du Dictionnaire de Johnson consiste dans l'indication des étymologies, et dans les citations des meilleurs auteurs Anglais.

§ IX.

§ IX. GRAMMAIRES ET DICTIONNAIRES DE LA LANGUE RUSSE.

MAUDRU.

Le bien du commerce et celui des lettres sont les motifs qui ont engagé M. Maudru à composer des Elémens raisonnés de la Langue Russe, Paris, 1803, 2 vol. in-8°. Un séjour en Russie de plusieurs années employées dans des fonctions d'enseignement, l'a mis à portée de la connoître à fond. Il a recueilli chez les grammairiens Russes, des matériaux qui se trouvoient épars dans leurs divers ouvrages : la difficulté et l'ennui de les comparer, de les trier et de les rassembler, n'ont point refroidi son zèle : il y a joint le fruit de ses réflexions et de sa propre expérience ; et il a tiré du tout ensemble un ouvrage simple dans son plan et régulier dans ses proportions.

On peut joindre à cette Grammaire, un Dictionnaire Russe et Français, imprimé à Saint-Pétersbourg en 1762, in-8°.

On publia dans la même ville, la même année, un Dictionnaire Français, Allemand, Latin et Russe, composé de deux vol. in-8°.

CHAPITRE IV.

DE L'HISTOIRE.

§ I.er DE L'HISTOIRE SACRÉE.

Le principal avantage qu'a l'histoire sacrée sur toutes les autres, c'est qu'elle nous élève à Dieu, et nous fait connoître sa providence et aimer sa justice. Ce qui distingue encore les annales des juifs de celles des autres nations, c'est qu'elles sont vraies dans tous les points, et qu'il n'est pas permis d'en révoquer en doute un seul événement. Il est donc de la plus grande importance d'étudier de bonne heure cette histoire.

DOM CALMET.

Celui qui l'a traitée, dans notre langue, avec le plus d'étendue et d'exactitude, est le Père Calmet, bénédictin ; son ouvrage est intitulé : *Histoire Sainte de l'Ancien et du Nouveau Testament, pour servir d'introduction à l'Histoire Ecclésiastique de M. Fleury*, in-4°., Paris, 1715, quatre volumes, et in-12, 1725, 7 vol. Ce savant avoit fait une étude profonde de l'Ecriture-Sainte ; et son érudition se fait sentir dans tout l'ouvrage. Il raconte les faits dans une juste étendue. Son récit est suivi, sans interruption, sans digressions, sans remarques, sans affectation de savoir. Il ne perd pas pourtant de vue les grandes difficultés ; mais il les éclaircit en peu de mots ; et ceux qui demandent des explications plus étendues, peuvent consulter les Dissertations du même auteur, imprimées séparément de son commentaire sur la Bible, en trois volumes in-4°.

JOSEPHE.

Après s'être rempli de la lecture de dom Calmet, on peut lire l'Histoire des Juifs, de Josephe, traduite en français par M. Arnauld d'Andilly, in-folio, Amsterdam, 1681, deux volumes, et Bruxelles, 1703, 5 vol. in-8°. Il y en a une autre traduction plus exacte, par le Père Gillet, en quatre volumes in-4°.; mais celle de M. d'Andilly est plus commune et plus connue, quoiqu'elle soit peut-être moins digne de l'être. Nous avons du même auteur quelques autres morceaux intéressans. « Il est peu d'écrivains dans l'antiquité, dit » dom Cellier, dont les ouvrages aient été » si généralement estimés que ceux de Jo-

» sephe. Son Histoire de la Guerre des Juifs
» est regardée comme un chef-d'œuvre, qui
» a fait mettre son auteur au rang des his-
» toriens excellens. Elle est agréable, pleine
» d'élévation et de majesté, mais sans excès
» et sans enflure ; elle est vive et animée,
» propre à exciter des mouvemens et à les
» appaiser; elle est pleine de règles et de
» sentences morales ; les harangues en sont
» belles et persuasives ; et quand il faut sou-
» tenir les deux partis opposés, il est fécond
» en raisons plausibles pour l'un et pour
» l'autre. L'esprit et l'éloquence de Josephe
» ne se font pas moins remarquer dans ses
» Livres des Antiquités ; et l'ouvrage seroit
» inestimable, s'il y eût exactement suivi
» les lois de l'histoire. » Mais vivant au milieu des païens qui haïssoient et méprisoient sa
nation, il diminue, autant qu'il peut, la foi
que l'on doit aux miracles ; et quand il parle
de certains effets d'une providence extraordinaire de Dieu dans la conduite de son
peuple, il ajoute à son récit, qu'on peut
croire de ces merveilles ce qu'on en jugera à
propos.

La meilleure édition des ouvrages de Josephe, est celle qui a été publiée par Haver-

camp, en grec et en latin, à Amsterdam, 1726, 2 vol. in-fol.

LE PÈRE BERRUYER.

Ce jésuite a employé le style du roman dans la plus grave de nos histoires. Son *Histoire du Peuple de Dieu*, depuis son origine jusqu'à la naissance du Messie, in-12, dix volumes, 1729; in-4°., huit volumes, 1728, a paru indécente à un grand nombre de lecteurs. Il a écrit la Vie des Saints Patriarches, à peu près comme on raconte les aventures de nos marquis; et ces hommes respectables y parlent d'amour comme nos petits maîtres. Cet ouvrage a eu le sort de toutes les nouveautés, qui piquent par leur singularité et leur hardiesse. Une chronologie nouvelle et condamnée, les doctes extravagances du jésuite Hardouin renouvelées, des morceaux isolés, rapprochés avec art, une érudition profonde et légère qu'on y sème avec choix, la richesse et la douceur du style, tout frappa les curieux dans cette singulière production. L'auteur seroit un des plus agréables historiens de la nation, s'il étoit moins diffus, plus circonspect dans ses termes; s'il avoit moins employé d'expressions qu'il croyoit naturelles, et dont l'usage du monde lui auroit fait sentir l'indécence ; s'il eût moins recherché l'esprit et les agrémens ; si son coloris eût toujours répondu à la dignité de la matière. Le Père de Tournemine, jésuite, anti-Harduiniste, s'éleva contre ce roman sacré. Il publia des observations qui renferment une critique vive des peintures choquantes, dont cet ouvrage est rempli. Celles des amours des patriarches, de la passion effrénée de la femme de Putiphar, de la coquetterie de Judith, et des propositions brusques que lui fait Holopherne, du crime épouvantable d'Onan, de la facilité avec laquelle Rachel cède Lia à Jacob pour une nuit, y sont relevées comme étant toutes des écueils pour l'innocence.

Un ouvrage semblable à celui-là, pour le plan, le système et l'audace, est *l'Histoire du Peuple de Dieu*, depuis la naissance du Messie, jusqu'à la fin de la Synagogue, par le même, in-12, huit vol., 1754, et in-4°., quatre volumes ; mais il est écrit bien différemment du précédent : on y cherche en vain les grâces et l'élégance, l'élévation et la chaleur du style. Le texte y est noyé dans un fatras de réflexions communes, dans un verbiage froid, entortillé, moins fleuri que précieux. La Vierge y dit que c'est bien de l'honneur à elle d'être désignée mère d'un Dieu : le Sauveur y fait assaut d'esprit avec la Samaritaine. Ce qu'il y a de mieux dans le livre, c'est la manière dont tout est ramené à la venue de Messie.

PRIDEAUX.

Le Père Berruyer péchoit par un excès d'imagination ; on trouve un défaut précisément contraire dans *l'Histoire des Juifs*, traduite de l'anglais de Prideaux, depuis la décadence des royaumes d'Israël et de Juda, jusqu'à la mort de J.-C., Amsterdam, 1729, six volumes in-12 ; ouvrage très-savant et plein de discussions profondes, nécessaire pour l'histoire de la nation judaïque, sous les successeurs de Salomon, mais écrit d'une manière sèche et pesante.

L'ABBÉ FLEURY.

Les Mœurs des Israélites, par l'abbé Fleury, font la matière d'un livre plein d'onction et écrit avec cette simplicité touchante, qui vaut quelquefois mieux que l'éloquence.

BASNAGE.

L'ouvrage que donna Basnage, sous le titre d'*Histoire des Juifs*, depuis J.-C. jusqu'à présent, pour servir de continuation à l'Histoire de Josephe, in-12, la Haye, quinze volumes, est très-savant, très-instructif, et plein de profondes recherches sur cette nation. Aussitôt qu'il parut, en 1707, l'abbé Dupin l'accommoda à ses idées, et le fit imprimer à Paris en sept volumes, comme si ce livre lui avoit appartenu. Basnage le revendiqua, en se plaignant vivement de ce larcin littéraire, qui avoit diminué les profits de l'auteur sans perfectionner son ouvrage. C'est sans doute ce qui l'engagea à le revoir et à l'augmenter. On se plaint que dans beaucoup de chapitres, cette Histoire est plutôt une compilation des rêveries rabbiniques, qu'une histoire véritable. Mais il auroit été difficile que l'auteur eût composé quinze volumes, s'il n'avoit voulu écrire que pour les gens de goût.

MM. DE BOISSY ET GRÉGOIRE.

D'ailleurs, l'Histoire de Basnage n'est ni exempte d'erreurs, ni complète ; soit que l'auteur l'auteur se fût épuisé en recherches sur les annales des anciens Hébreux, soit que les matériaux lui eussent manqué pour suivre les transmigrations de ce peuple, ses établissemens, ses misères depuis le christianisme, Basnage a rendu nécessaire un supplément à son ouvrage. Celui qu'a donné M. de Boissy, sous le titre de Dissertations Critiques pour servir d'éclaircissemens à l'Histoire des Juifs avant et depuis Jésus-Christ, 1785, 2 volumes in-12, n'est pas assez étendu. On trouvera des recherches plus profondes et plus intéressantes dans le volume de M. Grégoire, ancien évêque de Blois, intitulé : Essai sur la Régénération physique, morale et politique des Juifs ; ouvrage couronné par la Société Royale des Sciences, et des Arts de Metz, le 23 août 1788; Metz, 1789, in-8°.

CHARBUI.

Il existe des Abrégés chronologiques de toutes les Histoires : nous en avons un de celle des Juifs par Charbui, 1759, in-8°. Cet ouvrage est partagé en cinq époques : la première s'étend depuis la création du monde, jusqu'à la vocation d'Abraham.

Comme cette époque n'appartient pas proprement à l'Histoire des Juifs, on n'y trouve que les principaux faits, et quelques traits de la vie des premiers patriarches ; la seconde commence à la vocation d'Abraham, et finit à Moïse ; la troisième comprend le temps de Moïse, de Josué et des juges ; la quatrième, l'histoire de Jérusalem ; et la cinquième, tout le temps des pontifes. On donne au commencement de la seconde et de la troisième époque, la succession des grands empires, dont l'histoire concourt avec celle des Juifs ; mais dans les deux époques suivantes, on a pris un autre arrangement : on a placé cette succession a côté de l'histoire principale, en suivant l'ordre des temps; et quand la chronologie de ces grands royaumes ne fournit pas assez, on ne fait que l'indiquer au bas de la page. Un coup d'œil vous apprendra plus que tous ces détails. Les discours qui suivent chaque époque, renferment des réflexions sur les principaux faits, et servent également à l'instruction et à l'édification.

MEZANGUI.

Quoique l'ouvrage dont nous venons de

parler, soit assez bien fait, on aime mieux lire l'Abrégé de l'Histoire et de la Morale de l'Ancien Testament, par Mezangui. Il est vrai que les jésuites y ont trouvé le poison de la doctrine jansénienne ; mais n'est-ce pas insulter aux approbateurs de livres, que de trouver des erreurs dans des écrits dont le ministère public a permis l'impression, après les avoir fait examiner ?

PEZRON.

L'Histoire Evangélique par le Père Paul Pezron, in-12, Paris, 1696, en deux volumes, est un livre qui n'est pas commun ; et il est d'autant plus estimable, que l'auteur y a inséré tout ce qu'il a trouvé dans l'Histoire profane, qui pouvoit se rapporter à Jésus-Christ.

§ II. HISTOIRE ECCLÉSIASTIQUE.

L'ABBÉ FLEURY.

Voici un champ bien vaste à moissonner ; mais il faut se borner à cueillir les épis qui seront nécessaires à remplir vos vues : on commencera, si l'on veut, par la lecture des Mœurs des Chrétiens, de l'abbé Fleury ;

tableau fidèle et agréable de l'innocence de la vie des premiers chrétiens : leurs vertus sont peintes avec d'autant plus de sincérité, qu'elles respiroient dans la personne du peintre, ainsi que dans ses écrits.

Ce livre servira d'introduction à son Histoire Ecclésiastique, dont on a vingt volumes in-4°. et in-12 : le premier parut en 1690, et le dernier sur la fin de 1719. L'auteur s'étant proposé de rapporter les faits certains qui peuvent servir à établir ou à éclaircir la doctrine de l'Eglise, sa discipline et ses mœurs, omet les faits peu importans, qui n'ont point de liaison entr'eux, ni de rapport au but principal de l'histoire. Il n'admet que les témoignages des auteurs contemporains, et encore faut-il qu'il soit persuadé de leur bonne foi ; le plus souvent il se borne à les copier, sans les embellir. Il n'a semé dans son Histoire que quelques réflexions très-courtes, mais très-solides et très-judicieuses. Il en a retranché les dissertations, les discussions et les notes de critique. Il ne s'attache point scrupuleusement aux questions de chronologie. Il y fait des extraits exacts des ouvrages des Pères touchant la doctrine, la discipline et les mœurs.

Il donne les actes des martyrs, qu'il a cru les plus véritables. Il marque la suite des empereurs, et les événemens particuliers qui ont une connexion nécessaire avec l'Histoire de la Religion. Il expose dans le discours qui est à la tête du premier volume, les règles qu'il s'est prescrites et qu'il a suivies exactement.

On trouve plusieurs autres discours au commencement de quelques volumes, qui montrent également le bon goût, l'érudition et le jugement de l'auteur. On voit dans celui qui est au huitième tome, l'établissement divin du christianisme, et le gouvernement de l'Eglise; au treizième; l'inondation des Barbares et la décadence des études; au seizième, le changement dans la discipline et dans la pénitence, les translations, érections, appellations, etc.; au dix-septième, les universités et les études; au dix-huitième, les croisades et les indulgences; au dix-neuvième, la juridiction essentielle à l'Eglise; enfin au vingtième, on trouve les réflexions de l'auteur sur l'état des divers ordres religieux qui subsistoient au quatorzième siècle.

L'abbé Fleury a réuni dans ces excellens discours, les qualités de philosophe, de dissertateur et d'historien. Il n'est pas inférieur à Bossuet ; et si l'on n'y trouve pas la même force de pinceau, ni la même pompe d'expression, on en est bien dédommagé par la netteté et par la pureté du style, par la solidité du raisonnement, et par la noble indépendance des préjugés. Rien n'est mieux pensé que ce qu'il dit sur ces matières ; et il nous a donné dans cet huit discours tous les éclaircissemens nécessaires pour juger sainement des révolutions arrivées dans la religion. On les a imprimés séparément en un volume in-12, pour ceux qui ne peuvent acheter son Histoire, ou qui la trouvent trop longue pour en entreprendre la lecture.

Ces discours ont été réimprimés en 1763, par les soins de Boucher d'Argis, qui a joint aux huit premiers discours, un neuvième discours de l'abbé Fleury sur la poésie des Hébreux, un dixième sur l'Ecriture-Sainte, un onzième sur la prédication, un douzième sur les libertés de l'église gallicane, avec beaucoup de notes ; enfin, le discours de l'abbé Goujet sur le renouvellement des études ecclésiastiques, qui est en tête du treizième volume de la continuation dont nous allons parler.

Dans la préface des *Nouveaux Opuscules de l'abbé Fleury*, 1807, in-12, on trouve plusieurs observations importantes relatives au discours sur les libertés de l'église gallicane, tel qu'il a été réimprimé par Boucher d'Argis. Il en résulte que le discours de l'abbé Fleury a été interpolé dans l'édition de 1763. M. Emery, ancien supérieur général de la communauté des Sulpiciens, éditeur des Nouveaux Opuscules, a cru devoir remédier à cet inconvénient, en faisant réimprimer le discours sur les libertés de l'église gallicane d'après le manuscrit autographe de l'auteur.

LE PÈRE FABRE.

L'abbé Fleury laissa son ouvrage au vingtième volume. Il étoit question de trouver un continuateur. Le Père Fabre, de l'Oratoire, se présenta; et il ne craignit point de marcher après un historien, qu'il ne pouvoit certainement pas remplacer. Il donna successivement seize volumes in-4°. et in-12; et il en préparoit un grand nombre d'autres, lorsqu'il reçut une défense de les continuer. Cette défense ne fit pas beaucoup de peine au public. L'auteur écrivoit facilement, mais sans élégance et sans exactitude. Peu heureux dans les détails et dans le choix des faits, il donne la préférence à ceux qu'il trouve tout arrangés dans les autres historiens : voilà pourquoi l'histoire profane est si fort mêlée avec l'ecclésiastique, dans cette compilation. L'auteur ne cherchoit qu'à entasser volume sur volume, pour allonger l'ouvrage. On ne trouve dans cette continuation aucun de ces discours admirables, qui donnent tant de prix à l'Histoire de Fleury : le seul qui y soit est de l'abbé Goujet ; il roule sur le renouvellement des études ecclésiastiques. Ce savant écrivain s'étoit chargé de revoir le livre du Père Fabre, son ami ; il auroit bien dû l'avertir des négligences de style, du défaut de précision, des contre-sens qui défigurent quelquefois ses traductions, etc.

Le savant Rondet a publié, en 1758, in-4°., et 4 vol. in-12, une Table générale et raisonnée des matières contenues dans les 36 vol. de Fleury et du Père Fabre ; elle est faite avec autant de goût que de soin et d'exactitude.

L'ABBÉ RACINE.

Depuis long-temps on désiroit un Abrégé de

de l'Histoire Ecclésiastique de l'abbé Fleury; dom Gervaise, ancien abbé de la Trappe, en avoit conçu le projet et l'avoit même exécuté; on se proposoit d'en faire usage, lorsque l'abbé Racine commença à mettre au jour un Abrégé de l'Histoire Ecclésiastique, où l'on vit avec plaisir, qu'il avoit su combiner les secours que lui offroient l'abbé Fleury, le Père Fabre son continuateur, Tillemont, Baillet, du Pin, dom Cellier, et autres écrivains dont les ouvrages ont été favorablement accueillis.

Le succès des premiers volumes de ce nouvel Abrégé fit abandonner celui de dom Gervaise, qui n'ayant pas les mêmes avantages, n'auroit pu le contre-balancer. L'abbé Racine suivit son entreprise, et la termina heureusement peu de temps avant sa mort. Il a réduit à neuf volumes les trente-six de Fleury et du Père Fabre, qui ne contiennent que les seize premiers siècles, et il y a ajouté quatre volumes pour le dix-septième; ce qui forme un corps complet d'Histoire Ecclésiastique en treize volumes in-12.

Il ne s'est pas contenté d'abréger, il a mis dans sa rédaction un ordre qui ne se trouve pas dans le plan de l'abbé Fleury, suivi par le Père Fabre ; ils se sont attachés, non-seulement à l'ordre des temps, mais à la succession même des années ; en sorte que sans cesse ils transportent leurs lecteurs de l'Orient à l'Occident, et du Midi au Nord, selon que l'exigent les divers événemens de chaque année. L'abbé Racine, en conservant l'ordre des temps, s'attache plus particulièrement à la liaison des faits. Il divise son ouvrage par siècle : mais dans chaque siècle, il distingue les grands objets auxquels se rapportent les principaux événemens ; chaque objet forme un article séparé ; et le dernier article de chaque siècle contient des réflexions.

Le mérite de cet ouvrage est assez connu : on a cependant reproché à l'auteur d'être trop diffus et trop peu modéré dans les derniers volumes ; mais il s'élève avec force, et peut-être avec trop peu de ménagement, contre les défauts des jésuites et de leur compagnie ; il donne des éloges à la vertu de quelques-uns. Une Histoire Ecclésiastique est une entreprise si longue et si difficile, qu'il n'est pas étonnant que M. Racine ait fait quelques fautes. Il n'a pas toujours eu recours aux originaux ; il s'est borné le plus souvent à copier Fleury. Il a suivi quelquefois, sans examen, des auteurs peu exacts, et dont le récit méritoit des discussions. Son style n'est pas égal; et l'on voit qu'en copiant des auteurs différens, il n'a pas eu soin de rendre leur diction uniforme. Mais ces taches sont légères; et le savant éditeur Rondet qui a publié, en 1766, l'édition in-4°., en a fait disparoître une partie. Le même éditeur avoit donné, en 1762, deux volumes, pour servir de continuation à l'Histoire de l'abbé Racine; mais ils ne sont dignes ni de l'un, ni de l'autre. Ils contiennent une exposition des différentes controverses agitées dans le dix-huitième siècle, jusqu'en l'année 1733, et les faits principaux qui y ont rapport. Le quinzième tome est terminé par une justification sommaire, mais suffisamment étendue, de cet Abrégé historique, contre quelques critiques injustes.

L'ABBÉ DE CHOISY.

Quelques reproches qu'on ait faits à l'abbé Racine, son Histoire vaut beaucoup mieux que celle de l'abbé de Choisy. Le but de celui-ci étoit de débarrasser les faits de tout ce que l'érudition a d'accablant : il vouloit qu'on pût le lire tout de suite, sans qu'on eût besoin d'étude, pour examiner ce qui étoit douteux, et se faire expliquer ce qu'on n'entendoit pas. Ce projet étoit louable ; mais l'auteur l'a mal exécuté : et en voulant faire un livre d'agrément, il l'a rendu ridicule. Son ouvrage est fort superficiel ; il y mêle trop d'histoire profane, et cherche trop souvent ces traits vifs et agréables, qui sont déplacés dans un livre sérieux. Il n'y faut chercher ni l'analise exacte des meilleurs ouvrages, ni l'exposition fidèle du dogme et de la discipline, ni une critique fine et impartiale, ni cet amour éclairé de la vérité, ni ce jugement exquis, ni cette candeur aimable, ni cette noble simplicité de style qui distinguent l'Histoire de Fleury.

L'ABBÉ DE BÉRAULT-BERCASTEL.

Malgré tant d'ouvrages sur l'Histoire Ecclésiastique, il nous manquoit une Histoire de l'Église, qui, par sa juste proportion, méritât d'être mise entre les mains de ceux qui ne pouvant remonter aux sources, veulent néanmoins étudier les faits de la religion. Tel a été l'objet de M. l'abbé de Bérault : d'après le suffrage des personnes instruites, et la lecture que j'ai faite de son ouvrage, je puis assurer qu'il l'a rempli. Toute la durée de l'Eglise, depuis son établissement jusqu'au commencement du dix-huitième siècle, est divisée en quatre parties, marquées chacune à son coin par la nature du plus grand nombre des événemens : la première comprend l'Histoire de l'Eglise primitive, avec les temps qui s'en rapprochent, depuis l'institution jusqu'au sixième siècle inclusivement ; la seconde renferme les cinq siècles suivans, qu'on peut appeler siècles d'ignorance ; dans la troisième sont compris les douzième, treizième et quatorzième siècles; dans la quatrième, enfin, le reste des temps jusqu'à la mort de Clément XI, en 1721. Chacune des parties de cette nouvelle Histoire Ecclésiastique est suivie d'un discours, où l'auteur présente, d'après les faits, un tableau fidèle des quatre âges de l'Eglise. On n'y trouve ni la modération, ni l'impartialité, qui font tant estimer ceux de l'abbé Fleury.

Le style de M. l'abbé Bérault est assez pur et assez noble; ses Extraits des conciles et des ouvrages des Pères, annoncent la précision et l'esprit d'analise. On reconnoît dans quelques-uns de ses portraits, la touche mâle et ferme de

Salluste; en un mot, de toutes les Histoires de l'Eglise, je n'en connois point qui soit plus agréable et d'un usage aussi universel ; elle est composée de 24 vol. : les quatre premiers ont paru en 1778, et les quatre derniers en 1791 ; ceux-ci embrassent le récit des événemens depuis 1630 jusqu'en 1721; ils sont d'autant plus intéressans, que ces événemens se rapprochent de nous, et qu'on a beaucoup entendu parler de plusieurs personnages qui ont joué un grand rôle dans cet espace de temps.

L'auteur devoit conduire cette Histoire jusqu'à nos jours; mais on assure qu'il est mort il y a quinze ou seize ans.

MACQUER ET DINOUART.

L'Abrégé chronologique de l'Histoire Ecclésiastique, par Macquer et Dinouart, en trois volumes in-8°., 1768, mérite d'être lu : les faits y sont resserrés avec précision ; et les dates y sont exactes. L'ordre chronologique y répand un peu de sécheresse; et il étoit à souhaiter qu'on nous présentât un Abrégé, qui étant plus agréable à la jeunesse qu'on élève dans les colléges, pût aussi lui être plus utile : c'est ce qu'a exécuté le savant et pieux Lhomond, dans son Abrégé de l'Histoire de l'Eglise, in-12.

FORMEY.

Je conseillerai aux protestans l'Abrégé de l'Histoire Ecclésiastique, par Formey, en deux volumes in-8°.; mais je ne conseillerai à personne un prétendu Abrégé de l'Histoire Ecclésiastique de Fleury, par l'abbé de Prades, imprimé en 1766, et précédé d'une préface de Frédéric II, roi de Prusse, où la religion est très-maltraitée. Elle n'est pas plus ménagée dans le corps de l'ouvrage, où l'auteur se livre à cette excessive liberté de penser, qui étoit le défaut dominant du siècle dernier.

TILLEMONT.

Voulez-vous un livre savant et exact ? Lisez *les Mémoires* pour servir à l'Histoire Ecclésiastique des six premiers siècles, justifiés par les citations des auteurs originaux, avec une chronologie, où l'on fait un Abrégé de l'Histoire Ecclésiastique et Profane, et des notes pour éclaircir les difficultés des faits et de la chronologie, par M. Tillemont. On sait comment ce savant composa ce grand ouvrage : il lisoit les auteurs ecclésiastiques et profanes, anciens et modernes; et il recueilloit dans leurs livres, tout ce qui concernoit les personnes et les faits. Il rédigeoit ces recueils sous divers titres de *Vies des Saints*, *d'Auteurs*, *d'Empereurs*, *de Persécution*, *d'Hérésies*, et les mettoit en ordre, sans changer les termes des écrivains qu'il copioit. Sa narration n'est qu'un tissu des passages des auteurs et des monumens qu'il a traduits en français, en marquant exactement, à la marge, jusqu'à la page du livre d'où il les a tirés. Il n'y a de lui dans le corps de l'ouvrage, que quelques courtes réflexions renfermées entre deux crochets, soit pour concilier les choses qui peuvent paroître contraires, soit pour servir de liaison aux différens passages, soit pour instruire en peu de mots et édifier en passant le lecteur. Le peu qu'il donne de son propre fonds, fait regretter presque toujours de ce qu'il en dit si peu. Les Mémoires de M. de Tillemont sont en seize volumes ; et ils ne passent guère le cinquième siècle.

COUSIN,

COUSIN, RUINART, DROUET.

L'importance de ces premiers âges du christianisme demande, dit l'abbé Lenglet, que des écrivains modernes qui ont traité l'Histoire Ecclésiastique, on passe aux auteurs originaux. Ainsi, les Histoires d'Eusèbe, de Socrate, de Sozomène, de Théodoret, et les autres traduites si élégamment par M. le président Cousin, doivent être lues exactement, aussi-bien que les Actes des Martyrs des quatre premiers siècles, recueillis par le savant père dom Thierry Ruinart, bénédictin de la congrégation de Saint-Maur : ils ont été fidèlement mis en français par M. Drouet de Maupertuis, en deux volumes in-8°.; et ils peuvent servir de preuve à ce qu'on a lu dans les Histoires générales; mais ces monumens ne suffisent pas. Il faut puiser la connoissance de la doctrine et de la morale de l'Eglise dans les Pères qui l'ont illustrée. Ainsi, la lettre du pape Saint Clément, celles de Saint Ignace, martyr ; les Apologies de Saint Justin, les Œuvres de Saint Clément d'Alexandrie, quelques Traités de Tertullien, l'ouvrage d'Origène contre Celse, les Œuvres ou les Lettres de Saint Cyprien, avec le Traité de Lactance de la mort des persécuteurs, doivent d'autant moins être négligés, que cette lecture ne peut pas occuper long-temps.

§ III. HISTOIRE DES HÉRÉSIES.

L'Histoire Ecclésiastique est un grand arbre, qui se divise en plusieurs branches : une des plus importantes est celle des hérétiques, c'est-à-dire, de ces hommes hardis et entreprenans, qui ne pouvant plier leur tête sous le joug de la foi, ont troublé l'Eglise par des erreurs qui ont fait quelquefois couler le sang humain. Cette Histoire, qui ne peut être autre chose que le tableau des passions humaines, présente les faits les plus piquans, soit dans la vie des hérétiques, soit dans l'exposition systématique de leurs opinions.

L'ABBÉ PLUQUET.

Personne ne les a exposées avec plus de netteté que l'abbé Pluquet, auteur des *Mémoires pour servir à l'Histoire des Egaremens de l'esprit humain par rapport à la Religion Chrétienne*, ou *Dictionnaire des Hérésies, des Erreurs et des Schismes* ; précédé d'un discours, dans lequel on cherche quelle a été la religion primitive des hommes, les changemens qu'elle a soufferts jusqu'à la naissance du christianisme ; les causes générales, les liaisons et les effets des hérésies qui ont divisé les chrétiens, en deux volumes in-8°., 1762.

Nous avons quelques corps d'histoires, et des catalogues raisonnés des hérésies, qui, de siècle en siècle, se sont élevées jusqu'à notre temps ; mais sans excepter *le Dictionnaire des Hérésies* du Père Pinchinat, on ne trouvera point un tableau des égaremens de l'esprit humain, en matière de religion, aussi bien fait que celui-ci. Le Discours préliminaire, composé de deux cent soixante-douze pages, fait seul un ouvrage complet. Ce Discours, très-méthodique d'ailleurs, semble se diviser naturellement en deux parties : la première est une exposition très-savante, quoiqu'assez sommaire, de la religion primitive, des systèmes religieux que les philosophes en ont formés, de ses débris chez les Chaldéens, les Persans, les Egyptiens, les Indiens, les Grecs, et de la religion des Juifs ; la seconde, plus étendue, est une excellente histoire du christianisme, distribuée par siècle. L'article du fameux Abailard commence la nomenclature historique; et celui de Zuingle la termine.

MAIMBOURG.

Otez au Père Maimbourg, dans ses Histoires de l'Arianisme, des Iconoclastes, des Croisades, du Luthéranisme, du Calvinisme, du Schisme des Grecs, du Schisme d'Occident, la longueur de ses périodes, quelques traits de simplicité et de bonhomie, et vous en ferez un historien assez agréable. Il a l'imagination vive, noble, élevée, et plus d'impartialité qu'on n'en devoit attendre d'un homme de son état. Les sujets de son histoire sont tous intéressans; et personne ne saisit comme lui, ce qu'il y a de plus curieux dans chaque sujet. Malgré cela, tout le monde parle mal de cet historien. Madame de Sévigné l'accuse d'avoir ramassé le mauvais délicat des ruelles. Ses ouvrages les plus recherchés sont, *l'Histoire du Pontificat de Saint-Léon*, celle du *Pontificat de Saint Grégoire le Grand*, le *Traité historique de l'établissement et des prérogatives de l'Eglise de Rome, et de ses Evêques*, et *l'Histoire de la Ligue*. On sait que Maimbourg avoit été jésuite : le Père Général l'obligea de rentrer dans le monde, à cause de son Traité de l'Eglise de Rome.

Cet auteur a des défauts ; mais il a aussi des qualités qui feroient peut-être bien accueillir la réimpression de quelques-unes de ses histoires, si elles étoient retouchées par une main habile. « Je crois, dit Bayle, pou» voir dire qu'il avoit un talent particulier » pour cette sorte d'ouvrages ; il y répandoit » beaucoup d'agrément, plusieurs traits vifs » et quantité d'instructions incidentes. Il y » a peu d'historiens, parmi même ceux qui » écrivent le mieux, qui aient plus de sa» voir et d'exactitude que lui ; qui aient l'a» dresse d'attacher le lecteur autant qu'il » fait. Je voudrois que ceux qui pourroient » le surpasser en bonne foi et en lumières, » nous donnassent toutes les histoires qu'il » eût entreprises, s'il avoit vécu encore » vingt ans, et qu'ils y semassent les mêmes » attraits que lui : ce ne seroit pas un bien » médiocre pour la république des lettres. »

BOSSUET.

L'Histoire des Variations des Eglises Protestantes, par Bossuet, parut, pour la première fois, en 1688. Quoique le titre ne semble annoncer qu'une narration historique des différens changemens arrivés dans la doctrine des protestans, leurs erreurs y sont mises dans un si grand jour, et elles y sont discutées avec tant de solidité, que l'on peut regarder cet ouvrage comme une histoire, et en même temps comme une réfutation complète du protestantisme. M. de Meaux y suit partout l'ordre des temps ; il prend la réforme dès son origine, et il en fait connoître les auteurs avec autant de vérité que d'éloquence.

Si les Oraisons Funèbres de Bossuet, et son admirable Discours sur l'Histoire Universelle, l'ont fait placer à côté des hommes les plus éloquens, son Histoire des Variations l'a mis au rang des Docteurs et des Pères de l'Eglise. Dissertateur habile, profond théologien, critique judicieux, historien exact, ce prélat réunit à la science du raisonnement, une connoissance extraordinaire de la religion ; à la sagacité de développer les opinions erronées, l'art d'en peindre les auteurs et de les réfuter par eux-mêmes. Qui mieux que lui sut dégager les faits de ce qui leur est étranger ; éclaircir ceux que l'antiquité ou la mauvaise foi couvrent de leurs ténèbres; jeter de l'intérêt sur les particularités les moins importantes en apparence; donner, enfin, à tout ce qu'il touche, un caractère de noblesse, de grandeur et de vérité?

BEAUSOBRE.

L'Histoire Critique de Manichée et du Manichéisme, par Isaac de Beausobre, in-4°., Amsterdam, 1734, deux volumes, a demandé encore plus de recherches que l'Histoire des Variations. C'est un des livres les plus profonds, les plus curieux et les mieux faits : on y développe le système philosophique de Manès, qui étoit la suite des dogmes de l'ancien Zoroastre et de l'ancien Hermès; système qui séduisit long-temps Saint Augustin. Cette Histoire est enrichie de la connoissance de l'antiquité ; et l'auteur entre dans des détails, qui ne laissent rien à désirer sur cet objet.

BENOIT ET LANGLOIS.

Les Albigeois et les Vaudois étoient, dit-on, une branche des manichéens. Ceux qui voudront connoître ces hérétiques, pourront lire l'Histoire que le Père Benoît, dominicain, en a donnée à Paris, 1691, deux volumes, et l'Histoire des Croisades contre les Albigeois, par le Père Langlois, jésuite, in-12, Paris, 1705; ouvrage fait avec soin, et écrit avec plus d'élégance, que celui du jacobin.

SOLIER.

A mesure que nous descendons vers les derniers siècles de l'Eglise, nous trouvons *l'Histoire du Calvinisme*, par Solier, in-4°., Paris, 1686; histoire meilleure que celle du Père Maimbourg, non pour le style qui est fort lourd, mais pour les recherches et pour les pièces justificatives.

CATROU.

L'Histoire des Anabaptistes, depuis 1521 jusqu'en 1536, par le Père Catrou, jésuite, in-4°., Paris, est un livre curieux, mais d'une diction un peu affectée.

BRUEYS.

L'Histoire du Fanatisme de notre temps, par Brueys, 1692 et 1709, deux volumes in-12, est pleine de particularités intéressantes,

tes, et qui viennent d'un homme très-instruit.

M. VILLERS.

La réformation religieuse opérée par Luther dans le seizième siècle, est un de ces grands événemens qui exercent une influence prolongée sur les affaires humaines, et qui, par conséquent, ne peuvent être bien appréciés qu'à un grand intervalle de l'époque à laquelle ils appartiennent. L'Institut National, en proposant un prix pour cette question : *Quelle a été l'influence de la réformation de Luther sur la situation politique des Etats de l'Europe et sur le progrès des lumières* ? a donc eu une intention très-louable et rempli un but très-utile. Ce qui frappe d'abord à la première lecture de *l'Essai* de M. Villers, seconde édition, 1804, in-8°., couronné par la première société scientifique de la France, c'est l'étendue du plan, l'enchaînement des parties principales, et le jour mutuel qu'elles se prêtent. On y reconnoît un penseur, accoutumé à chercher dans les faits particuliers leurs résultats philosophiques, c'est-à-dire, le côté par lequel ils appartiennent à l'histoire de l'humanité. L'intérêt de la matière fait excuser les négligences de style qui se font remarquer dans cet utile ouvrage, qui est terminé par une excellente *Esquisse de l'Histoire de l'Eglise, depuis son Fondateur jusqu'à la Réformation.*

DUMAS.

L'Histoire des cinq Propositions de Jansénius, depuis 1640 jusqu'en 1669, in-12, Trévoux, 1702, 3 vol., fut attribuée à M. Dumas, docteur de Sorbonne : d'autres la croient du Père le Tellier, jésuite, qui troubla la vieillesse de Louis XIV, dont il étoit le confesseur. Mais cet ouvrage est écrit avec assez de modération, pour penser qu'il n'est pas de cet homme fougueux ; le style en est pur, et les faits y sont assez bien détaillés.

GERBERON.

L'Histoire générale du Jansénisme, depuis 1640 jusqu'en 1669, in-12, Amsterdam, 1700, trois volumes, par le Père Gerberon, bénédictin, alors retiré en Hollande, et qui depuis est mort en France, renferme beaucoup de recherches; mais elle n'est pas écrite avec cette simplicité et cette impartialité que demande l'histoire. Tous ses ennemis sont des molinistes outrés, des disciples de Pélage, ou des demi-Pélagiens. Il prête des intentions à tous ceux qui avoient agi contre le livre de Jansénius. Si le cardinal Mazarin, et M. de Marca, archevêque de Toulouse, se déclarèrent en faveur de ceux qui le poursuivoient, c'est que le premier n'aimoit point le cardinal de Retz; et l'autre cherchoit à se raccommoder avec Rome. Nous n'aurons que fort tard une histoire fidèle du Jansénisme; il faudroit voir les choses de sang-froid pour l'écrire; et tout le monde prit parti pour ou contre dans cette querelle.

LAFITAU.

On a de ce prélat, évêque de Sisteron, *l'Histoire de la Constitution* Unigenitus, où il tâche de détruire tous les faits avancés dans *les Anecdotes, ou Mémoires Secrets sur la Constitution* que Villefore avoit composés, à la prière du cardinal de Noailles; mais c'est un malade qui s'érige en médecin; et il est encore plus passionné et plus partial que l'auteur qu'il réfute. La vieillesse produisit en lui des sentimens plus modérés et une vertu plus humaine.

M. LA CROIX.

Le Dictionnaire Historique des Cultes Religieux, établis dans le monde depuis son origine jusqu'à présent, en trois volumes in-8°., qui ont paru en 1770, n'est, à proprement parler, qu'un abrégé de l'Histoire des Hérésies et du grand ouvrage des Cérémonies Religieuses. Ce livre est très-commode, et épargne la peine des recherches : on y trouve à peu près tout ce que présentent, sur les cultes religieux, les voyageurs qui ont visité toutes les nations, et les écrivains qui ont parcouru tous les siècles.

M. NOEL.

Le Dictionnaire de la Fable, qui, dans l'origine, ne rappeloit aux lecteurs que les mythologies grecques et romaines, a été étendu par les soins de M. Noël, jusqu'à présenter les mythologies grecque, latine, égyptienne, celtique, persane, cyriaque, indienne, chinoise, mahométane, rabbinique, slavonne, scandinave, africaine, américaine, etc. Cet ouvrage, fruit de recherches aussi profondes que variées, a obtenu un grand succès : la seconde édition, revue, corrigée et augmentée, a paru en 1805, 2 vol. in-8°.

§ IV. AUTEURS ECCLÉSIASTIQUES.

DU PIN.

Ce n'est que dans le dix-septième siècle, qu'on a saisi la véritable manière de faire connoître les différens écrivains que l'Eglise a produits ; et c'est à l'abbé du Pin qu'on en eut l'obligation : il donna, en 1686, le premier volume de sa *Bibliothèque Universelle des Auteurs Ecclésiastiques*, contenant l'histoire de leur vie, le catalogue, la critique et la chronologie de leurs ouvrages, un abrégé de ce qu'ils renferment, un jugement sur leur style et sur leur doctrine, et le dénombrement des différentes éditions de leurs œuvres. C'étoit sans doute une grande entreprise pour un jeune homme d'environ trente ans, tel qu'étoit alors l'abbé du Pin ; mais il n'en fut point effrayé ; il ne se borna pas même à ce seul ouvrage, dont l'exécution sembloit suffire à la vie de plusieurs hommes. Le premier volume parut en 1686, et fut réimprimé dans la suite avec des changemens et des augmentations considérables ; les autres se suivirent avec une extrême promptitude.

En 1691, dom Matthieu Petit Didier, bénédictin de la congrégation de Saint Vannes, fit imprimer un volume in-8°., sous le titre de *Remarques solides* sur les premiers volumes de la Bibliothèque de M. du Pin : il en donna un second en 1692, et un troisième en 1696. Ces remarques déplurent à l'abbé du Pin ; il en témoigna son chagrin, et y répondit avec une vivacité qui ne nuisit point à son adversaire.

Peu de temps après, M. de Harlay, archevêque de Paris, obligea cet abbé de donner une rétractation d'un assez grand nombre de propositions vraiment répréhensibles, qui lui étoient échappées. Si l'on veut savoir de quelle nature étoient les écarts qu'on lui reprochoit, on peut consulter un savant Mémoire de Bossuet, que l'on trouve à la fin du second volume des Œuvres posthumes de cet illustre soutien de la saine doctrine.

On ne se borna pas à trouver des fautes dans le travail de l'abbé du Pin, on prétendit qu'il n'étoit pas de lui. On voulut que M. de Bassompierre, évêque de Saintes, eût fait les six premiers siècles, que l'abbé du Pin, alors fort jeune, avoit eus de son père, attaché à ce savant prélat. On crut apercevoir de la différence entre les premiers siècles et les suivans : ces derniers ne parurent pas travaillés avec autant de force, de soin et d'exactitude que les premiers. Cependant le célèbre Antoine Arnauld, docteur de Sorbonne, avoit pris auparavant la défense de l'abbé du Pin, qui resta possesseur tranquille de la gloire que lui avoit procuré son ouvrage, dont le plan étoit excellent.

Les derniers volumes de l'ouvrage de du Pin, concernent les auteurs du commencement du dix-huitième siècle, ou les ouvrages publiés depuis 1700 jusqu'à la fin de 1710, Paris, 1711, deux parties in-8°.

On a de l'abbé Goujet : Bibliothèque des Auteurs Ecclésiastiques du dix-huitième siècle, pour servir de continuation à celle de M. du Pin, Paris, 1736, 3 vol. in-8°.

Le même abbé avoit composé un quatrième volume : il en sollicita l'impression ; mais loin de l'obtenir, il lui fût fait défense de le faire imprimer, même en pays étranger, sous peine d'en répondre. « On n'avoit pas le droit de faire cette défense ; dit l'auteur ; dans le catalogue manuscrit des livres de sa bibliothèque ; mais je m'y suis soumis pour le bien de la paix, et pour n'être point en proie à la violence. »

DOM CEILLIER.

Le plan de l'abbé du Pin a été perfectionné par dom Ceillier, auteur d'une *Histoire générale des Auteurs Sacrés et Ecclésiastiques*, qui contient leurs vies, le catalogue, la critique, le jugement, la chronologie, l'analise et le dénombrement des différentes éditions de leurs ouvrages; ce qu'ils renferment de plus intéressant sur le dogme, sur la morale et sur la discipline de l'Eglise; l'Histoire des Conciles, tant généraux que particuliers, et les Actes choisis des Martyrs, in-4°., vingt-trois volumes, publiés depuis 1729 jusqu'en 1763. Le laborieux Rondet a publié, en 1783, deux volumes in-4°., la Table générale des matières contenues dans cet ouvrage, avec l'indication des articles parallèles qui se trouvent dans l'Histoire Littéraire de la France, par les bénédictins.

L'Histoire des Ecrivains Ecclésiastiques de dom Ceillier ne va que jusqu'à Saint Bernard; elle est travaillée avec plus d'étendue et de correction, que la Bibliothèque de l'abbé du Pin : il ne se contente pas d'écrire l'histoire de l'auteur dont il parle, il fait voir encore le sujet qui a donné lieu aux écrits
dont

dont il fait l'analise, avec des lumières et des connoissances que n'avoit pu acquérir son prédécesseur, lorsqu'il publia les premiers tomes de sa Bibliothèque ; ce qui lui donne occasion d'expliquer toutes les contestations qui se sont élevées dans l'Eglise. Son style est plein de simplicité et de netteté ; mais il manque souvent de pureté et d'agrémens. On y trouve beaucoup de latinismes ; parce que l'auteur avoit d'abord écrit en latin les trois premiers volumes, et qu'il ne les publia en français, qu'à la prière de ses amis. Ses analises n'ont point ce tour heureux, cet air de facilité qu'on remarque dans du Pin. « J'ai eu soin de l'édition de ce grand ouvrage, depuis le premier volume jusqu'au dernier, dit l'abbé Goujet, dans le catalogue manuscrit des livres de sa bibliothèque ; j'ai revu le manuscrit de chaque volume avant l'impression ; plusieurs articles, en petit nombre, sont de moi ; j'en ai corrigé quelques-uns ; et il y a un assez bon nombre de courtes additions qui viennent aussi de moi, surtout pour les diverses éditions et traductions des ouvrages. Après l'article de Saint Augustin, il y a une lettre explicative d'un endroit des Confessions de ce saint docteur, qui est de

M. l'abbé Joly, chanoine de la Chapelle au Riche, à Dijon. ».

Ceux qui n'ont ni l'ouvrage de l'abbé du Pin, ni celui de dom Ceillier, peuvent se contenter de *la Bibliothèque portative des Pères de l'Eglise*, par Tricalet, dont nous avons parlé à l'article des Pères de l'Eglise.

Ce livre, le plus considérable de tous ceux de cet auteur, et en même temps le plus intéressant, est fait avec beaucoup de méthode et de choix. Mais il ne faut pas y chercher l'histoire de tous les écrivains ecclésiastiques; on n'y en trouve qu'une trentaine; l'auteur finit à Saint Bernard; et son livre n'est proprement qu'un abrégé de celui de dom Ceillier; mais on sent qu'il a été dirigé par un homme plein de religion, et qui avoit de l'ordre dans ses idées.

ANONIME.

La substance des différens écrits dont nous venons de parler, a été imprimée dans *le Dictionnaire historique des Auteurs Ecclésiastiques*, renfermant la vie des pères et docteurs de l'Eglise; des meilleurs interprètes de l'Ecriture-Sainte, juifs et chrétiens; des théologiens scolastiques, moraux, mystiques, polémiques, hétérodoxes même, qui ont écrit sur des matières non controversées ; des canonistes et des commentateurs des décrétales et du corps du droit canonique ; des historiens, bibliographes, biographes et agiographes ecclésiastiques ; des orateurs sacrés ; des liturgistes, et généralement de tous les auteurs qui ont écrit sur les matières ecclésiastiques : avec le catalogue de leurs principaux ouvrages ; le sommaire de ce qu'on trouve de remarquable dans ceux des Pères, pour former la chaîne de la tradition ; le jugement des critiques sur la personne, le caractère, la doctrine, la méthode et le style des différens auteurs ecclésiastiques ; et l'indication des meilleures éditions de leurs ouvrages : le tout suivi d'une table chronologique pour l'Histoire de l'Eglise, depuis Jésus-Christ jusqu'à nos jours, en quatre petits volumes in-8°., à Lyon, 1767. Ce titre vaut une analise. L'auteur du Journal Encyclopédique, en rendant compte de cette production, en parle comme d'un livre bien fait, dont les articles ont été choisis avec goût.

§ V. HISTOIRE DES CONCILES.

On a comparé les conciles généraux de l'Eglise, aux états généraux qui se tiennent chez les différentes nations. Cette comparaison, très-imparfaite, ne rend qu'en partie l'idée qu'on doit avoir des synodes universels et particuliers. Rien ne seroit plus curieux et plus intéressant, qu'une Histoire générale des Conciles; mais nous n'avons rien malheureusement en ce genre, qui soit digne d'être cité.

HERMANT.

Cet auteur, curé du diocèse de Bayeux, a donné, à la vérité, une *Histoire des Conciles*, en quatre volumes in-12; mais elle est aussi superficielle, aussi fautive, et aussi platement écrite, que ses insipides Histoires des Ordres Religieux, des Ordres de Chevalerie, des Hérésies, etc. Cet écrivain n'étoit qu'un misérable compilateur, qui a donné dans tous ces livres, autant de preuves d'ignorance que de mauvais goût.

ALLETZ.

Le Dictionnaire portatif des Conciles, depuis le premier concile tenu par les apôtres, a Jérusalem, jusques et au delà du Concile de Trente, Paris, 1758, in-8°., par M. Alletz, vaut mieux que l'ouvrage d'Hermant; mais la partie historique est trop abrégée; et ce Dictionnaire, quoique fait avec soin, est d'une médiocre utilité pour la connoissance des événemens qui ont précédé, accompagné, ou suivi ces grandes assemblées ecclésiastiques.

LE PÈRE RICHARD.

L'Analise des Conciles généraux et particuliers, contenant leurs canons sur le dogme, la morale et la discipline, tant ancienne que moderne, expliqués par des notes, conférés avec le droit nouveau, notamment avec le droit particulier de la France, et précédés d'un Traité des Conciles en général, pour servir d'introduction : ouvrage utile au clergé séculier et régulier, ainsi qu'aux jurisconsultes, par le Père Richard, jacobin, cinq volumes in-4°., 1773 - 1777, facilitera l'usage des recueils immenses des conciles à ceux qui voudront les consulter, et mettra les autres, c'est-à-dire, le plus grand nombre, en état de s'en passer. La netteté, l'ordre, la précision, ne sont pas les seules qualités qui caractérisent cet ouvrage; on y trouve encore tout ce qui peut intéresser le curieux et le savant : style, éloquence, érudition, critique, intelligence profonde du droit ancien et moderne. Le Père Richard auroit cru son travail imparfait, s'il se fût contenté de faire connoître les dogmes, la morale, la discipline de l'Eglise dans tous les temps ; d'expliquer, d'éclaircir ce que les canons ont de difficile et d'obscur ; de détailler, d'approfondir les matières épineuses de la foi. Joignant au zèle pour la religion, l'amour de la patrie, il a rapproché ces mêmes canons du droit de la France, et les a conférés avec nos lois, nos usages, nos libertés, d'après les ordonnances, édits, déclarations de nos rois, les arrêts des cours souveraines, et les délibérations de l'Eglise Gallicane : matières importantes, qui jettent le plus grand jour et le plus grand intérêt sur cette Analise des Conciles.

LENFANT.

Au défaut d'une Histoire générale des Conciles, il faut rassembler des morceaux particuliers. Nous avons obligation à Lenfant, réfugié Français, de nous avoir développé, avec beaucoup de soin, tout ce qui regarde les conciles de Pise, de Constance et de Bâle; conciles intéressans, soit pour la connoissance des erreurs qu'on y a condamnées, soit pour l'extinction du grand schisme d'Occident, qui affligea si long-temps l'Eglise. Ces trois ouvrages, écrits avec beaucoup de modération, pourroient être avoués par beaucoup de catholiques, à l'exception de quelques endroits, où une main protestante ne sauroit s'empêcher de faire connoître le parti qu'elle a embrassé. Il résulte de la lecture de ces trois histoires, qui forment six volumes in-4°., que du sein des passions et des intrigues qui se mêlent souvent aux choses les plus saintes, il peut sortir des lois équitables et des dogmes consolans.

FRA-PAOLO.

Le concile de Trente, le dernier des généraux, a été détaillé d'une manière extrêmement hardie par un religieux, qui, sous l'habit de servite, cachoit vraisemblablement la façon de penser d'un disciple de Calvin. Tout le monde connoît son Histoire du Concile de Trente, dont nous avons deux traductions en français ; une par Amelot de la Houssaye ; l'autre, publiée sous ce titre : Histoire du Concile de Trente, écrite en italien par Fra-Paolo Sarpi, de l'ordre des servites, et traduite de nouveau en français avec des notes critiques, historiques et théologiques, par Pierre-François le Courrayer, docteur en théologie de l'université d'Oxford, chanoine régulier et ancien bibliothécaire de Sainte Geneviève de Paris, imprimée en deux volumes in-4°. à Amsterdam, 1736.

Cette Histoire, qui paroît être d'un protestant déguisé, est encore plus dangereuse en français qu'en italien. Le nouveau traducteur l'a chargée de notes, dans lesquelles il s'offre d'établir un système qui tend à justifier toutes les religions, et à ravir à la seule véritable les caractères qui la distinguent. Je m'étonne, dit l'abbé Lenglet, que M. le Courrayer, homme habile, en qui j'avois toujours reconnu et admiré beaucoup de douceur, ait augmenté, par ses notes, les aigreurs que des intérêts particuliers contre la Cour de Rome, avoient engagé le premier auteur à semer dans son Histoire. L'emportement et le fiel n'ont jamais annoncé la vérité ; et il y en a beaucoup dans l'original et dans la copie.

PALLAVICIN.

PALLAVICIN.

L'histoire de Fra-Paolo fut réfutée par le cardinal Pallavicin, qui lui en opposa une autre bien plus détaillée que la sienne. Ce livre, composé sur les archives mêmes du château Saint-Ange, où sont toutes les négociations du concile, ne peut manquer d'être exact; mais l'auteur est imbu des principes ultramontains. On en préparoit une traduction française dans le dix-septième siècle, mais elle fut arrêtée par l'ouvrage du fameux le Noir, théologal de Seez, intitulé : les Nouvelles Lumières politiques pour le Gouvernement de l'Eglise, ou le Nouvel Evangile du Cardinal Pallavicin, révélé par lui dans son Histoire du Concile de Trente, 1676, in-12.

§. VI. HISTOIRE DES PAPES.

ANDRÉ ET FRANÇOIS DU CHESNE.

L'Histoire des Papes forme une branche très-intéressante de l'Histoire Ecclésiastique; mais nous ne sommes pas plus riches en ce genre, que dans la partie des conciles. Je compte pour rien, dit l'abbé Lenglet, ce qu'André du Chesne et François son fils ont écrit et imprimé sur ce sujet, en deux énormes volumes in-folio. Ces deux écrivains, qui réussissoient à donner des recueils de pièces et de monumens originaux, utiles à la connoissance de l'histoire, n'avoient aucun talent pour écrire avec l'élégance et le goût nécessaires, quand on veut se faire lire.

Leur compilation sur les papes est pourtant plus exacte, que l'histoire de ces pontifes depuis Saint Pierre jusques à Benoît XIII inclusivement, in-4°., la Haye, 1732, cinq volumes. Ce misérable livre, fruit de l'enthousiasme et de l'emportement d'un jeune homme, n'est qu'une collection indigeste de tout ce qu'on a écrit de plus satirique contre les chefs de l'Eglise Romaine. Le style incorrect, décousu et rampant, n'est relevé que par des grossièretés qui n'ont pu plaire qu'à la populace protestante. Cette compilation est généralement attribuée à François Bruys.

L'ENFANT.

Le sage Jacques Lenfant ne craignit point d'établir l'absurde opinion, crue par le vulgaire des calvinistes, dans son Histoire de la Papesse Jeanne, 1694, in-8°. Il revint, dans la suite, de ses préjugés au sujet de cette fable si ridiculement inventée; mais des Vignoles donna une nouvelle édition de son ouvrage en 1720, en deux volumes in-12, avec des augmentations considérables, dans lesquelles il fit de vains efforts pour appuyer ce roman.

GORDON.

Il y a plus de vérité dans ce que les protestans ont écrit sur Alexandre VI, pontife, dont l'ambition artificieuse et les débauches scandaleuses firent gémir tous les gens de bien. On a publié à Amsterdam, en 1732, en 2 vol. in-12, la vie de ce pontife et de son fils Borgia, traduite de l'anglais d'Alexandre Gordon. Ce livre est pesamment écrit; mais les faits sont exacts; et en général l'auteur est plus modéré qu'on ne devoit s'y attendre.

GREGORIO LETI.

Le même caractère de modération se fait sentir dans *la Vie du Pape Sixte V*, traduite de l'italien de Gregorio Leti en français, par l'abbé Pelletier, in-12, Paris, 1685, 2 vol. C'est un des meilleurs ouvrages de cet écrivain, qui mêle à des anecdotes vraies des choses hasardées. La traduction française n'est pas bien élégante, et donne une foible idée du style de l'auteur italien.

L'ABBÉ GOUJET.

Cette Histoire offre néanmoins des choses plus intéressantes, que celle du pontificat de Paul V par l'abbé Goujet, écrite d'une manière languissante, et publiée en 1765, en deux vol. in-12. Il y a pourtant des recherches curieuses; mais les lecteurs qui ne sont pas prévenus par l'esprit de parti, auroient souhaité que l'auteur, en parlant d'un certain corps qui ne subsiste plus en France, eût moins laissé voir de passion. Ce savant avoit vieilli dans la haine contre les jésuites; et quoique naturellement doux, cette haine perçoit dans sa conversation ainsi que dans ses écrits.

CARACCIOLI.

On a de ce fécond écrivain, les Vies de deux célèbres pontifes, Benoît XIV et Clément XIV; toutes deux offrent une lecture aussi agréable qu'intéressante. On reproche à la dernière, qui parut en 1775, in-12, d'avoir été écrite avec trop de précipitation;

et à la seconde, qui fut publiée en 1783, d'être écrite avec prévention.

M. BOURGOING.

Les Mémoires historiques et philosophiques sur Pie VI et son Pontificat, jusqu'à sa retraite en Toscane, Paris, 1799, 2 volumes in-8°., sont écrits d'un style noble et coulant : ils respirent l'impartialité la plus stricte, telle qu'on l'exige d'un historien philosophe. Partout l'auteur se plaît à rendre justice au caractère, aux vues et aux intentions de Pie VI, sans cependant déguiser quelques taches qui font ombre dans le tableau ; mais ces dernières sont présentées avec ménagement ; et sans les taire ni les excuser, l'auteur y met tant de discrétion, qu'on est porté à regretter qu'avec des intentions aussi bonnes et des vues aussi utiles, Pie VI n'ait pas été doué de la force de caractère, et de la persévérance nécessaire pour les bien exécuter.

Il y a eu une seconde édition de ces Mémoires, en 1800; mais on y a fait des retranchemens: les curieux recherchent la première.

LE BARON DE HUISSEN.

Les conclaves, et les brigues qu'ils occasionnent, sont une des parties les plus intéressantes de l'Histoire des Papes. Nous avons *l'Histoire des Conclaves* depuis Clément V jusqu'à présent, in-12, Cologne, 1694 ; livre curieux, attribué au baron de Huissen, écrivain très-médiocre, mais homme instruit.

TESSIER.

La translation du Saint-Siége dans la ville d'Avignon, forme une époque mémorable de l'Histoire générale des Papes. Ce morceau pouvoit donc en être détaché, et fournir la matière d'une histoire particulière, sous ce titre : *Histoire des Souverains Pontifes qui ont siégé dans Avignon*, un volume in-4°., 1775. On remarque dans cet ouvrage, de la critique et de l'érudition ; les faits y sont bien discutés, et l'auteur y venge la mémoire de plusieurs papes, des jugemens peu avantageux qu'en ont portés des plumes partiales. Cette Histoire doit même exciter en France une sorte d'intérêt national, puisque tous les souverains pontifes dont il est question, sont des papes Français.

§ VII. HISTOIRE DES ORDRES RELIGIEUX ET MILITAIRES.

LE PÈRE HÉLYOT.

Cette partie de l'Histoire Ecclésiastique, si intéressante et si variée, a été traitée avec plus d'exactitude et de méthode que toutes les autres ; et c'est au Père Hélyot, religieux Picpus, que nous en avons obligation ; son ouvrage est intitulé, *Histoire des Ordres Monastiques, Religieux et Militaires, et des Congrégations séculières de l'un et de l'autre sexe*, en 8 volumes in-4°. : le premier parut en 1714 ; et les quatre derniers furent donnés après la mort de l'auteur, par son confrère, le Père Bullot. Nous n'avons aucun livre dans notre langue, qui s'étende autant sur les ordres religieux : il est plein de recherches, écrit avec discernement, et traité d'une manière intéressante ; mais le style pourroit en être plus châtié et plus élégant.

M. DAMBREVILLE.

Dans l'Abrégé Chronologique de l'Histoire des Ordres de Chevalerie, depuis l'ordre de S. Jean de Jérusalem, en 1113, jusqu'à l'ordre royal de Hollande, en 1807, Paris, Hacquart, 1807, in-8°., M. Dambreville parle de l'origine de ces ordres, des motifs qui les ont fait établir, de leur forme, de leur décoration, de leurs progrès, de leur durée, et, autant qu'il l'a pu, de leurs statuts. Il a puisé dans tous les livres qui pouvoient lui fournir des matériaux ; mais il a mieux fait encore, il a consulté sur les lieux mêmes de la naissance de chaque ordre, par l'entremise de diverses personnes attachées aux légations étrangères: on s'en aperçoit, en trouvant sur certains ordres des détails qui n'avoient jamais été rendus publics.

M. GROUVELLE.

Nous avons beaucoup d'ouvrages sur les Templiers; mais il n'en existe pas dont la lecture soit plus satisfaisante que celui de M. Grouvelle, publié en 1805, in-8°. Sans lui donner le titre fastueux d'Histoire, mais seulement celui de Mémoires Historiques sur les Templiers, il ne laisse rien à désirer sur les causes de l'extinction de cet ordre : en traitant un sujet si difficile, on ne peut pas mettre plus que ne l'a fait l'auteur, de la profondeur dans les recherches, de la sagacité
dans

dans la critique, de l'impartialité dans les résultats. S'il n'a pas résout le problème de la justice ou de l'injustice de la condamnation des Templiers, c'est que ce problème étoit insoluble ; et l'on doit lui savoir beaucoup de gré d'avoir fixé les idées à cet égard.

LE PÈRE MARIN.

Si après avoir lu les ouvrages dont je viens de parler, on veut remonter jusqu'à l'origine de la vie cénobitique, et en suivre les progrès dans les différens siècles, le Père Marin a développé les vertus des anciens solitaires de la Thébaïde dans ses *Vies des Pères des Déserts d'Orient*, avec leur doctrine spirituelle et leur discipline monastique, 1762, en trois volum. in-4°., et en neuf tom. in-12.

Cet auteur commence son Histoire par Saint Paul, le père des Ermites. Il parcourt dans le premier et le second livre l'une et l'autre Thébaïde ; de là il passe au désert de Nitrie dans le troisième livre ; puis à celui de Sceté dans le quatrième, et aux monastères de l'Egypte proprement dite, ou des environs d'Alexandrie, dans le cinquième ; l'Arabie se présente à lui en sortant de l'Egypte, et fait le sujet du sixième livre ; enfin, il a renfermé tout ce qui concerne les moines de la Palestine dans le septième, qui finit au temps que le calife Omar prit Jérusalem, et changea la face de ces pays pour toujours. Cet ouvrage est beaucoup plus complet, que les Vies des Pères du Désert, par Arnauld d'Andilly : il peut non-seulement contribuer à l'édification des simples fidèles par les exemples de vertu et les maximes de sainteté qu'il contient, mais encore à l'éclaircissement des faits historiques, qui font l'objet des utiles recherches des savans.

BULTEAU.

Avant le Père Marin, Louis Bulteau avoit donné un *Essai de l'Histoire Monastique d'Orient*, 1680, in-4°., et une autre Histoire de l'Ordre Monastique de tout l'Occident jusqu'au dixième siècle, dans son *Abrégé de l'Histoire de l'Ordre de Saint Benoît*, en deux vol. in-4°., 1684.

On voit, dans le premier ouvrage, l'origine de l'état monastique, qu'il ne fait pas remonter plus haut que Saint Antoine, et une peinture fidèle des monastères et de la vie des anciens moines. Parcourant toutes les provinces d'Orient, où il y avoit des solitaires ou des cénobites, il en décrit l'institut et les règles, et donne la vie des illustres solitaires dont l'antiquité nous a conservé la mémoire. Il fait de temps en temps des remarques sur la discipline; il prouve qu'ils avoient des prêtres parmi eux, et des églises où ils s'assembloient. Il fait voir que les congrégations et les chapitres des moines ne sont pas aussi nouveaux qu'on le pense communément.

La seconde Histoire est tirée en partie des Actes des Saints de l'ordre de Saint Benoît, du Père Mabillon : il y rapporte l'établissement et le progrès de l'ordre monastique en Italie, dans les Gaules, en Espagne et dans la Grande-Bretagne, et même dans l'Afrique du temps de Saint Augustin. Il y fait l'histoire des monastères et des moines distingués par leur sainteté, par leur doctrine ou par leurs travaux pour l'établissement, l'avancement, ou la réforme de l'ordre monastique, de la discipline ecclésiastique, ou de la foi.

L'ABBÉ DE VERTOT.

Cet auteur avoit plus de soixante et dix ans, lorsqu'il acheva *l'Histoire des Cheva-*

liers de Saint Jean de Jérusalem, aujourd'hui de Malte, en sept volumes in-12, Paris, 1724, qui a terminé sa carrière littéraire. On a prétendu que lorsqu'il eût à décrire l'histoire du siége de Rhodes, les mémoires qu'il attendoit ayant tardé trop long-temps, il fit ce siége, moitié d'après le peu qu'il en savoit, moitié d'après son imagination. Les mémoires arrivèrent enfin : « j'en suis fâché, dit-il, » mais mon siége est fait. » Cette anecdote n'a nulle vraisemblance : l'abbé de Vertot avoit tout ce qu'il lui falloit sur le siége de Rhodes dans l'Histoire de Malte, que Bosio avoit écrite avant lui ; Histoire dont il parle avec éloge dans sa préface. Quoi qu'il en soit, son ouvrage, inférieur à ses Révolutions Romaines, n'est pas pourtant indigne de lui. L'élégance et la pureté de sa diction répondent à la noblesse des sujets : il les expose avec une grande netteté ; et le détail des circonstances semble plutôt les embellir que les charger. Il exprime les différens caractères par des traits fermes, énergiques et précis, qui peignent l'âme même ; ses descriptions vives et animées entraînent le lecteur. Le grand maître de Malte l'avoit nommé, en 1715, historiographe de l'ordre, l'avoit associé à tous ses priviléges, et lui avoit donné la permission de porter la croix.

LINGUET.

S'il est un ouvrage qui mérite d'être distingué par le sujet et par le style, c'est, sans contredit, l'Histoire impartiale des Jésuites, 2 vol. in-12, par Linguet, 1774. Il n'est guère possible de mieux soutenir, dans une matière si délicate, le caractère d'impartialité que l'auteur annonce, ni de traiter avec plus de force ou d'agrément les différens objets dont il s'occupe. Il rend justice aux jésuites en bien comme en mal : il les condamne sans aigreur, et les justifie sans indiscrétion. Cet ouvrage n'est pas fini.

§ VIII. VIES DES SAINTS.

MESENGUY ET GOUJET.

Les Vies des Saints pour tous les jours de l'année, avec une prière et des pratiques à la fin de chaque Vie, et des instructions sur les dimanches et fêtes mobiles, par les abbés Mesenguy et Goujet, 1734, deux vol. in-4°., et abrégées en deux volumes in-12, étant tirées mot pour mot de l'Histoire Ecclésiastique de Fleury, passent pour une production estimable, faite avec choix et écrite avec une simplicité élégante.

BUTLER.

Les Vies des Pères, des Martyrs et des autres principaux Saints, traduites de l'anglais d'Alban Butler, méritent d'être distinguées de la foule de celles que nous avons dans le même genre. Ce livre offre à la fois une lecture édifiante et instructive ; l'auteur a su le dépouiller de cette multitude d'anecdotes et d'historiettes apocryphes, imaginées par un zèle peu éclairé, et reçues par l'ignorance et par la crédulité. Une critique sage a présidé aux recherches du savant écrivain ; et les traducteurs, l'abbé Godescard et l'abbé Marie, ont eu le talent, assez rare, de s'approprier son travail, et de donner un air original à leur version. Cet ouvrage est composé de douze volumes in-8°. La seconde édition est préférable à la première : elle a paru de 1783 à 1788. Il existe un Abrégé de cet excellent ouvrage en 4 vol. in-12, 1802 : il a pour auteur l'abbé Godescard lui-même.

LE PÈRE GIRI.

Le Père Giri, minime, et le Père Croiset, jésuite, ont aussi donné au public des Vies des Saints en deux volumes in-folio. On accuse le premier de trop de crédulité. Le compilateur la Croix fit imprimer, en 1772, un Dictionnaire de la Vie des Saints, 2 vol. in-8°. Nous avons une infinité de Vies particulières, dont plusieurs méritent d'avoir place parmi les livres de goût : telles sont spécialement celles de Saint Ignace et de Saint François Xavier, par le Père Bouhours; et les Vies de Saint Athanase, de Saint Basile, de Saint Grégoire de Nazianze, de Saint Chrysostôme, et de Saint Ambroise, par Godefroi Hermant, qui avoit formé son style sur les meilleurs modèles des premiers temps de l'Académie Française; de Saint François de Sales, par l'abbé Marsollier, de Saint Vincent de Paule, en 2 vol. in-12, par M. Bégat, ancien curé de Marceuil-lez-Meaux.

CHAPITRE V.

HISTOIRE PROFANE.

§ Ier. HISTOIRE UNIVERSELLE.

Avant que de parcourir les différentes parties du globe dans des cartes particulières, il faut s'en former une idée en grand dans une carte générale. Il en est de même de l'étude de l'histoire, bien plus importante que l'autre, puisque c'est l'école de l'humanité et un cours de morale en action : on doit donc faire précéder la lecture des Histoires particulières, de celle de l'Histoire Universelle.

DIODORE DE SICILE.

Les anciens, comme les modernes, ont eu des écrivains qui ont traité l'histoire de toutes les nations de l'univers : tel étoit, parmi les Grecs, Diodore de Sicile, qui florissoit du temps de Jules-César et d'Auguste. Sa *Bibliothèque Historique* renferme, en effet, les annales de presque tous les peuples du monde, Egyptiens, Assyriens, Mèdes, Perses, Grecs, Romains, Carthaginois, etc.; en
un

un mot, chaque nation se trouvoit dans son recueil, dont nous n'avons que quinze livres avec quelques fragmens; il s'en est perdu vingt-cinq. Cette Histoire lui coûta trente ans d'un travail opiniâtre, comme il le remarque lui-même dans son préambule. Il ne faut pas y chercher les grâces du style; sa diction est simple, sans toutefois être basse. Quant au fond, on se plaint qu'il n'est pas toujours exact et impartial.

La meilleure édition de cet auteur, en grec et en latin, est celle de Wesseling, Amsterdam, 1746, 2 volum. in-folio.

L'abbé Terrasson nous a donné une version fidèle de son ouvrage, Paris, 1737, 7 vol. in-12. Quoiqu'il n'épargne pas les éloges à son auteur dans la préface, on prétend qu'il n'entreprit cette traduction, que pour prouver combien les admirateurs des anciens sont aveugles. Ce n'est pas plaider de trop bonne foi la cause des modernes, dit d'Alembert, que de croire leur assurer la supériorité, en les opposant à Diodore de Sicile, historien crédule, écrivain du second ordre, et que d'ailleurs une traduction peut encore défigurer.

TROGUE POMPÉE ET JUSTIN.

Trogue Pompée avoit, à l'imitation de Diodore de Sicile, donné une Histoire Universelle en latin : Justin l'abrégea. On l'accuse d'avoir occasionné, par sa miniature, la perte d'un excellent original ; car on ne connoît que le nom de Trogue Pompée, qui vivoit dans le beau siècle d'Auguste. Quoi qu'il en soit, le style de Justin est net, intelligible et agréable. On y rencontre de temps en temps de belles pensées, de solides réflexions, et des descriptions fort vives. A l'exception d'un fort petit nombre de mots ou de locutions, la latinité y est assez pure ; et il y a beaucoup d'apparence qu'il employa ordinairement les propres termes et les phrases mêmes de Trogue.

Nous avons plusieurs traductions estimées de Justin : celle de M. l'abbé Paul, Paris, 1774, 2 vol. in-12, n'a pas fait oublier celle que Ferrier de la Martinière publia, pour la première fois, en 1693, 2 vol. in-12, avec des notes pleines d'érudition.

VINCENT DE BEAUVAIS.

Les siècles d'ignorance produisirent une

foule de compilations qu'on honora du titre d'Histoire Universelle : aucune ne mérite d'être citée. Dès qu'un moine s'ennuyoit dans sa cellule, il entreprenoit la Gazette de son temps; et pour que le volume fût plus gros, il remontoit toujours à Adam ou au déluge. Vincent de Beauvais, de l'ordre des frères prêcheurs, est auteur d'un *Miroir Historial*, en latin, qu'il auroit pu intituler : le Miroir des Mensonges. Cette prétendue histoire, qui s'étend depuis la création du monde jusqu'à l'an 1253, est aussi défectueuse par les fables dont elle est remplie, par le défaut de critique, par le mauvais choix des matériaux, que dégoûtante par la bassesse et l'incorrection du style. On en a une traduction française, par Jean de Vignay, Paris, 1531, 5 vol. in-fol.

TURSELIN.

Quand l'aurore du bon goût commença à éclairer l'Europe, il y eut des auteurs plus dignes de tracer le tableau des révolutions du monde. Le jésuite Turselin écrivit une Histoire en latin élégant, et son livre qui a été traduit en français par l'abbé Lagneau, Paris, 1706, 3 vol., ou 1758, 4 volumes in-12, pourroit avoir son utilité ; mais il respire les préjugés d'un ultramontain, et les opinions dangereuses d'un jésuite.

BOSSUET.

La première production française de ce genre, qui dut être lue par les gens de goût, fut *le Discours sur l'Histoire Universelle* (1) de l'éloquent Bossuet. Il sut appliquer l'art oratoire à un genre qui sembloit l'exclure. On y voit l'art des plus grands orateurs et le coloris des plus grands peintres : tout y est ramené à la religion. Il nous montre le monde sortant des mains de Dieu par un effet de sa toute-puissance ; l'homme, né pour être juste et heureux, frappé de malédiction ; son libérateur promis et annoncé dans tous les siècles aux patriarches et aux prophètes ; sa venue dans ce monde au temps marqué ; sa religion prêchée et reçue dans tout l'univers ; les empires qui s'élèvent et tombent successivement.

Dans quel historien ancien ou moderne, étranger ou national, trouve-t-on plus de grandeur et de sublimité dans les vues, plus

---

(1) Paris, Cramoisi, 1681, in-4°.; in-12, 1682 ; et Didot, 1784, in-4°.; 1786, 2 vol. in-8°.; 1784, 4 vol. in-18.

de justesse et de solidité dans les réflexions, plus de connoissance du cœur humain et des passions qui l'agitent, plus de sagacité à démêler les ressorts politiques qui font mouvoir un empire, qui le portent à sa puissance ou le font avancer vers sa ruine? Quelque rapidité qu'ait jetée dans son récit l'illustre prélat, il n'a point négligé l'observation; chaque peuple reçoit de lui sa teinte, sa couleur propre, son caractère distinctif : les Egyptiens, les Assyriens, les Mèdes, les Grecs et les Romains, s'y présentent tour à tour avec le détail de leurs mœurs, de leurs vices et de leurs vertus, de leurs lois et de leurs arts. En exposant les variations de ces grandes monarchies, l'habile historien en indique toujours les causes secrètes; et c'est dans le génie particulier de chacun de ces peuples, qu'il les trouve. N'est-ce pas là tracer l'histoire en grand et peindre les nations en philosophe? L'auteur assiste, pour ainsi dire, à la création de l'univers, et commence son récit avec le cours des siècles, dont il suit la chaîne sans interruption jusqu'à nos jours. Il trace l'histoire de tous les peuples, et celle de tous les lieux de la terre; il embrasse la suite et la succession de tous les empires; il décrit leur naissance, leurs accroissemens, leurs révolutions; il marque leurs périodes variés de force et de noblesse, de grandeur et d'abaissement; il les observe jusque dans leur décadence et leur chute; il n'omet, en un mot, dans ce vaste tableau, aucun des faits importans qui appartiennent à l'histoire générale.

Les notes manuscrites dont Bossuet devoit se servir pour former la suite de ce Discours, ont été imprimées en 1806, 4 vol. petit in-12 : elles ne méritoient pas de voir le jour.

VOLTAIRE.

Bossuet a eu des continuateurs qui ne sont malheureusement pas entrés dans ses vues, mais qui ont écrit avec un agrément infini. Le premier qui se présente est Voltaire : son *Essai sur l'Histoire générale*, et sur les mœurs et l'esprit des nations depuis Charlemagne jusqu'à nos jours, commence précisément où finit le Discours de l'évêque de Meaux. Ces tableaux offrent les couleurs les plus brillantes; mais il en résulte souvent des portraits d'imagination. Le christianisme n'y est pas traité avec beaucoup de ménagement; le fatalisme y triomphe. On y voit une liste magnifique de tous les scélérats qui ont vécu dans la prospérité, et qui sont morts tranquilles. On leur oppose une foule de bons rois et de gens de bien, qui ont péri d'infortune et de misère. Le but de Voltaire étoit de faire connoître les mœurs des hommes et les révolutions de l'esprit humain; mais ce but, si bien rempli dans certains chapitres, est manqué dans d'autres. Cet ouvrage, qui n'étoit d'abord qu'une brochure, et qui a été porté ensuite à huit vol. in-8°., n'est qu'une première ébauche à certains égards; c'est à d'autres un tableau fini; et on pourroit le dire de tout le livre, s'il avoit été fondu d'un seul jet et qu'il n'eût pas été fait de pièces rapportées.

MÉHÉGAN.

Le Tableau de l'Histoire moderne, Paris, 1766, trois vol. in-12, par le chevalier de Méhégan, est une autre suite du Discours sur l'Histoire Universelle de Bossuet. Il y a des descriptions de main de maître; mais son style a un peu l'air enflé, ses énumérations sont trop fréquentes, sa diction est trop symétrique. On ne peut nier cependant que cette production ne vienne d'un homme d'esprit et d'un écrivain élégant.

HARDION ET LINGUET.

L'Histoire Universelle, Sacrée et Profane, à l'usage des Dames de France, par M. Hardion, est agréable à lire. A des faits bien discutés et arrangés avec art, il a su joindre la pureté et l'élégance du style : il n'a point négligé les ornemens dont sa matière étoit susceptible ; mais il ne les a pas recherchés avec trop de soin. L'auteur avoit beaucoup de discernement pour la critique, et de goût pour la littérature ; c'est dommage qu'il n'ait pas fini son ouvrage. Linguet, son continuateur, a de quoi nous consoler. S'il écrit avec moins de simplicité que son premier modèle, il a plus de chaleur et de coloris. Cette Histoire a 20 vol. in-12 ; le 19e. et le 20e. sont de Linguet.

AUTEURS ANGLAIS.

Ces qualités manquent totalement à *l'Histoire Universelle*, composée par une société de gens de lettres Anglais. Il y a dans ce livre des matériaux excellens, des recherches profondes et curieuses ; mais l'érudition n'est pas toujours amenée par le sujet ; elle n'est pas ornée non plus de l'élégance du style et de de la politesse du discours. Cependant comme il y a beaucoup de choses qui ne se trouvent point ailleurs, ce livre mérite une place dans les bibliothèques. Nous avons actuellement 45 volumes in-4°. de la traduction française, imprimée à Amsterdam depuis 1742 jusqu'en 1792.

L'abbé de Fontenai a publié, en 1802, un tome 46ᵉ., contenant la table des matières des 18 derniers volumes.

On assure qu'à l'exception des 30 premiers volumes, tous les autres ne sont plus une véritable traduction : de nouveaux traducteurs ont changé de rôle ; ils sont devenus auteurs. Une société de gens de lettres annonça à Paris, en 1779, par l'organe du libraire Moutard, une nouvelle traduction de cette Histoire, faite avec plus de soin et de correction dans le style, et imprimée sur de beau papier, dans le format in-8°. : il en a paru 126 vol. jusqu'en 1791. L'Histoire Romaine, éclaircie par les médailles, forme le 126ᵉ. volume ; mais il doit être placé après le tome 36ᵉ. de l'Histoire Ancienne : les 5 vol. précédens contiennent les tables.

M. l'abbé Mann, secrétaire perpétuel de l'Académie de Bruxelles, fit paroître, en 1780, une brochure, intitulée, *Dissertation sur l'Histoire Universelle*, etc., dans laquelle, après avoir indiqué la meilleure édition anglaise de l'Histoire Universelle, celle de Londres, 1747, 60 vol. in-8°., il présente la nouvelle traduction de Paris, comme n'étant autre chose que la traduction de Hollande, défigurée, hachée, morcelée, transposée de mille manières. Ce jugement sévère, mais juste, n'empêche point qu'on ne préfère en général cette traduction à celle de Hollande : elle doit probablement cet avantage à la commodité de son format.

FEU M. ANQUETIL.

Ce n'étoit pas une tâche médiocre à remplir, que celle d'abréger 126 volumes. Cet immense travail n'a point effrayé M. Anquetil, très-avancé en âge, parce qu'il avoit été accoutumé, de jeunesse, à l'emploi utile de son temps et de ses veilles dans la carrière de l'histoire : ce qui ne surprendra pas moins, c'est qu'il ait pu réduire ces 126 vol. in-8°. à 12 petits volumes in-12, et que dans ces 12 volumes, il ait pu faire entrer la substance de ce vaste recueil, de manière à ne rien omettre d'essentiel, et à faire passer en revue tous les siècles, toutes les nations successivement. En effet, pour nous servir de ses termes, chacune y est représentée et suivie depuis le moment où elle a commencé à exister jusqu'à celui où nous sommes, sans que dans le tableau on ait rien négligé quant à la religion, aux mœurs, au commerce, à la position et aux productions du pays. M. Anquetil n'a retranché, pour parvenir à une réduction si considérable, que ce qui n'étoit pas nécessaire à la connoissance des moyens, qui, soit insensiblement, soit brusquement, ont altéré, dénaturé, et enfin bouleversé des gouvernemens.

Le Précis de M. Anquetil parut, pour la première fois, en 9 vol. in-12, 1797. La seconde édition, en 12 vol., 1801, n'a pas été augmentée. La troisième, publiée en 1807, a été *entièrement revue*, si l'on en croit les éditeurs. Pour nous, nous craignons qu'elle n'ait été entièrement dénaturée.

Les Anglais possèdent aussi un abrégé de leur grande histoire, en 13 vol. in-8°.; le dernier contient un index général pour tout l'ouvrage : ils en sont redevables à MM. Guthrie et Gray, qui le firent paroître en 1764 et 1767.

PUFFENDORF.

On ne peut guère se dispenser d'avoir *l'Introduction à l'Histoire générale* de Puffendorf, revue et corrigée par de Grace, Paris, 1753, 8 vol. in-4°. Ce livre est très-propre à faire connoître les intérêts des princes; et il peut être considéré comme une excellente notice de la politique et du gouvernement de tous les peuples.

DE THOU.

Dans *l'Abrégé de l'Histoire Universelle* de Jacques-Auguste de Thou, en dix vol. in-12, traduit par Remond de Sainte-Albine, imprimé en 1759, le rédacteur déclare d'abord s'être imposé pour première loi, de ne point altérer les jugemens de son historien; de ne blâmer ni ne louer que ce qu'il condamne ou qu'il approuve; en un mot, de peindre les personnes et les actions avec les couleurs sous lesquelles M. de Thou les représente, même dans les occasions où il n'auroit pas jugé comme lui. Il n'a donc pas refusé des éloges aux protestans, ni dissimulé les torts des catholiques; et dans la crainte qu'on ne l'accuse d'avoir dit plus qu'il n'y a dans l'original, il a copié dans les endroits critiques, la traduction du texte latin publiée en 1734.

L'ABBÉ ROUBAUD.

Son *Histoire générale de l'Asie, de l'Afrique et de l'Amérique*, est moins un amas de faits, qu'un recueil d'observations philosophiques sur le génie, les mœurs et les arts des nations : elle présente partout un fonds intéressant de morale et de politique ; les révolutions et les événemens y conduisent à la connoissance des hommes, des lois et des gouvernemens. C'est sans doute saisir le vrai but de l'histoire et la traiter en grand, que de la présenter sous ce point de vue. Il ne manque à cet ouvrage que d'être écrit avec plus de simplicité : on y trouve souvent l'emphase philosophique, des expressions gigantesques, des métaphores outrées.

L'ABBE MILLOT.

On doit avoir la plus grande obligation à l'abbé Millot, d'avoir resserré dans ses *Elémens d'Histoire générale, ancienne et moderne*, neuf vol. in-8°. ou in-12, tant de faits célèbres et de connoissances intéressantes. Ce livre, purement écrit, est fait pour devenir un ouvrage classique ; on n'en peut trop recommander la lecture dans les colléges. Il est absolument nécessaire aux personnes qui ne sont pas encore instruites ; et il sera très-utile à celles qui le sont déjà, en leur remettant devant les yeux le résultat de plusieurs années de lecture.

L'abbé Millot n'a jamais perdu de vue deux règles importantes, et qui faciliteront à tous les esprits l'étude de l'histoire : la première, de chercher le vrai ; la seconde, de se borner à l'utile. L'Histoire Ancienne et l'Histoire Romaine, qui ont près de trente gros volumes dans M. Rollin, se trouvent renfermées ici dans quatre ; et l'on y a rassemblé plus de véritables lumières sur les mœurs et les lois des anciens peuples, que l'on n'en rencontre dans aucun autre livre. Mais ce qui rend surtout ce nouvel abrégé extrêmement précieux, c'est la critique saine, qui a dirigé la plume de l'auteur ; il a purgé, pour ainsi dire, l'Histoire de l'Antiquité de toutes les fables qui la déshonorent : il commence par les Egyptiens, non qu'ils soient le plus ancien peuple ; mais parce qu'ils offrent une riche matière d'instructions : il décrit les avantages de leur pays, leur gouvernement, leurs lois, leurs édifices ; et le peu d'espace que laisse à l'auteur le plan qu'il s'est prescrit, ne l'empêche pas de faire, de temps en temps, d'excellentes réflexions.

DOM MAUR DANTINE, DOM CLÉMENCET, DOM DURAND ET DOM CLÉMENT.

La science des temps avoit été négligée sur bien des points par les anciens, et étoit presqu'oubliée, lorsque Joseph Scaliger la fit renaître, et l'établit sur de nouveaux fondemens, par l'invention de la période julienne ; cependant peu solides encore, ils furent affermis par Pétau et Riccioli. On sentit dès lors toute la nécessité de s'y appliquer, et le goût en devint chaque jour moins rare ; mais comme la chronologie ancienne alimentoit infiniment l'esprit conjectural et systématique, l'amour-propre la fit d'abord préférer à celle des nations modernes, quoique plus utile : cette dernière avoit donc besoin d'un savant laborieux, qui consultât avant tout l'intérêt public et celui de la vérité. Ce savant fut dom Maur Dantine ; il eut la première idée de *l'Art de vérifier les Dates* des faits historiques, des chartres, des chroniques, et autres anciens monumens, depuis la naissance de J.-C., par le moyen d'une table, où l'on trouve toutes les ères, les cycles et les différentes manières de compter les années. Il mourut en travaillant à cet ouvrage, que deux de ses confrères, dom Clémencet et dom Durand, publièrent en 1750, grand in-4°. Rien de plus incomplet ; c'étoit un sentier dans une vaste forêt : cette pénible besogne sembloit appartenir de droit à un homme aussi infatigable que dom Clément ; il en donna une nouvelle édition en 1770, in-fol., qui fit entièrement oublier la première ; le succès rapide qu'elle eût, ne l'empêcha pas d'apercevoir tout ce qu'il y manquoit : et après 13 ans de longues veilles, dom Clément annonça ce qu'il appeloit modestement une troisième édition : la table chronologique y fut prolongée d'un siècle, ainsi que celle des éclipses, calculée par le Père Pingré. D'autres augmentations importantes la firent aller à trois volumes in-fol. : le premier parut en 1783 ; le second en 1784 ; le troisième en 1787 ; les tables n'ont été publiées qu'en 1792. L'ouvrage avoit été distribué en six livraisons ; et dès l'an 1793, l'édition étoit épuisée.

Quand on jette d'abord les yeux sur le

titre

titre de cet ouvrage, on est frappé d'étonnement ; lorsqu'après on en examine les différentes parties, l'admiration se mêle à la surprise ; cela paroît au-dessus des forces d'un homme de lettres Français et du dix-huitième siècle. Quel dévouement n'a-t-il pas fallu pour suivre avec tant de persévérance un semblable dessein ! L'amour pur et ardent du bien public étoit seul capable de soutenir l'auteur dans cette entreprise ; elle est d'une utilité générale : non-seulement l'historien et toute personne qui s'applique à l'étude des annales de sa patrie, et des pays avec lesquels elle a des rapports, mais encore le publiciste et le jurisconsulte, surtout en Allemagne, ne peuvent se passer d'un pareil livre. Peut-être auroit-on désiré que la grande table chronologique fût écrite avec plus de précision, et moins embarrassée de certains détails qui s'y trouvent. La manière claire et succincte de Pétau étoit préférable à celle d'Usserius, que dom Clément paroît avoir suivie.

JOHN BLAIR.

Les Tables Chronologiques de J. Blair, traduites en français par M. Chantreau, Paris,

1797, in-4°., peuvent suppléer, avec avantage, à l'Art de Vérifier les Dates, en ce qu'elles sont moins volumineuses et qu'elles embrassent, avant notre ère jusqu'à nos jours, une plus longue période de temps : le traducteur les a continuées jusqu'à la paix faite avec l'Espagne, en 1795. Elles sont suivies de deux notices alphabétiques et raisonnées des événemens remarquables avant et depuis la naissance de Jésus-Christ; d'une table alphabétique des personnages dont il est parlé dans l'ouvrage; d'une autre des différentes chronologies des empereurs, etc., et terminées par deux grandes cartes géographiques, l'une ancienne, l'autre moderne, avec l'explication de l'usage de ces cartes. Cette traduction est un vrai service rendu à la littérature française : l'ouvrage a été extrêmement soigné par l'auteur, pour l'ordre et la distribution des tableaux.

LENGLET DU FRESNOY.

Lorsque l'abbé Lenglet publia, pour la première fois, ses *Tablettes Chronologiques de l'Histoire Universelle, Sacrée et Profane, Ecclésiastique et Civile*, depuis la création du monde jusqu'à l'an 1743, avec des réflexions sur l'ordre qu'on doit tenir, et sur les ouvrages nécessaires pour l'étude de l'histoire, 1744, 2 vol. petit in-8°., il promit de profiter des critiques pour perfectionner son travail. L'abbé Valart releva 80 fautes dans 2 pages, ce qui donna lieu à l'auteur de retoucher ses tablettes d'un bout à l'autre, d'y faire un grand nombre de corrections, et de les mettre dans un nouvel ordre : la mort le surprit dans ce travail. Barbeau de la Bruyère fit paroître deux éditions de cet ouvrage, avec les additions et corrections de l'auteur, et les siennes propres : la première en 1763, la seconde en 1778. M. Picot, professeur d'histoire à l'Académie de Genève, prépare en ce moment une nouvelle édition, qui sera continuée jusqu'en 1807; elle aura 3 vol. in-8°.

Tout le monde a reconnu l'utilité de ce livre, soit pour diriger ses lectures historiques, soit pour se les rappeler, par le moyen des tables chronologiques qui renferment les événemens et la succession des princes, depuis la création jusqu'à nos jours, et celle des personnages qui se sont distingués dans les sciences et les beaux-arts.

M. LE SAGE.

On citeroit difficilement un ouvrage qui ait eu un succès plus complet et plus général, que l'Atlas Historique de M. le Sage, dont le vrai nom est de Las Casas; il a été également goûté en France et chez les nations étrangères. Un ouvrage, qui n'est ni frivole, ni léger, et que les frais inséparables de son exécution forcent de vendre assez cher, ne peut avoir un pareil succès que parce qu'il est reconnu comme très-utile. Il seroit difficile, en effet, de nier l'utilité de l'Atlas Historique. L'histoire, selon l'expression de Montesquieu, est une vaste mer, et M. le Sage l'a resserrée dans des bornes assez étroites : c'est une étude immense et pénible, et M. le Sage en a prodigieusement diminué l'étendue et les difficultés ; c'est une science difficile à enseigner, et M. le Sage a donné une méthode qui, s'adaptant à toutes les méthodes, les facilite toutes ; c'est une carrière tellement vaste, que ceux qui l'ont parcourue avec le plus d'attention, oublient facilement les objets infinis qui les ont frappés, et l'ouvrage de M. le Sage les retrace aux yeux et à la mémoire ; et est ainsi également utile à l'écolier, au maître, et à l'homme du monde instruit, mais qui ne peut tout retenir.

Trente-deux cartes contiennent l'histoire du monde, tous les faits réellement historiques, toutes les dates, tous les lieux célèbres, tous les noms illustres, toutes les grandes généalogies; la mémoire est aidée par les signes, et l'esprit par les sens : là, tout est instruction ; les divisions horizontales ou verticales, les couleurs, les lignes, les points, les chiffres, une couronne, un cercle, une croix, tout est un signe, tout donne une idée ; tout retrace un fait ou peint les objets les plus importans ; l'œil suit avec la plus grande facilité l'origine, les progrès et la décadence des empires ; les colonnes qu'elles représentent, tantôt s'agrandissant, tantôt diminuant, tantôt disparoissant tout à coup, présentent, de la manière la plus sensible, la mobilité et les révolutions de tous les établissemens.

Au milieu de cette multitude infinie d'objets, rien n'est confus, tout est classé avec ordre et méthode, et avec un esprit d'analise peu commun : l'auteur explique, avec clarté, les marges, l'objet de la carte, et la manière de l'étudier ; il profite des mêmes marges ou de l'espace vide que lui laissent les divers linéamens de ses cartes et de ses tableaux, pour jeter, en style rapide, d'excellens morceaux d'histoire, pour en indiquer les meilleures sources, pour suivre même celle des sciences et des arts, etc.

FEU M. DOMAIRON.

Dans *les Rudimens de l'Histoire*, en trois parties scolastiques, adoptés par la commission des livres classiques, pour l'usage des lycées et des écoles secondaires, 1804, 3 vol. in-12, l'auteur s'est attaché à parler séparément de chaque nation qui mérite d'être connue. L'usage de faire marcher de front l'histoire de plusieurs peuples, quelqu'abrégée ou quelqu'étendue qu'elle soit, lui a paru très-pernicieux : cet usage exige une attention trop soutenue, dont ne sont point capables les jeunes gens, non plus que les personnes peu versées dans la connoissance de l'histoire. La concision et la pureté du style répondent à la bonté de la méthode adoptée par M. Domairon.

M. FERRAND.

Son livre en quatre vol. in-8°., 1801, portant le titre imposant d'*Esprit de l'Histoire*, adressé par un père à son fils, et ensuite publié, dit l'auteur, pour l'instruction de la génération naissante ; ce livre, qui devoit être le recueil, le dépôt des leçons de tous les âges et de tous les pays, pour l'amélioration des hommes et l'accroissement de leur bonheur ; ce livre, en un mot, où devoit respirer l'amour de la vérité ; n'est qu'un morne et scandaleux pamphlet contre l'ordre des choses qui s'est établi en France (l'an VIII), et en faveur de celui qui a précédé la révolution ; un pamphlet écrit pour un homme contre une nation, écrit sans bonne foi, ou sans raison, où l'histoire dénaturée depuis la première page jusqu'à la dernière, est toute entière produite en faux témoignage par l'esprit d'intrigue, en faveur de l'esprit de parti.

M. KOCH.

Le Tableau des Révolutions de l'Europe, depuis le bouleversement de l'Empire Romain en Occident, jusqu'à nos jours, par M. Koch, 1807, 3 vol. in-8°., est un livre attendu depuis long-temps avec une impatience qui sera complétement justifiée ; c'est le fruit de recherches infinies, faites pendant un grand nombre d'années, avec une constance admirable, par un homme, dont l'érudition est aussi profonde qu'exacte, et que plusieurs ouvrages excellens ont mis au rang de nos plus doctes publicistes. L'auteur a entrepris de décrire avec une juste étendue, et pourtant avec la rapidité et la précision qu'exige un livre élémentaire, les diverses révolutions qu'ont éprouvées, depuis la chute de l'Empire d'Occident, l'Europe en général, et en particulier chacun des Etats qui la composent; en un mot, de faire une histoire moderne générale, depuis le cinquième siècle jusqu'à nos jours.

Pour mettre de l'ordre et de la clarté dans ce vaste récit d'événemens, pour la plupart très-obscurs, M. Koch a partagé son ouvrage en huit sections ou périodes, dont chacune se rattache à quelqu'époque marquée par une grande révolution générale; il s'est arrêté à la révolution française. Tous ces événemens, et mille autres plus ou moins importans qui viennent s'y rattacher, sont racontés par l'auteur avec une clarté remarquable, et cette précision forte et savante d'un homme qui est bien maître de son sujet. Le style est correct et sage, ainsi que les idées et les

principes

principes de M. Koch : une ample table des matières termine l'ouvrage, et en complète l'utilité, en le rendant facile à consulter.

DREUX DU RADIER.

L'Europe Illustre, ouvrage contenant les portraits et les vies abrégées des souverains, des princes, des ministres, des généraux, des magistrats, des prélats, des savans, des artistes et des dames qui se sont distingués en Europe, depuis le quinzième siècle jusqu'à l'année 1755, en six vol. in-4°., est peut-être la collection de cette espèce, la plus étendue qui ait encore paru : elle renferme les portraits et les vies abrégées de ce que l'Europe a eu de plus grand en tout genre, pendant plusieurs siècles. On n'a rien épargné pour la rendre précieuse : les portraits sont gravés par les plus habiles maîtres : on y reconnoît le burin de MM. Wil, Ficquet, Schmitt, Balechow, Dupuis, Tardieu, Sornique, du Cange, tous artistes justement estimés.

Le discours historique qui les accompagne, est de Dreux du Radier, connu par plusieurs ouvrages : il ne dit rien que ce que l'on doit savoir, et n'a rien omis de ce qu'il n'est pas permis d'ignorer. Toujours sincère et impartial, il parle des défauts et des bonnes qualités de ceux dont il écrit la vie, de leurs vices et de leurs vertus; il n'est ni critique malin, ni censeur trop indulgent. Il a eu soin de joindre à la fin de chaque article, des citations exactes, qui indiquent les sources où il a puisé, et auxquelles le lecteur pourroit recourir, s'il avoit quelque doute sur ce qu'il a lu.

M. LANDON.

L'ouvrage publié par cet estimable peintre, sous le titre de Galerie historique des Hommes les plus célèbres de tous les siècles et de toutes les nations, contenant leurs portraits gravés au trait d'après les meilleurs originaux, avec l'abrégé de leurs vies, et des observations sur leurs caractères et sur leurs ouvrages; cet ouvrage, dis-je, commencé et continué par livraisons qui paroissent chaque mois depuis 1805, a obtenu un succès mérité. Un trait simple ou légèrement ombré suffit pour représenter la physionomie d'un personnage, souvent la saisit mieux par sa facilité, qu'une gravure achevée, sur laquelle l'artiste s'est refroidi en y passant beaucoup de temps. Un assez grand nombre d'articles de cette *Galerie historique*, attestent que leurs auteurs ont réfléchi sur l'histoire, qu'ils ont pris la peine de rapprocher les causes et les effets, et de rechercher les vrais résultats, soit des erreurs, soit des vérités, soit des crimes, soit des vertus ; quelques-uns de ces articles sont même remarquables : tels sont, en général, ceux de M. Feuillet, sous-bibliothécaire de l'Institut, caché sous la lettre F. ; de M. Auger, sous la lettre A ; de M. la Renaudière, sous les lettres P. H. L. : d'autres articles annoncent que les auteurs s'en sont tenus à peu près aux Dictionnaires historiques ; l'éditeur ne devoit pas les adopter légèrement.

La Galerie historique est composée de sept vol. en ce moment ; elle doit en avoir douze.

VITTORIO SIRI.

Les événemens qui se sont passés sur le théâtre de l'Europe, pendant l'espace de quinze années, forment un tableau intéressant, qu'on peut contempler avec plaisir, dans *le Mercure de Vittorio Siri*, conseiller d'état, historiographe de sa majesté très-chrétienne, contenant l'Histoire générale de l'Europe, depuis 1640 jusqu'en 1655, traduit de l'italien, par Requier.

Cet ouvrage est en 18 vol. in-12 ; on en a fait aussi une édition en 3 vol. in-4º : ce livre doit être regardé comme l'histoire de la politique du temps, où l'auteur écrivoit. Il avoit trouvé moyen, à ce qu'il dit, de pénétrer dans les cabinets des princes et des ministres, pour y chercher les matériaux nécessaires à la composition de son ouvrage. Il ne faut cependant pas s'en rapporter entièrement à cet écrivain : on prétend qu'il n'est pas aussi exact qu'il voudroit le persuader ; il a suivi le même plan que le célèbre M. de Thou : mais quelle différence dans l'exécution ! Son Histoire n'auroit pas été supportable à la lecture, si le traducteur n'avoit pas sagement retranché tout ce qu'il y a de superflu dans l'original. Le public a donc des obligations essentielles à M. Requier, qui a augmenté nos richesses littéraires d'une production italienne, qu'on pourroit regarder comme un excellent morceau d'histoire, si l'auteur avoit eu le goût, l'élégance et la précision de son traducteur.

Le même M. Requier a aussi traduit de l'italien de Vittorio Siri, *les Mémoires Se-*

crets, tirés des archives des souverains de l'Europe; il existe cinquante volumes de cette collection : le principal but que l'auteur s'y propose, est de dévoiler ce qu'il y a de plus mystérieux dans la conduite des souverains, en montrant à découvert les ressorts les plus délicats, employés à faire mouvoir les empires. Les cabinets des rois et des républiques sont le trésor ordinaire où il puise; et les dépêches de ceux qui tiennent les rênes des Etats, ainsi que celles de leurs ministres, lui fournissent les matériaux dont il forme son édifice.

Mais parmi des faits bien discutés, bien éclaircis, il y en a d'autres qui le sont moins; on y trouve des détails intéressans, quelques-uns froids, des longueurs, etc.; mais ce sont de bons matériaux, qui peuvent servir à l'Histoire de l'Europe.

LE PÈRE D'AVRIGNY.

Un de nos meilleurs ouvrages historiques, dont le mérite est reconnu depuis long-temps, et que je trouve encore fort supérieur au succès constant qu'il a parmi nous, c'est celui du Père d'Avrigny, jésuite, intitulé : *Mémoires pour servir à l'Histoire Universelle de l'Europe*, depuis 1600 jusqu'en 1716, avec des réflexions et remarques critiques, en quatre volumes in-12, et ensuite en cinq volumes, par les soins du Père Griffet.

Je ne connois point de Mémoires plus utiles, plus instructifs, plus agréables : on ne trouve nulle part autant de faits rassemblés, par rapport à l'espace de temps que l'auteur embrasse. Ce n'est ni un simple extrait, ni une pure compilation, ni un abrégé superficiel ; ce sont des vues, des réflexions, des examens, des raisonnemens sur ce qui s'est passé de plus remarquable en Europe, pendant cent quinze années.

L'auteur n'a point prétendu composer une Histoire suivie de tout ce qui s'est passé dans les différentes parties de l'Europe ; son but a été de mettre les lecteurs en état de juger des historiens, qui ont travaillé depuis un siècle. S'il a eu plusieurs modèles, il les surpasse tous par sa façon de présenter les faits et de les analiser. Il a mis beaucoup d'exactitude dans les dates ; attention nécessaire, qu'on néglige trop aujourd'hui : mais ce qu'on ne sauroit trop louer, c'est cette mâle impartialité, qui caractérise le bon esprit et l'honnête homme. Le Père d'Avrigny porte l'amour de la vérité jusqu'au scrupule, et se plaît à éclaircir certains paradoxes historiques, dont il démontre le faux. Rien n'est comparable à son esprit de discussion : il combat avec zèle tous les mensonges de l'Histoire, que nos écrivains adoptent aveuglément.

On a encore du même Père d'Avrigny, des *Mémoires Chronologiques et Dogmatiques*, pour servir à l'Histoire Ecclésiastique, depuis 1600 jusqu'en 1716, avec des réflexions et des remarques critiques, quatre vol. in-12. On s'est plaint que dans cet ouvrage, estimable par l'exactitude des dates, et par plusieurs faits très-bien développés, l'auteur s'étoit trop laissé conduire par l'esprit de parti ; que ses remarques critiques sont poussées quelquefois jusqu'à la satire, et que ses réflexions dogmatiques semblent avoir été plutôt dictées par sa haine contre les adversaires des jésuites, que par la vérité.

LE PÈRE BOUGEANT.

L'Histoire du Traité de Paix de Westphalie, par le Père Bougeant, en 3 vol. in-4°., ou 6 vol. in-12, est un de ces livres qu'on ne peut trop lire et consulter. Il n'est pas possible de présenter cette multitude de détails avec plus d'ordre et de clarté : l'historien transporte ses lecteurs à Munster et à Osnabrug, et les fait, pour ainsi dire, converser avec les différens plénipotentiaires : ses réflexions judicieuses, les motifs de la conduite de tous les ministres, les projets des cours qui les employoient, offrent des lumières satisfaisantes et forment un cours de politique.

MAUBERT.

Il étoit bien important qu'un homme se chargeât du soin pénible d'examiner les différens traités, de pénétrer les vues des puissances, de discuter les motifs de leur conduite, et le manège des négociateurs, et qu'il nous en traçât un tableau fidèle, afin d'épargner de continuelles recherches aux hommes chargés, par les rois, du soin du gouvernement, et aux écrivains qui entreprennent de transmettre à la postérité les événemens et les causes qui les ont produits.

Voilà ce qu'a exécuté un homme laborieux, dans *l'Histoire Politique du Siècle*, où se trouvent en ordre et sous tous leurs rapports différens, les intérêts, les vues et la conduite

des

des principales puissances de l'Europe, depuis la paix de Westphalie, en 1648, jusqu'à la paix d'Aix-la-Chapelle, en 1748 inclusivement, avec le détail, les opinions des plus habiles négociateurs, le caractère et le manége des plus fameux politiques, et le précis de tous les traités négociés entre les cours, depuis cent ans ; le tout appuyé des preuves de fait et de raisonnement, et de la citation des actes, mémoires et relations sur les points contestés ou peu connus, un volume in-4°., ou 2 vol. in-12.

Je ne puis rien ajouter à ce titre, qui explique tout le plan de l'ouvrage, si ce n'est que, quoiqu'il paroisse ne commencer qu'à la paix de Westphalie, on développe, dans quelques chapitres préliminaires, les événemens politiques qui ont conduit à ce traité, et ceux qui l'ont suivi.

DE TORCY.

Les Mémoires de M. de Torcy, pour servir à l'Histoire des Négociations depuis le traité de Riswick, jusqu'à la paix d'Utrecht, in-12, trois volumes, 1756, renferment des détails qui ne conviennent qu'à ceux qui veulent s'instruire à fond. Ils sont écrits plus purement que tous les Mémoires de ses prédécesseurs. On y reconnoît le goût de la cour de Louis XIV; mais leur plus grand prix est dans la sincérité de l'auteur, un des plus honnêtes hommes de son siècle, et qui sut unir à l'esprit d'un politique, l'intégrité d'un homme de bien.

M. KOCH.

On trouve dans l'Abrégé de l'Histoire des Traités de Paix entre les Puissances de l'Europe, depuis la paix de Westphalie, par M. Koch, de l'Institut National de France, 1796, 4 vol. in-8°., non-seulement une grande richesse de faits présentés avec clarté et précision; mais aussi l'impartialité la plus scrupuleuse, et cet esprit philosophique qui sait assigner à chaque événement la place qui le fait envisager sous le point de vue le plus intéressant. Cet ouvrage est devenu classique.

CHEVREAU, DU PIN, VALLEMONT.

Quand on a les livres que nous venons de citer, on peut se passer des Abrégés de Chevreau, de du Pin, de Vallemont, etc., etc. La plupart de ces auteurs ont manqué leur objet en voulant trop embrasser; et ils ont passé trop légèrement sur des faits dignes de l'attention de la postérité.

§ II. HISTOIRE ANCIENNE.

HÉRODOTE.

On a dit que l'histoire de chaque nation commençoit par des fables; cela est vrai, surtout de l'Histoire Ancienne. Les Contes des Oreilles de Smerdis, du Cheval de Darius, tant d'oracles menteurs, tant de fausses prédictions, tant de miracles qui choquent le sens commun, ont fait appeler Hérodote le père du mensonge, ainsi que de l'histoire.

Cet écrivain fut placé par les Grecs à la tête de leurs historiens; et c'est par lui que vous devez commencer vos lectures. Son ouvrage s'étend depuis Cyrus, premier roi de Perse, jusqu'à la bataille de Mycale, sous le règne de Xerxès. Il en fit une lecture publique dans une assemblée de toute la Grèce, aux jeux olympiques. Les Grecs, touchés de la douceur et de la facilité de son style, donnèrent le nom des neuf Muses aux neuf livres de son Histoire. Les Grecs et les Persans ne sont pas son unique objet : il fait connoître tout ce qu'on savoit alors des Egyptiens, c'est-à-dire, beaucoup de fables puériles, dont quelques-unes en imposent à l'imagination. Hérodote étoit d'Halicarnasse : il voyagea pour s'instruire ; et à son retour, il rendit des services importans à sa patrie : elle fut ingrate ; et l'envie le fit exiler à Thurium, ville de la grande Grèce, où il termina ses jours, quatre siècles avant Jésus-Christ.

La meilleure édition d'Hérodote, est celle qui a été publiée en grec et en latin, avec des notes, par Wesseling, Amsterdam, 1763, in-fol. : on estime aussi celle de Glascou, 1761, 9 vol. in-12.

La traduction de M. Larcher, publiée, pour la première fois, en 1786, 7 vol. in-8°., est correcte et très-exacte. Les notes, trois fois plus considérables que le texte, sont le résultat d'études longues et pénibles. Cet amas de recherches fait honneur à M. Larcher, et doit lui mériter la reconnoissance de tous les littérateurs.

Ce savant a fait paroître, en 1803, une seconde édition de cette excellente traduction, revue, corrigée et considérablement augmentée, en 9 vol. in-8°. Il a réformé les notes qui manquoient d'exactitude, et en a ajouté un très-grand nombre qui lui ont paru nécessaires pour répandre du jour sur tous les points de l'antiquité, et principalement pour faciliter aux lecteurs une plus parfaite intelligence d'Hérodote. Les notes qui pouvoient blesser la religion chrétienne, ont été particulièrement retranchées ou réformées. M. Larcher approchoit de soixante ans lorsqu'il fit imprimer ses premières notes, et il avoit près de soixante-dix-huit ans lorsqu'il publia les secondes. On ne peut pas dire au moins qu'il ait adopté ses premières idées avec précipitation.

THUCYDIDE.

Après Hérodote vint Thucydide, né à Athènes la soixante et seizième olympiade. Etant encore fort jeune, il assista aux jeux olympiques, où Hérodote fit la lecture de son Histoire : il y prit tant de plaisir, qu'il en versa des larmes. Un goût si vif annonçoit ce qu'il devoit être un jour. Il entreprit d'écrire l'Histoire de la guerre du Péloponèse. Il recueillit de toutes parts des mémoires, et en acheta à grands frais ; enfin, son Histoire fut conduite jusqu'à la vingtième année de la guerre. Théopompe et Xénophon la continuèrent pour les six autres années qui restoient. Cet écrivain est plein de feu et d'énergie. Il y a plusieurs modernes qui lui donnent la prééminence sur Hérodote, pour le mérite de la composition.

Les meilleures éditions de Thucydide sont celles de Dukerus, Amsterdam, 1731, 2 vol. in-fol., ou Glascou, 1759, 8 vol. in-12.

M. Levesque, membre de l'Institut, dans sa nouvelle traduction de l'Histoire de Thucydide, 1796, 4 vol. in-4°. et in-8°., a tâché de représenter son original avec ses formes antiques et avec une scrupuleuse fidélité. Quoiqu'il eût pu mettre plus d'élégance dans son style, il ne manque cependant ni de précision, ni d'énergie. Dans des notes grammaticales, il rend compte de son travail, et discute fort bien des passages difficiles. La savant M. Coray a aidé de ses lumières M. Levesque, qui l'a consulté avec autant de déférence que de modestie. On désireroit cependant que M. Levesque publiât une nouvelle édition de cette traduction, dans laquelle les remarques pourroient être plus approfondies et moins nombreuses : cet ouvrage auroit aussi besoin de cartes géographiques et de plans particuliers.

L'édition in-4°. est plus correcte que l'in-8°.

XÉNOPHON.

Le célèbre Xénophon marcha sur les traces de ces deux grands historiens, et les égala. A son génie pour les lettres, il joignit la qualité de bon capitaine. Il servit Cyrus le jeune dans son expédition pour détrôner Artaxerxe son frère : mais cet ambitieux échoua, et perdit la vie dans le moment décisif. Dix mille Grecs, qui s'étoient attachés à sa fortune, retournèrent dans leur patrie, à travers mille dangers de toute espèce : Xénophon les commanda vers la fin de cette célèbre retraite, dont il a fait l'histoire. On lui suscita quelques chagrins à son retour ; ce qui ne l'empêcha pas de servir ensuite chez différens peuples : à la fin, il se retira dans une campagne aux environs de Lide, où il se livra à de profondes études.

Nous avons d'abord de lui la Cyropédie, qui est l'histoire du fondateur de Perse ; il composa ensuite celle du jeune Cyrus et de sa fameuse entreprise ; enfin, il travailla à l'Histoire Grecque, qu'il reprit au temps où Thucydide l'avoit laissée : elle contient à peu près quarante-huit ans, depuis le retour d'Alcibiade dans la Grèce, jusqu'à la bataille de

Mantinée. Xénophon donna aussi plusieurs ouvrages sur des sujets historiques. Cicéron disoit qu'il lui sembloit que les Muses eussent parlé par sa bouche. C'est un écrivain presque inimitable pour la douce simplicité de sa diction; et Quintilien lui applique ce qu'on disoit de Périclès, que la déesse de la persuasion résidoit sur ses lèvres. La version française que d'Ablancourt a donnée de son Histoire, est la moins mauvaise que nous ayions : on la trouve à la suite de celle de Thucydide.

Le même auteur traduisit aussi *l'Expédition de Cyrus*, ou *la Retraite de Dix Mille*. Mais une nouvelle traduction de cet ouvrage, mise au jour en 1778, par M. Larcher, 2 vol. in-12, plus exacte et plus élégante, a fait oublier tout-à-fait celle de d'Ablancourt. On fait aussi beaucoup de cas de la traduction du même ouvrage, par M. de la Luzerne, 2ᵉ. édition, Paris, 1778, 2 vol. in-12.

La traduction de la Cyropédie, par M. Dacier, 1777, 2 vol. in-12, est bien supérieure à celle de Charpentier.

Les Entretiens mémorables de Socrate ont été traduits par Charpentier. On les a réimprimés en 1758, avec la Retraite des Dix Mille

Mille, traduite par d'Ablancourt, et le Portrait de la Condition des Rois, traduit par Coste, 2 vol. in-12.

Les meilleures éditions des Œuvres de Xénophon, en grec et en latin, sont celles de Wels, Oxfort, 1703, 5 vol. in-8°.; d'Ernesti, Leipsic, 1763, 4 volumes in-8°.; nous espérons qu'elles seront effacées par celle de M. Gail, qui contiendra en outre une traduction française. Ce grand travail doit former 5 volumes in-4°.

POLYBE.

Polybe tient un rang distingué parmi les bons écrivains. Il apprit l'art de la guerre sous le fameux Philopemen, et l'art de la politique sous son père, qui gouverna la république des Achéens avec beaucoup de gloire. Son Histoire, qui comprenoit tout ce qui s'étoit passé de plus considérable, depuis le commencement des guerres puniques, jusqu'à la fin de celle de Macédoine, a été écrite à Rome, mais en grec : elle avoit quarante livres, dont il ne nous reste que les cinq premiers entiers, traduits en français par dom Thuillier, bénédictin, et commentés par le célèbre chevalier Folard, en six vol. in-4°., 1727.

C'est de Polybe que l'on tient cette maxime célèbre, que la vérité est à l'histoire, ce que les yeux sont aux animaux ; que comme ceux-ci ne sont d'aucun usage dès qu'on leur a crevé les yeux, de même l'histoire sans la vérité, n'est qu'une narration amusante et infructueuse.

On est redevable à M. Jean Schweighæuser, célèbre professeur de Strasbourg, d'une bonne édition du Polybe, en grec et en latin, avec des commentaires et un *Lexicon Polybianum*, Leipsic, 1789-1795, 9 vol. in-8°. Avant cette édition, la plus estimée étoit celle d'Amsterdam, 1670, 3 vol. in-8°.

PLUTARQUE.

Les Vies des Hommes illustres Grecs et Romains, par Plutarque, sont encore plus lues que l'Histoire de Polybe. Il étoit natif de Chéronée dans la Béotie, pays fort stérile en esprit. Après avoir demeuré assez long-temps à Rome, il se retira dans sa patrie, où il exerça plusieurs charges. Ses écrits renferment des faits curieux et des maximes utiles. Dans ses Vies des Hommes illustres, il ne flatte point ceux qui n'ont pas mérité de l'être ; il juge les hommes sur les choses et non sur les apparences, sur les faits et non sur le bruit public. Il donne des éloges aux actions qui en méritent, et il flétrit, sans acception de personne, le vice et le crime. Il peint l'homme au naturel; et jamais moraliste ne l'a mieux saisi. Il écrit avec force, mais sans ornement : de fréquentes comparaisons, mais quelquefois tirées de trop loin, animent ses peintures; tout est clair et développé avec netteté, mais souvent avec trop d'étendue. Il n'est pas toujours heureux dans le choix des circonstances, ni dans celui des réflexions. Il ramasse beaucoup de minuties qui pouvoient être intéressantes dans le temps, et des bons mots qui ne renferment pas toujours beaucoup de sel. Dacier a traduit les Vies de Plutarque en huit volumes in-4°., ou douze volumes in-12, avec plus de fidélité que d'agrément La version d'Amyot est plus recherchée. L'édition donnée par Vascosan, en treize volumes in-8°., 1567 et années suivantes, étoit devenue si rare et si chère, que M. Bastien a rendu un vrai service aux lettres et aux amateurs, en réimprimant cette traduction de Plutarque, en dix-huit vol. in-8°. Il n'a rien négligé pour la rendre aussi exacte et aussi correcte qu'il a été possible ; elle est d'ailleurs plus complète, et renferme plusieurs morceaux intéressans qui ne se trouvent point dans celle de Vascosan.

Le libraire Cussac a publié, en vingt-deux volumes in-8°., 1783, une édition de la traduction d'Amyot, avec des notes et des observations par Vauvilliers et l'abbé Brotier ; elle est bien supérieure à celle de M. Bastien. Il l'a reproduite en 1801 et années suivantes, dans le même format : cette nouvelle édition a été revue par M. Clavier, membre de la cour de justice criminelle, à Paris. Ce savant éditeur a joint à cette importante collection, la traduction de divers traités et fragmens inédits de Plutarque, tels que la Vie d'Homère, l'Essai sur la Poésie, le Traité de la Noblesse, et plusieurs autres morceaux. L'ouvrage est terminé par deux volumes de tables, qui, ainsi que le précédent, complètent l'ancienne édition de Cussac, et même celle de Bastien.

Il est une foule de lecteurs que repousse le style antique et gaulois d'Amyot : les dames sont presque toutes de ce nombre, et beaucoup d'hommes sont femmes sur ce point. L'abbé Ricard a travaillé pour ces lecteurs, et a mis Plutarque à leur portée ; il a fait lire avec plaisir des écrits utiles, pour la plupart, aux progrès de la vertu, et qui honoreront éternellement leur auteur. Il employa plus de vingt ans à ce travail ; et certes, il falloit encore une grande application pour y mettre si peu de temps : son style est clair et facile ; les notes dont la traduction est accompagnée, sont instructives, judicieuses et dignes surtout d'un ami de la vertu. La traduction des Œuvres Morales, 1783 et années suivantes, contient dix-sept vol.; celle des Vies des Hommes illustres, 1798 et années suiv.; en a 13. Le succès couronna les efforts de M. Ricard, et cet ouvrage fit sa réputation littéraire ; il mérite d'être placé dans toutes les bibliothèques.

L'édition la plus estimée des Œuvres de Plutarque en grec et en latin, est celle de Reiske, qui contient les notes de divers auteurs, Leipsic, 1774-1779, 12 vol. in-8°.

ARRIEN.

Arrien de Nicomédie, contemporain de Plutarque, fut son rival dans les sept livres qu'il écrivit sur les expéditions d'Alexandre ; histoire d'autant plus estimable, qu'elle part de la main d'un écrivain qui étoit en même temps homme de guerre et bon politique.

Nous avions une médiocre traduction d'Arrien par d'Ablancourt. Le principal but que paroît s'être proposé M. Chaussard, en donnant une nouvelle traduction de cet auteur, Paris, 1803, trois vol. in-8°., et atlas in-4°., a été de mettre les lecteurs impartiaux à même d'asseoir enfin leur opinion sur Alexandre : pour cela, il fait une revue des historiens d'Alexandre, d'après l'ouvrage de M. de Sainte-Croix, dont nous parlerons bientôt. Quant à la fidélité de la version, et à l'exactitude avec laquelle l'original y est rendu, les savans auroient pu adresser au traducteur des remarques utiles; ils se sont contentés de louer son zèle, en observant néanmoins que cette traduction eût pu être quelquefois plus littéralement exacte, les manuscrits plus consultés, les sources d'une érudition directe moins sacrifiées à ce qu'on peut nommer une érudition secondaire, le style plus périodique et moins coupé.

QUINTE-CURCE.

On ne sait pas précisément dans quel temps cet auteur a vécu; c'est le sujet d'une grande dispute parmi les savans ; les uns le plaçant sous Auguste ou Tibère, d'autres sous Vespasien, quelques-uns sous Trajan.

Il a écrit l'histoire d'Alexandre-le-Grand en dix livres, dont les deux premiers ne sont pas venus jusqu'à nous : ils ont été suppléés par Freinshemius; son style est fleuri, agréable, rempli de réflexions sensées, et de harangues fort belles, mais pour l'ordinaire trop longues, et qui sentent quelquefois le déclamateur.

Nous avons une excellente traduction de Quinte-Curce par Vaugelas; elle parut, pour la première fois, en 1653, in-4°. : la dernière édition est de 1772, 2 vol. in-12. La nouvelle traduction de l'abbé Mignot, 1781, deux vol. in-8°., n'a sur celle de Vaugelas que l'avantage de quelques expressions plus modernes; mais pour l'exactitude et la fidélité, pour la propriété et la justesse des termes, la régularité de la construction, l'harmonie de la phrase et le fond du style, il me semble que l'ancien traducteur mérite la préférence sur le nouveau.

On peut porter le même jugement sur la traduction de M. Beauzée, publiée en deux vol. in-12, 1782.

ATHÉNÉE.

Athénée étoit de Naucrate, ville autrefois célèbre dans l'Egypte, sur un bras du Nil, à qui elle donnoit le nom : il vivoit du temps de l'empereur Commode. Il a composé en grec un ouvrage, sous le nom de *Dipnosophiste*, c'est-à-dire, *Banquet des Savans*, qui est rempli d'une infinité de recherches curieuses et savantes, et qui donne beaucoup de lumière pour les antiquités grecques. Nous n'avons qu'un abrégé ou des extraits des premiers livres de son Dipnosophiste, faits, comme le croit Casaubon, à Constantinople, il y a six ou sept cents ans. La meilleure édition de cet ouvrage en grec et en latin, est celle de Casaubon, imprimée à Lyon en 1657, 2 vol. in-fol.

Athénée avoit grand besoin d'une nouvelle collation de manuscrits. M. Schweighæuser, savant professeur de Strasbourg, a pris cette peine et a publié, depuis 1801, plusieurs volumes d'une nouvelle édition d'Athénée, avec une nouvelle version latine et des remarques.

Il étoit de la destinée de cet auteur, d'être mal traduit en français. La version de l'abbé l'abbé de Marolles, imprimée en 1680, in-4°., est généralement méprisée; cependant elle se vendoit fort cher avant 1789.

La traduction publiée par M. Lefebvre de Villebrune, depuis 1789 jusqu'en 1791, cinq vol. in-4°., sous quelque point de vue qu'on la considère, est loin de pouvoir plaire à aucune classe de lecteurs. Quant au style, il est incorrect; la langue y est fréquemment blessée; le sens est coupé mal à propos; les liaisons y sont inopportunément placées.

Quant à la fidélité, à tout instant le véritable sens du texte est manqué; par fois le texte même est tronqué; d'ailleurs, il est allongé par des supplémens, des transitions, des conjonctions, non-seulement inutiles, mais même nuisibles au sens et à la distribution des matières.

Du côté des éclaircissemens et de la philologie, on n'y trouve aucune remarque intéressante, ni sur l'histoire, ni sur la chronologie, ni sur la littérature, ni sur la biographie, etc. On y rencontre, il est vrai, quelques notes sur certains objets relatifs à l'Histoire Naturelle; notes dans lesquelles le traducteur décide avec trop d'assurance sur des matières qui, comme on sait, prêtent toujours à la plus grande incertitude : les écrivains qu'il cite le plus fréquemment, ne font pas autorité dans la littérature.

Dans le cours de l'ouvrage d'Athénée, il se rencontre un assez grand nombre de passages tirés d'Homère, de Thucydide, de Xénophon, d'Euripide, de Callimaque, etc. ; le traducteur paroît n'avoir étudié ni ces auteurs, ni les corrections que de judicieux critiques ont proposé de faire dans leurs ouvrages.

Le savant Dutheil a rempli son exemplaire de la nouvelle traduction d'Athénée, de corrections si nombreuses, qu'elles pourroient fournir la matière de deux volumes in-4°., d'environ 700 pages chacun.

ELIEN.

Le Recueil des Histoires diverses d'Elien est très-curieux ; et l'auteur mérite d'être mis au rang des écrivains les plus agréables de l'antiquité. Il y a rassemblé des particularités de l'histoire des différens peuples ; des anecdotes sur leurs usages, sur leurs mœurs ; des traits singuliers sur les personnages célèbres dans tous les genres ; des apophthegmes remarquables ; des exemples de vertu, etc.

C'est avec les Nuits Attiques d'Aulu-Gelle, le meilleur modèle de ces recueils ou choix d'anecdotes, dont le nombre s'est si prodigieusement accru parmi nous. Mais il ne faut pas regarder Elien comme un simple compilateur ; plusieurs morceaux considérables de ses Histoires n'appartiennent qu'à lui, et ne sont tirés d'aucun autre écrivain.

On doit à M. Dacier, ancien membre de l'Académie des Belles-Lettres, une bonne traduction des Histoires diverses d'Elien, 1772 ; in-8°. L'édition la plus recherchée du texte original, est celle d'Abraham Gronovius, Leyde, 1731, deux vol. in-4°., avec une version latine.

Nous avons encore de cet auteur une Histoire des Animaux, faite avec beaucoup de soin : nous n'en connoissons pas de traduction française. On doit aussi à A. Gronovius la meilleure édition grecque et latine de cet ouvrage, Londres, 1744, 2 vol. in-4°.

AULU-GELLE.

Son livre, dont l'abbé de Verteuil publia la traduction en 1776, en trois volumes in-12, et qui avoit échappé en grande partie aux ravages des temps et de la barbarie, a reçu une infinité d'éloges. Saint Augustin, Erasme, Jules Scaliger, le Père Vavasseur, Bayle et tous les savans se réunirent pour en relever l'agrément et l'utilité, et le placer au nombre des livres classiques. Les doctes auteurs des dissertations rapportées dans les Mémoires de l'Académie des Inscriptions, et le président de Montesquieu le citent presque à chaque page ; et de tous les écrivains qui ont travaillé à l'Histoire ancienne de la Grèce ou de Rome, il n'en est pas un seul qui n'ait lu les *Nuits Attiques*, et qui n'en ait profité.

Ce recueil est le fruit des lectures de l'auteur, et de ses entretiens avec les personnes les plus distinguées par leur naissance, leurs emplois, leurs lumières et leur amour pour les belles connoissances. Aulu-Gelle avoit coutume, tous les jours, de transcrire les morceaux intéressans qu'il rencontroit dans une lecture immense, et qui lui paroissoient propres à former l'esprit ou le cœur, ainsi que les dissertations littéraires, philosophiques, historiques ou critiques, qu'il entendoit dans le commerce des savans.

Mais ce qui rend surtout les commentaires d'Aulu-Gelle infiniment précieux aux connoisseurs, c'est qu'ils nous ont transmis des fragmens curieux et intéressans de plusieurs ouvrages de l'antiquité, dont nous ne connoissons que les titres, et qu'on ne trouve que dans ce recueil.

Le mérite et les difficultés vaincues de cette traduction, si pénible à tant d'égards, n'est pas le seul bienfait que nous devons à l'abbé de Verteuil; le nouvel ordre qu'il a mis dans les matières, mérite encore les plus justes éloges : les articles d'histoire, de philosophie, de morale, de jurisprudence et de littérature, qui, dans l'original, se trouvent pêle-mêle et sans aucune liaison, sont distribués et classés par le traducteur, dans autant de livres qui portent ces différens titres. Le commentaire qu'on y a joint, et qui m'a paru renfermer des choses très-curieuses et très-instructives, donne au lecteur tous les éclaircissemens qu'il peut désirer pour la parfaite intelligence d'un auteur, qui traite de matières aussi éloignées de nos mœurs et de nos idées actuelles.

La meilleure édition d'Aulu-Gelle, est celle de Leipsic, 1762, 2 vol. in-8°.

ROLLIN.

La plupart des historiens dont nous venons de parler, ont écrit en grec. C'est d'après eux que Rollin a composé son *Histoire ancienne* des Egyptiens, des Carthaginois, des Assyriens, des Babyloniens, des Mèdes, des Perses, des Macédoniens et des Grecs. Cet ouvrage a eu beaucoup de succès, parce que c'est la première compilation de ce genre, qui ait paru dans notre langue. A mesure que le public s'est refroidi, on y a désiré un peu plus de cette sage critique, qui discute, qui examine, qui distingue le faux du vrai, l'incroyable du vraisemblable. Son style est coulant, harmonieux : mais est-il toujours pur ? On y trouve quelquefois des fautes de langage, des expressions un peu trop familières, des circonlocutions languissantes, qui se ressentent de la précipitation avec laquelle ce professeur écrivoit. D'ailleurs, comme il étoit moins occupé à se faire une réputation d'habile écrivain, que de citoyen utile, il profitoit volontiers du travail de ses prédécesseurs; et par cette raison, son style est encore souvent inégal. Il devoit, selon son projet, se borner à six ou sept volumes;

et il a poussé son ouvrage jusqu'à treize. L'auteur ne vouloit rien perdre de ses collections, et il a fait entrer dans son livre tout ce qu'il savoit, sans oublier le mandement de Monseigneur le Recteur, au sujet de la rétribution que l'Université avoit sur les postes.

Ce qui doit lui faire pardonner ses défauts, c'est son amour pour la vertu et son respect pour la religion, qui animoient son cœur et sa plume. Il n'y a point d'histoire, où il y ait autant de réflexions que dans la sienne; mais sa morale est un peu longue et quelquefois verbeuse : c'est, dit-on, qu'il travailloit pour des enfans ; cette raison, loin de le justifier, le condamneroit, si l'on n'étoit disposé à lui pardonner tout en faveur de la pureté de ses intentions. Rien ne rebute plus les jeunes gens, que la morale présentée de front. Il les faut mener à la vertu avec plus d'adresse ; et ils n'aiment guère les livres qui les ennuient pour les rendre sages. Des maximes courtes, sentencieuses, enchâssées habilement dans les faits, auroient laissé dans leur esprit des traces plus profondes, que de longs extraits de Nicole ou de Duguet.

MM. TAILHIÉ, LACOMBE ET ROYOU.

L'abbé Tailhié, disciple de Rollin, a donné un Abrégé de son Histoire Ancienne en cinq volumes in-12, qu'on lit beaucoup en province ; mais on préfère à Paris l'Abrégé chronologique de la même Histoire, par M. Lacombe, en un seul volume in-8°. Ce dernier n'embrasse pas un trop grand nombre d'objets, et ne passe pas trop légèrement sur les choses dignes d'attention ; il est bien fait, ainsi que les autres ouvrages du même auteur.

On lira avec plus d'intérêt encore le précis de l'Histoire Ancienne publié par M. Royou, ancien avocat, en 1802, 4 vol. in-8°.

L'ABBÉ GUYON.

M. Lacombe a beaucoup profité de l'Histoire des Empires et des Républiques, depuis le déluge jusqu'à J. C., en douze vol. in-12, par l'abbé Guyon ; ouvrage plus méthodique, plus exact, plus concis, et en même temps plus plein que l'Histoire Ancienne de Rollin ; mais dont le style est moins doux, moins élégant et moins arrondi. A cela près, il mérite la préférence ; et il l'auroit eue dans son temps, si Rollin n'avoit gagné, par ses nombreux

nombreux partisans, et par ses liaisons avec un certain parti, les trompettes de la renommée. L'Histoire de Guyon fut négligée, quoiqu'elle ne méritât point de l'être ; mais aujourd'hui on lui rend justice.

SYLVAIN MARÉCHAL.

Pythagore fut peut-être l'homme le plus extraordinaire de l'antiquité ; après avoir observé par lui-même, à leurs sources, les vertus et les vices des gouvernemens populaires ou monarchiques de son âge, il soumit plusieurs villes d'Italie au sceptre de la raison : il fit plus ; il ouvrit une école de législateurs, et dicta des lois à ceux qui se proposoient d'en donner aux nations. La rédaction de ses voyages en Egypte, dans la Chaldée, dans l'Inde, etc., par Sylvain Maréchal, Paris, 1799, 6 vol. in-8°., reproduit dans toute la vérité historique le plus beau génie parmi les anciens, pitoyablement défiguré par d'absurdes biographes.

« Ce monument littéraire, dont le sujet commence vers l'an 600 avant l'ère vulgaire, embrasse l'espace d'un siècle ; et ce siècle est l'un des plus fertiles en événemens.

« Plusieurs lois de Pythagore sont encore

aujourd'hui proverbes, et pourroient nous offrir d'excellens modèles. Sylvain Maréchal a rassemblé, pour la première fois, ces lois, jusqu'à ce jour disséminées et comme perdues parmi les ruines savantes de l'antiquité, et il en a formé un corps complet, qu'on peut regarder comme l'esprit de la législation des siècles reculés.

Peu d'ouvrages ont l'importance de celui-ci; peu de livres me paroissent plus dignes d'être médités par toutes les classes de lecteurs. A chaque page on rencontre des applications à d'autres temps : on est frappé de contrastes ou de similitudes qui fournissent d'utiles sujets de méditations.

L'ABBÉ DE MABLY.

L'abbé de Mably, qui s'est attaché particulièrement à l'étude de la politique, a développé ses principes dans plusieurs productions très-estimées des connoisseurs. C'est dans l'Histoire même qu'il puise ces principes, en suivant la nature des gouvernemens des peuples, leurs usages, leurs mœurs, et l'ordre des événemens; il montre ce qu'ils ont fait, ce qu'ils ont pu, et ce qu'ils auroient dû faire. Il publia, en 1751, des *Observations*

sur les Grecs; mais il en a été lui-même si peu content, qu'il a fait paroître, en 1766, un nouvel ouvrage sur le même sujet ; il est intitulé : *Observations sur l'Histoire de la Grèce.* « Il m'arrive souvent, dit l'abbé de
» Mably, de louer ce que j'ai blâmé dans mes
» premières observations, et de blâmer les
» mêmes choses que j'ai louées ; c'est qu'il y a
» eu un temps où je regardois certaines
» maximes sur la grandeur, la puissance et
» la fortune des Etats, comme autant de vé-
» rités incontestables ; et qu'après quinze ans
» de méditations sur les mêmes objets, je suis
» parvenu à ne les voir que comme des
» erreurs que nos passions et l'habitude ont
» consacrées. »

Les Observations sur l'Histoire de la Grèce sont intéressantes, profondes et lumineuses. C'est un résumé de l'Histoire Grecque, où tout est présenté à sa place dans son véritable jour ; on y voit la marche des événemens, les motifs qui les ont occasionnés, les fautes politiques qu'on a faites, et ce que la saine raison auroit dû prévoir ou corriger. C'est sur ce modèle que tous les traités politiques devroient être écrits.

M. COUSIN DESPRÉAUX.

Il nous manquoit une Histoire complète de la Grèce; quelques modernes ont essayé de rassembler des fragmens, et il n'est résulté de leur travail que des abrégés imparfaits : des événemens, des époques retracées avec assez d'exactitude, voilà tout le mérite de ces foibles esquisses. M. Cousin Despréaux s'est proposé un plan beaucoup plus vaste que celui de ses prédécesseurs, qui, pour la plupart, ont négligé l'origine de la nation grecque : il remonte jusqu'aux temps les plus fabuleux de sa naissance. Voici le titre de son ouvrage : *Histoire générale et particulière de la Grèce*, contenant l'origine, le progrès et la décadence des lois, des sciences, des arts, des lettres, de la philosophie, etc., précédée d'une description géographique, de dissertations sur la chronologie, les mesures, la mythologie, etc., et terminée par le parallèle des Grecs anciens avec les Grecs modernes, 1780-1789, 16 vol. in-12.

L'ABBÉ BARTHELEMI.

L'abbé Barthelemi a publié un ouvrage, auquel il a travaillé trente ans, et que tou le monde connoît aujourd'hui sous ce titre : *Voyage du jeune Anacharsis en Grèce, dans le milieu du quatrième siècle avant l'ère vulgaire*, 7 vol. in-8°., et 1 vol. in-4°. de cartes géographiques, plans, vues et médailles de la Grèce, ou bien 4 v. in-4°., y compris le recueil des cartes. L'auteur suppose qu'un Scythe, nommé Anacharsis, vient en Grèce quelques années avant la naissance d'Alexandre, et que d'Athènes, son séjour ordinaire, il fait plusieurs voyages dans les provinces voisines, observant partout les mœurs et les usages des peuples, assistant à leurs fêtes, étudiant la nature de leurs gouvernemens, quelquefois consacrant ses loisirs à des recherches sur l'esprit humain, d'autres fois conversant avec les grands hommes qui florissoient alors, tels qu'Epaminondas, Phocion, Xénophon, Platon, Aristote, Démosthènes, etc. Dès qu'il voit la Grèce asservie à Philippe, père d'Alexandre, il retourne en Scythie ; il y met en ordre la suite de ses voyages ; et pour n'être pas forcé d'interrompre sa narration, il rend compte, dans une introduction, des faits mémorables qui s'étoient passés en Grèce avant qu'il eût quitté la Scythie.

L'ensemble de ce grand ouvrage étonne ;

les détails en sont charmans ; et sous une forme pittoresque et dramatique, il nous offre l'histoire civile, politique, littéraire, religieuse et philosophique, du premier peuple du monde par son génie. Elle ne cessera d'intéresser vivement les générations futures auxquelles l'abbé Barthelemi a fait un beau legs. Ce monument a une base solide ; c'est un nombre considérable de citations très-exactes, pour servir de preuves à tout ce qu'il renferme d'agréable et d'utile. Que de mots heureux, de dits mémorables, de traits de caractère n'a-t-il pas su y répandre avec autant d'art que de discernement et de goût! L'auteur sème aussi de toutes parts ses propres réflexions ; mais elles sont toujours amenées par le sujet, et paroissent naître sous sa plume, et ne lui pas avoir coûté d'effort : aucune n'est superflue ; aucune n'est paradoxe : plusieurs ont de la finesse, de la profondeur même ; toutes sont judicieuses, et on y reconnoît souvent le cœur noble, sensible, généreux de l'auteur. Le livre de l'abbé Barthelemi est accompagné de douze tables, sans compter celle des matières, et l'index des auteurs cités ; elles sont toutes fort utiles.

M. LANTIER.

Les Voyages d'Anténor en Grèce et en Asie, Paris, 1798, 3 vol. in-8°., réimprimés pour la huitième fois en 1805, se lisent comme un roman ; car ils tiennent autant de ce genre que de celui des voyages : c'est, à proprement parler, un extrait de l'Histoire de la Grèce, rédigé sous la forme la plus agréable. Malheureusement il n'est pas facile de remettre les hommes et les choses à leurs places et à leurs époques. Les poésies semées dans le cours de cet ouvrage, y jettent beaucoup d'agrément, et ajoutent à l'idée avantageuse que l'auteur a déjà donnée de ses talens dans ce genre.

DE PAUW.

Cet auteur s'est rendu célèbre par ses Recherches sur les Américains, sur les Egyptiens et les Chinois, sur les Grecs, 7 volumes in-8°. et in-12, imprimés chez l'étranger en différentes années depuis 1768, et réimprimés à Paris en 1795, 7 vol. in-8°. Parmi beaucoup d'assertions hasardées et de paradoxes hardis, soutenus avec beaucoup d'esprit et même de talent, on trouve dans ces écrits un grand nombre d'idées ingénieuses, et d'observations philosophiques et neuves.

M. Webb, écrivain Anglais, connu par différens ouvrages sur la poésie et la peinture, écrits avec beaucoup d'élégance et de goût, a pris la peine de recueillir et de publier, en 1795, in-8°., ce qu'il y a de plus piquant ou de plus instructif dans les ouvrages de M. de Pauw, en y ajoutant ses propres observations, soit pour appuyer, soit pour contredire celles de l'auteur. Il est résulté de ce travail, un ouvrage également utile et agréable, qui mérite d'être traduit ou imité dans toutes les langues.

L'ABBÉ PAGI ET AUTRES.

Quand vous aurez lu tous ces auteurs, vous pourrez vous dispenser de lire ceux qui ont traité en particulier de chaque personnage. Vous ne devez pourtant pas négliger quelques morceaux bien écrits, tels que l'Histoire de Cyrus le jeune et de la Retraite des Dix Mille, avec un Discours sur l'Histoire Grecque, par l'abbé Pagi, 1736, in-12;

L'Histoire de Philippe de Macédoine, par l'abbé de Seran de la Tour, 1740, in-12;

L'Histoire de Philippe et d'Alexandre-le-Grand,

Grand, rois de Macédoine, par de Bury, 1760, in-4°.;

L'Histoire de Pyrrhus, roi d'Epire, par Jourdan, 1749, deux vol. in-12;

L'Histoire d'Epaminondas, pour servir de suite aux Hommes illustres de Plutarque, par l'abbé Seran de la Tour, in-12, Paris, 1730: c'est ce que cet auteur a fait de mieux;

L'Histoire de Philippe, roi de Macédoine, père d'Alexandre-le-Grand, par Olivier, de l'Académie des Belles-Lettres de Marseille, Paris, 1740, deux vol. Nul écrivain n'a si bien développé l'Histoire du siècle de Philippe, les intérêts des peuples de la Grèce, leurs mœurs et leurs coutumes; mais son Histoire manque d'art. Les digressions sont trop fréquentes, et quelquefois ennuyeuses. Le style n'est nullement historique; il est en général sec, décousu, et sur le ton de dissertation; mais il y a des morceaux pleins de chaleur et des tours originaux;

L'Histoire des Amazones, par l'abbé Guyon, deux vol. in-12, Paris, 1741; livre exact et savant sur une matière singulière.

LINGUET.

Le Siècle d'Alexandre, dont Linguet a

donné une seconde édition, corrigée et augmentée, en 1769, in-12, est la première époque intéressante dans l'histoire de l'esprit humain. L'auteur la présente en philosophe, en critique, en historien. Il jette un coup d'œil rapide sur les âges qui ont précédé le règne du vengeur de la Grèce, s'arrête un instant sur l'incertitude de la chronologie des temps anciens, sur les absurdités dont les écrivains ont rempli le vide que laissent les faits ; il offre ensuite le tableau imposant des différens peuples connus avant Alexandre. Ce précis bien fait de l'Histoire Ancienne est très-satisfaisant ; la critique y est sagement employée ; la vie du prince qui domina son siècle, est présentée d'une manière vive, et qui donne la fraîcheur et le piquant de la nouveauté à des événemens déjà bien connus : il étoit à propos d'en rappeler plusieurs. Linguet s'est borné à ce qui leur étoit nécessaire, et a eu l'art de n'oublier ni faits, ni détails même curieux. Le gouvernement, les mœurs, les usages, les arts des anciens peuples de l'Asie et des Grecs forment l'objet de la dernière partie de son ouvrage.

M. DE SAINTE-CROIX:

M. de Sainte-Croix publia en 1775, in-4°.; son *Examen critique des Historiens d'Alexandre-le-Grand* ; c'étoit le sujet du prix proposé en 1770 par l'Académie des Belles-Lettres, prix remis en 1772, et décerné en 1774 à notre auteur. Son ouvrage reçut l'approbation de toute l'Europe savante, et fut traduit en plusieurs langues. On croyoit que la tâche avoit été complétement remplie ; le modeste auteur seul trouvoit des défauts dans ce travail, que chacun regardoit comme parfait. Il ne considéra plus les éloges du public que comme un encouragement, et il résolut de refaire entièrement son livre, dont il a réformé tout le plan. A peine quelques pages ont-elles été conservées dans la seconde édition, imprimée en 1804, par Delance et Lesueur, en un gros vol. in-4°. Le seul reproche qu'on pourroit faire à M. de Sainte-Croix, seroit d'avoir fait entrer dans son ouvrage beaucoup de choses qui ne paroissent pas tenir essentiellement à son sujet. Ce reproche ne peut guère tomber que sur l'Examen qu'il a fait des Historiens Grecs, depuis l'origine de l'Histoire jusqu'à la prise de Constantinople.

§ III. HISTOIRE ROMAINE.

L'Histoire, chez les Romains, ne fut d'abord autre chose, que de simples annales. Le souverain pontife, pour conserver la mémoire des faits, rédigeoit dans des tables tout ce qui se passoit chaque année de plus éclatant ; et il les exposoit dans sa maison, afin que le peuple eût la liberté de les consulter. Cet usage, aussi ancien que Rome même, dura jusqu'au pontificat de Publius-Mucius ; et l'on appela ces tables les grandes Annales. Malgré ces sages précautions, l'Histoire reçut un grand échec, lors de l'embrasement de Rome par les Gaulois, l'an 366 de sa fondation. Les Annales des Pontifes périrent dans cette triste conjoncture ; et cette perte a obligé quelques savans de tenir pour suspect, tout ce qui se trouve antérieur à cette date.

Il paroît évident que les historiens ont entouré de fables le berceau de Rome. On commence par nous dire, dit un homme d'esprit, que Romulus ayant rassemblé 3300 bandits, bâtit le bourg de Rome de mille pas en carré. Or, mille pas en carré suffiroient à peine pour deux métairies : comment 3300 hommes auroient-ils pu habiter ce bourg ?

Quels étoient les prétendus rois de ce ramas de quelques brigands ? N'étoient-ils pas visiblement des chefs de voleurs, qui partageoient un gouvernement tumultueux avec une petite horde féroce et indisciplinée ?

Ne doit-on pas, quand on compile l'Histoire Ancienne, faire sentir l'énorme différence de ces capitaines de bandits avec de véritables rois d'une nation puissante ? Il est avéré, par l'aveu des écrivains Romains, que pendant près de 400 ans, l'Etat de Rome n'eut pas plus de dix lieues en longueur, et autant en largeur. L'Etat de Gênes est beaucoup plus considérable aujourd'hui, que la République Romaine ne l'étoit alors.

Ce ne fut que l'an 360, que Veies fut prise, après une espèce de siége et de blocus qui avoit duré dix années. Veies étoit auprès de l'endroit où est aujourd'hui Civita-Vecchia, à cinq ou six lieues de Rome; et le terrain autour de Rome a toujours été si stérile, que le peuple voulut quitter sa patrie pour aller s'établir à Veies.

Aucune de ses guerres, jusqu'à celle de Pyrrhus, ne mériteroit de place dans l'histoire, si elles n'avoient été le prélude de ses grandes conquêtes. Tous ces événemens, jusqu'au temps de Pyrrhus, sont pour la plupart si petits et si obscurs, qu'il fallut les relever par des prodiges incroyables, ou par des faits destitués de vraisemblance, depuis l'aventure de la louve qui nourrit Romulus et Rémus, et depuis celle de Lucrèce, de Clélie, de Curtius; jusqu'à la prétendue lettre du médecin de Pyrrhus, qui proposa, dit-on, aux Romains, d'empoisonner son maître, moyennant une récompense proportionnée à ce service.

SALLUSTE.

Quoi qu'il en soit, ce furent des poëtes qui furent les premiers historiens Romains. Nevius donna un poëme sur la première Guerre Punique; et Ennius versifia les Annales de Rome. Mais comme les ouvrages de ces écrivains n'existent plus, il faut parler du premier qui travailla dans ce genre avec un succès marqué : c'est Salluste; il écrivoit comme il pensoit, avec force. Il est plein de métaphores vives et hardies; ses descriptions, ses harangues et ses portraits sont d'un grand maître. On trouve, dans tout ce qu'il écrit, un air grand, un esprit juste, un sens admirable ; mais il a le ton trop chagrin contre sa patrie, et trop mauvaise opinion des hommes ; son style est peut-être plus dur que fort ; et sa brièveté lui ôte un peu de sa clarté. On l'a comparé à ces fleuves qui, ayant leur lit plus serré que les autres, ont aussi leurs eaux plus profondes, et portent des fardeaux plus pesans. Outre les guerres de Catilina et de Jugurtha que nous avons, Salluste avoit fait une Histoire générale des événemens d'un certain nombre d'années, dont il nous reste, entr'autres fragmens, plusieurs Discours pleins d'une éloquence forte.

Parmi les éditions de Salluste, on estime celle d'Amsterdam, 1690, in-8°., et celle de Paris, 1674, in-4°., *ad usum Delphini.*

Le Père Dotteville, de l'Oratoire; Beauzée, et le président de Brosse, ont traduit cet historien en français ; et le public se partage entre leurs versions.

L'excellente traduction espagnole de Salluste, faite par l'infant don Gabriel, et imprimée à Madrid par le célèbre Ibarra, 1772, in-fol., est accompagnée du texte latin, de notes, d'une superbe carte géographique et de très-belles estampes : c'est un chef-d'œuvre de typographie.

CÉSAR.

On voit par le seul titre de *Commentaires*, que le dessein de César n'étoit pas d'écrire une Histoire parfaite; on ne doit les regarder que comme d'excellens Mémoires dressés de sa main. L'élégante simplicité de son style a des grâces inimitables : quoiqu'il soit précis, il n'a rien d'obscur; et si l'on rencontre quelquefois de l'embarras dans sa diction, il faut supposer que les endroits où il est difficile de l'entendre, ont été altérés.

Quant à la matière qu'il traite dans ses Commentaires, ce sont ses propres actions qu'il décrit; et il ne rapporte guère d'événemens qu'il n'ait vus. Il entre dans le détail de toutes ses guerres dans les Gaules, en Espagne, en Italie, dans la Grèce, en Egypte, dans l'Asie et en Afrique; il enchaîne le lecteur par la vivacité de sa narration, et le force, en quelque sorte, de le suivre dans toutes ses expéditions militaires. Il nous a laissé sept livres de la Guerre des Gaules, et trois livres de la Guerre Civile : il y a un huitième livre de la Guerre des Gaules, par un certain Hirtius Pansa, qui a fait aussi un livre de la Guerre d'Alexandrie, un de celle d'Afrique, d'Afrique, et un troisième de celle d'Espagne. Tout cela s'imprime ordinairement avec ce qui est de César lui-même, parce qu'il est le héros de toutes ces guerres, et que d'ailleurs cet Hirtius étoit son contemporain, peut-être même un de ses secrétaires.

L'édition des Commentaires de César, publiée par les soins de Clarke, à Londres, en 1712, in-fol., est remarquable par la beauté de l'exécution et le mérite des gravures dont elle est ornée.

D'Ablancourt a traduit ces *Commentaires* avec négligence; son style n'est pas toujours pur et exact : sa version fourmille de contresens; et en beaucoup d'endroits, elle est moins une traduction, qu'un extrait de l'auteur qu'il a traduit, et dont il s'est contenté de présenter le sens en général, sans s'attacher à rendre ses idées en détail et par particl.

En 1754, l'abbé le Mascrier revit la traduction de d'Ablancourt, et en publia une nouvelle édition avec le texte. De Wailly fit des corrections à ce travail en 1766 et en 1776, et il en est résulté, pour ainsi dire, une traduction nouvelle.

DENIS D'HALICARNASSE.

Les Antiquités Romaines de Denis d'Halicarnasse ne sont pas des recherches pédantesques à la manière des compilateurs : c'est, à la lettre, une Histoire Romaine, qu'il commence *ab ovo Trojano*, et qu'il termine à la première Guerre Punique inclusivement. De vingt livres dont elle étoit composée, il n'en reste que les onze premiers, traduits par le Père le Jay, jésuite, et par l'abbé Bellanger : la première parut en 1722, et la seconde en 1723 : toutes deux sont en 2 vol. in-4°. On donne la préférence à la dernière. On trouve dans Denis d'Halicarnasse beaucoup de recherches, de jugement et de logique ; d'ailleurs sa politique est, comme ses harangues, ennuyeuse, et sa narration traînante.

La meilleure édition de Denis d'Halicarnasse, en grec et en latin, est celle d'Hudson, publiée à Oxford en 1704, 2 vol. in-fol.

APPIEN.

Appien écrivit l'Histoire Romaine en plusieurs livres. Nous n'avons aujourd'hui, que les guerres d'Afrique, de Syrie, des Parthes, de Mithridate, d'Espagne, d'Annibal, quelque chose sur celle d'Illyrie, cinq livres sur les Guerres Civiles, et quelques fragmens. Cet auteur paroît s'attacher principalement à la vérité de l'histoire. On remarque qu'il copie quelquefois ses prédécesseurs.

La meilleure édition d'Appien est celle d'Amsterdam, 1670, 2 vol. in-8°., *cum notis variorum*. Nous avons deux traductions surannées de cet auteur, l'une par Seyssel, Lyon, 1544, in-fol.; et l'autre par Desmares, Paris, 1659, aussi in-fol.

DION CASSIUS.

Dion Cassius fut aimé et honoré de plusieurs empereurs, dont l'estime étoit assez peu de chose, si l'on en excepte Pertinax et Alexandre. Il composa une Histoire Romaine en huit décades; mais ce qui nous en reste est peu considérable. Son style est noble et conforme à ses sujets. Photius assure qu'il a imité Thucydide, mais qu'il est bien plus clair.

Reimar, gendre du bibliographe Fabricius, a publié à Hambourg, en 1750, deux vol. in-fol., une exellente édition de cet auteur, en grec et en latin. Il faut y joindre les précieux fragmens qui ont été imprimés à Bassano, par les soins du savant Morelli, bibliothécaire de Venise, 1798, in-8°., d'après un manuscrit qui avoit appartenu au cardinal Bessarion. Une belle édition in-fol. des mêmes fragmens est sortie, en 1800, des presses de Delance et Lesueur.

Nous ne possédons qu'une mauvaise traduction française de Dion, publiée en 1542, in-fol., par Claude de Rosiers, sur la version italienne de Léonicène.

Il est trop ordinaire de confondre avec la traduction de Dion Cassius, celles de Xiphilin, son abréviateur, composées par Baudoin, qui se cacha d'abord sous le nom d'Antoine de Bandole, et par Boisguilbert.

TITE-LIVE.

Les trois derniers historiens dont nous venons de parler, ont écrit en grec; et aucun d'eux ne peut être comparé à l'Histoire Romaine de Tite-Live, composée en latin. Cet écrivain a l'imagination belle, l'expression noble, une éloquence admirable. Il n'y a proprement que lui, parmi les historiens, qui ait éminemment l'art d'exciter les passions et de remuer les ressorts du cœur les plus cachés. Quintilien égale, sans balancer, Tite-Live à Hérodote pour le style et le mérite de la narration. Il écrivoit admirablement, sans contredit; mais sa crédulité révolte : il recueille tous les petits prodiges, les présages, les petites misères de la superstition païenne. Parmi les éditions de Tite-Live, on recherche celle de Crévier, Paris, 1735, six vol. in-4°., et celle de Drakenborgh, 1738, sept vol. in-4°. Nous en avons une assez foible traduction en dix vol. in-12, par Guerin, ancien professeur de l'Université de Paris : on préfère l'édition qui a été revue par le professeur Cosson.

CORNELIUS NEPOS.

Quoique Cornelius Nepos se soit renfermé dans les bornes étroites d'un abrégé, il n'est inférieur à aucun des plus grands historiens; il en est même très-peu qui intéressent si vivement l'esprit et le cœur ; il n'est point de vertu pacifique ou guerrière, civile ou sociale, qui n'y soit peinte avec les couleurs les plus vives et les plus naturelles; et l'auteur semble n'avoir écrit que pour en inspirer le goût. Pathétique autant que judicieux, il songe moins à raconter des faits, qu'à les peindre avec les traits les plus frappans; et dans cette foule d'actions que lui présente la vie de ses héros, il choisit celles qui les caractérisent davantage : d'où résulte cette ressemblance parfaite qu'exige l'histoire, qui n'est elle-même qu'une peinture fidèle des hommes, de leurs mœurs et de leurs actions.

La meilleure édition de Cornelius Nepos a été publiée par Staveren, avec des notes, Leyde, 1734, in-8°.

Nous avions déjà plusieurs versions françaises de cet historien ; on a cru faire une chose également agréable et utile au public, que de réimprimer, en 1771, celle qui a pour titre, *Cornelius Nepos, latin et français*, traduction nouvelle, avec des notes géographiques, historiques et critiques, un volume in-12 : outre que cette traduction me paroit fidèle et exacte, les notes qui l'accompagnent sont savantes et instructives, et ne laissent rien à désirer pour l'éclaircissement du texte. On y reconnoît également l'homme d'érudition et de goût ; elles sont tirées, pour la plupart, des meilleurs auteurs originaux. Quelques personnes préfèrent la nouvelle traduction qui a été publiée par M. l'abbé Paul, en 1781. *Voyez* le Dictionnaire des ouvrages anonymes et pseudonymes, tom. Ier., pag. 122.

VELLEIUS PATERCULUS.

L'ouvrage de Velleius Paterculus, le modèle inimitable des abrégés, selon le président Hénault, et dont la meilleure édition est celle de Rhunkenius, Leyde, 1779, 2 vol. in-8°., avoit déjà été traduit deux fois en français; la traduction de J. Baudoin est oubliée, avec la plupart de celles qui ont été données anciennement des écrivains Grecs et Latins; les versions d'Amiot se sont seules soutenues. En 1672, Doujat, célèbre jurisconsulte, en donna une qui fut estimée pendant long-temps; celle de M. l'abbé Paul, 1785, in-12, la relègue pour toujours à côté de celle de Jean Baudoin. Le nouveau traducteur s'est attaché à épurer, autant qu'il lui a été possible, le texte de son auteur, souvent altéré par le temps ou par le défaut des copistes.

RECUEIL D'HISTORIENS LATINS.

Tous les anciens auteurs latins, qui ont travaillé sur l'Histoire Romaine, composent une collection imprimée à Heidelberg, en 1743 et 1748, par les soins de M. Haurisius, professeur en histoire, et enrichie de notes par MM. de Klettenberg et Wildeck, le tout en trois vol. in-fol.

Le texte de tous ces auteurs a été collationné sur les meilleures éditions et sur les manuscrits, de la manière la plus exacte ; les notes sont de la plus grande utilité ; chaque tome se trouve enrichi d'une préface savante, dans laquelle on éclaircit et on corrige un grand nombre de choses relatives à l'histoire, à la chronologie et à la géographie ; on s'est fait un devoir d'indiquer les meilleures éditions qui en ont été faites.

Cette immense collection l'emporte, sans contredit, sur toutes les autres qui ont paru jusqu'ici ; peut-être même ne sera-t-elle jamais réimprimée ; et les amateurs de l'Histoire Romaine doivent saisir l'occasion de se procurer un recueil de cette importance.

ROLLIN ET CREVIER.

L'Histoire Romaine, depuis la fondation de Rome jusqu'à la bataille d'Actium, par Rollin, in-4°., huit volumes, Paris, 1752, et continuée par Crevier son disciple, est une production de la vieillesse de Rollin, et un ouvrage assez défectueux. Il y a des répétitions sans nombre, une morale longue et
souvent

souvent puérile, et un défaut de philosophie qui n'étoit pas excusable dans le siècle où l'auteur écrivoit. Il étoit pardonnable aux historiens Romains, d'illustrer les premiers temps de la république, par des fables; mais il n'est plus permis de les transcrire, que pour les réfuter. Tout ce qui est contre la vraisemblance, peut au moins inspirer des doutes; et l'impossible ne doit jamais être écrit. Le caractère principal de l'Histoire de Rollin, est ce zèle décidé pour les bonnes mœurs, qui caractérise tous ses écrits. Il connoissoit d'ailleurs l'antiquité en homme de goût : mais que pouvoit-on attendre d'un vieillard qui écrivoit vite à quatre-vingts ans ?

Quoique Crevier se soit proposé cet homme pour modèle, il ne le suit pas exactement en tout; mais il le copie d'assez près, pour avoir part aux éloges accordés à ce professeur, et aux critiques qu'on a faites de ses ouvrages, et en particulier de l'Histoire Romaine. On ne peut cependant reprocher au continuateur, aucune de ces fréquentes incursions que son maître faisoit de temps en temps sur les terres de ses voisins, ni de s'être enrichi, comme lui, des dépouilles qu'il en rapportoit. Outre que Crevier est plus réservé, il est encore moins prolixe, moins chargé de réflexions que Rollin ; il laisse du moins quelquefois à ses lecteurs, le plaisir d'en faire eux-mêmes. Mais ce dernier l'emporte infiniment sur son continuateur par l'agrément du style, le choix des détails, et l'art de rendre intéressant tout ce qu'il traite. Crevier s'appesantit un peu trop sur des choses qui n'en valent pas la peine ; et il s'arrête quelquefois à des détails peu dignes de la gravité d'une grande histoire.

CATROU ET ROUILLÉ.

L'Histoire Romaine, depuis la fondation de Rome jusqu'à l'année 705, par les Pères Catrou et Rouillé, jésuites, en 21 vol. in-4°., est faite avec plus d'exactitude que celle de Rollin ; mais les auteurs ne savent pas narrer : ils chargent leur style d'ornemens peu convenables à l'histoire ; et cette profusion de fleurs déplacées allonge le récit sans l'embellir. Leurs harangues sont longues ; et leur éloquence n'est ni celle de Tacite, ni celle de Salluste ; c'est celle d'un homme de collége. Ils cherchent les phrases ; et les phrases doivent se présenter d'elles-mêmes à un historien digne de ce nom.

L'ABBÉ TAILHIÉ.

Ce compilateur a profité de ce qu'il y avoit de meilleur dans Rollin et dans Catrou, et en a composé son Histoire Romaine avec des réflexions critiques, politiques et morales, en 5 vol. in-12.

MACQUER.

Macquer a consulté les mêmes historiens dans ses Annales Romaines, ou Abrégé chronologique de l'Histoire Romaine, depuis la fondation de Rome jusqu'aux empereurs, in-8°.; livre très-bien fait, où l'on trouve une narration courte, rapide, dégagée de détails minutieux, pleine de traits mémorables, enchaînés avec méthode et semée des meilleures réflexions que Saint-Evremond, Montesquieu et l'abbé de Mably, ont faites sur les progrès et la décadence de Rome.

L'ABBÉ DE VERTOT.

Qui ne connoît l'Histoire des Révolutions de la République Romaine, par l'abbé de Vertot? C'est une des productions de notre langue, qui en a le plus répandu la gloire : le style en est rapide, pur, élégant et naturel. Personne n'attache plus que lui, et ne donne plus de chaleur à sa narration. On est fâché, dit Linguet, de lui voir finir son livre à l'anéantissement de la république, et le terminer par l'éloge d'un usurpateur. Il a su renfermer en trois volumes, la grandeur de Rome. On voudroit qu'il n'en eût pas employé sept à développer la petitesse de Malte. On aimeroit mieux avoir de sa main l'Histoire des Empereurs, que celle des Grands Maîtres. On désireroit qu'après avoir suivi, dans la capitale du monde, l'établissement et la destruction de la liberté, il y eût aussi fait voir les gradations de la servitude; et qu'au spectacle magnifique, mais peu utile, d'un peuple fier, jaloux de son indépendance, et toujours porté à en abuser, il eût fait succéder le spectacle plus instructif et plus attendrissant de ce même peuple accablé par le despotisme, et flétri par l'esclavage.

LAURENT ECHARD.

Cet auteur Anglais a écrit, dans sa langue, une *Histoire Romaine depuis la fondation de Rome, jusqu'à la translation de l'Empire par Constantin*, traduite en français par Daniel de la Roque, revue pour le style, corrigée et publiée par l'abbé des Fontaines, à

Paris, 1728, six volumes in-12. Cet Abrégé est tronqué et fautif, suivant Voltaire; mais le défaut de bons ouvrages en ce genre, lui a donné beaucoup de cours en France et en Angleterre. L'auteur y a transporté les principaux traits de l'Histoire Romaine, et y a fait entrer aussi de petites digressions sur les principaux écrivains de Rome, qu'il peint avec plus de vérité que de finesse. L'abbé Guyon a donné une continuation de Laurent Echard, en dix volumes in-12. Les faits y sont arrangés avec ordre; la narration est simple et naturelle, le style assez pur : cette Histoire a été réimprimée en Hollande et à Avignon, en douze volumes.

M. PALISSOT.

Il y a une Histoire de quelques rois de Rome, composée en italien par le marquis Virgile Malvezzi. Cet auteur écrivoit en 1630; et son ouvrage est estimé dans sa nation. Ce livre tomba entre les mains de M. Palissot, qui apprenoit l'italien, et il se mit à le traduire; mais justement blessé de tous les défauts de son original, il prit le parti de s'en écarter. Ce n'est que dans la vie de Romulus, qu'il a conservé le plan et quelques passages de l'Histoire Ultramontaine. C'est moins pour écrire des faits, que pour avoir lieu de faire des réflexions, que cet ouvrage a été entrepris. En effet, l'Histoire Ancienne ne peut guère être rajeunie, pour ainsi dire, que par des remarques de morale et de politique sur les événemens et sur le caractère des peuples. Les réflexions de M. Palissot sont en général hardies, quelquefois neuves, toujours rendues par une expression forte.

MONTESQUIEU.

Après avoir parcouru les Histoires générales, il ne faut pas négliger quelques morceaux particuliers, parmi lesquels je placerois d'abord *les Considérations sur les causes de la grandeur des Romains et de leur décadence.* Un assez petit volume a suffi à Montesquieu, pour développer un tableau si intéressant et si vaste. Comme l'auteur ne s'appesantit point sur les détails, et ne saisit que les branches fécondes de son sujet, il a su renfermer en très-peu d'espace, un grand nombre d'objets distinctement aperçus, et rapidement présentés, sans fatigue pour le lecteur : en laissant beaucoup voir, il laisse encore plus à penser ; et on auroit pu intituler son livre : *Histoire Romaine à l'usage des Hommes d'Etat et des Philosophes.*

L'ABBÉ SERAN DE LA TOUR.

Je connois peu d'ouvrages de quelqu'étendue sur les Romains, qui soit plus utile, plus réfléchi, mieux développé, que *l'Histoire du Tribunat de Rome*, 1774, 2 vol. in-8°., qui commence à la création de cette fameuse magistrature, l'an de Rome 261, c'est-à-dire, environ 491 avant notre ère, et continue jusqu'à l'époque de la réunion de cette puissance à celle du trône impérial, sous Auguste. Par conséquent, cet ouvrage met entre les mains du lecteur, le fil de tous les grands événemens de la république, et découvre les sources des révolutions, des troubles et des dissensions qui ne cessèrent d'agiter les Romains, depuis l'établissement du consulat, jusqu'à l'extinction de la liberté.

Un autre genre de beauté de ce livre, c'est le grand nombre de portraits des plus illustres Romains, tracés d'une main ferme, tels que les Cincinnatus, les Coriolan, les Gracche, etc. Quoiqu'on remarque dans le style quelques taches légères, échappées à la plume d'un écrivain occupé des objets les plus importans, la diction en général est noble, vive et pleine d'intérêt. L'auteur marche rapidement à son but, sans s'arrêter aux grands événemens militaires, pour lesquels le commun des écrivains a un goût si décidé, parce que ces événemens ont toujours un certain brillant, qui couvre des vides et des défauts réels dans le tissu historique. Cette bonne production ne peut être que le fruit d'une plume savante, exercée, sage, et faite pour peindre des siècles si fameux ; elle est assez généralement attribuée à l'abbé Seran de la Tour, connu par d'autres ouvrages.

M. LEVESQUE.

Dans son Histoire critique de la République Romaine, 1807, 3 vol. in-8°., M. Levesque pousse trop loin sa juste animadversion contre les Romains, considérés comme hommes; il y fait le procès à nombre d'illustres citoyens, dont la vénération des siècles a consacré les noms et les vertus. Il n'y a guère qu'un Romain à qui il fasse pleinement grâce ; et ce Romain, c'est César. Quoiqu'on puisse dire de cet ouvrage, ce n'en est pas moins une production très-remarquable : c'est celle d'un homme qui a beaucoup pensé, et qui fait

beaucoup

beaucoup penser aussi. On peut souvent ne pas adopter son opinion; mais son opinion mérite toujours qu'on l'examine et qu'on la pèse. Son livre offre une Histoire complète de l'Empire Romain, depuis la fondation de Rome jusqu'au règne de Néron inclusivement, et les discussions que comportoit son dessein, n'interrompent pas tellement le fil des événemens, qu'on ne puisse le suivre avec facilité, et par conséquent avec plaisir. Le style est généralement clair et correct; on pourroit y désirer un peu plus d'élégance; il seroit à souhaiter cependant que tous les autres ouvrages d'érudition n'en fussent pas plus dénués que celui-ci.

BRIDAULT.

Les Mœurs et Coutumes des Romains, par Bridault, deux volumes in-12, dont il a paru deux éditions, l'une en 1753, et l'autre en 1757, ne sont ni un abrégé ni une répétition de ce que contiennent les grandes Histoires Romaines : c'est un tableau général des usages de Rome les plus singuliers et les plus curieux; et comme c'est principalement l'instruction de la jeunesse que l'auteur a eu en vue, il mêle à tous les articles des réflexions particulières, dont le but est d'inspirer à ses jeunes lecteurs, l'amour de la religion et de la vertu.

M. DE FONTANELLE.

L'Essai sur le Feu sacré et les Vestales, par M. de Fontanelle, brochure in-8°. de 110 pages, à Paris, chez le Jay, 1768, est ce que nous avons de plus complet en notre langue sur cette matière. L'auteur présente l'origine de cette espèce de religion, qui ne devint idolâtrie que dans la suite. Il la montre d'abord dans la Chaldée, où elle prit naissance, d'où elle se répandit chez les peuples voisins; il la suit rapidement chez presque toutes les nations de la terre. Il s'arrête davantage sur ce qu'elle étoit chez les anciens Perses; ce qui lui fournit l'occasion de donner un précis de la vie et de la morale de Zoroastre. Après avoir parcouru les régions où le feu sacré fut allumé, l'auteur le suit dans la Grèce, dans l'Italie, et enfin à Rome. Il offre alors l'Histoire des Prêtresses qui étoient chargées de sa conservation. En parlant de leurs usages, de leurs règlemens, il montre les rapports qu'ils avoient avec d'autres plus anciens, et remarque les ressemblances qui se trouvent entre les vierges de Rome et celles du Pérou.

AUTEURS DIVERS.

On doit encore placer parmi les livres qui traitent des Romains, *l'Histoire de Scipion l'Africain*, par Séran de la Tour, pour servir de suite aux Hommes illustres de Plutarque, avec les observations du chevalier de Folard, sur la bataille de Zama, in-12, 1738.

L'Histoire des deux Triumvirats, depuis la mort de Catilina jusqu'à celle d'Antoine, par Citri de la Guette, in-12, trois volumes, dont le dernier renferme l'Histoire d'Auguste, par Larrey. Ce recueil est digne d'être mis à la suite des Révolutions de l'abbé de Vertot.

L'Histoire de la Vie de Cicéron, tirée de ses écrits et des monumens de son siècle, avec les preuves et des éclaircissemens, composée par l'abbé Prévôt, sur l'ouvrage anglais de Midleton, 1743, quatre ou cinq vol. in-12. Cette traduction fut faite à la hâte : le style en est un peu négligé ; mais il a cette abondance et cette élégance qui est le caractère propre des écrits de l'auteur. Il renferme d'ailleurs d'excellentes choses : on n'y désireroit que plus de précision et de méthode.

L'Histoire des Vestales, avec un Traité

du luxe des Dames Romaines, par l'abbé Nadal, in-12, Paris, 1725 ; ouvrage délicat et curieux.

L'abbé de Mably, auteur d'Observations très-judicieuses sur l'Histoire de la Grèce, a donné aussi des Observations sur les Romains : les unes et les autres sont profondément pensées, bien liées, remplies de vues et de conjectures heureuses.

L'abbé du Bignon, auteur des Considérations sur l'Origine et les Révolutions du Gouvernement des Romains, Paris, 1778, 2 vol. in-12, s'est efforcé de nous donner une idée claire et distincte de la constitution primitive de ce peuple, le plus fameux de tous les peuples, et de concilier les contradictions où sont tombés à ce sujet Tite-Live et Denis d'Halicarnasse, opposés tantôt l'un à l'autre, tantôt à eux-mêmes, et souvent aux faits. Cet ouvrage est écrit inégalement et avec quelqu'incorrection ; mais il y règne une critique ingénieuse, et il peut servir beaucoup à ceux qui étudient l'Histoire Romaine.

M. Bilhon a eu soin d'appuyer d'autorités convenables ce qu'il avance dans sa Dissertation sur le Gouvernement des Romains, considéré sous le rapport de la justice, des finances et du commerce, 1807, in-8°. Il y développe d'une manière fort intéressante, tout ce qui concerne l'administration d'un peuple qui joue un si grand rôle dans l'Histoire.

§ IV. EMPEREURS ROMAINS ET LE BAS-EMPIRE.

TACITE.

Le spectacle de la première république de l'univers, changée par un usurpateur en une monarchie immense, et par ses successeurs en une tyrannie cruelle, ne mérite pas moins notre attention, que l'Histoire de Rome naissante et de Rome conquérante. Il faut d'abord que vous recouriez aux originaux ; et les Annales de Tacite sont le premier ouvrage qui se présente : il y avoit décrit les règnes de Tibère, de Caligula, de Claude et de Néron. Nous avons encore l'Histoire de Tibère et de Néron, quelque chose sur Claude ; mais le reste n'est plus. L'empereur Tacite se faisoit honneur de descendre de cet homme célèbre : il ordonna que ses ouvrages fussent répandus dans toutes les bibliothèques, et qu'on en fît tous les ans dix copies aux frais du public, pour les mieux conserver dans toute leur intégrité. Toutes ces précautions n'ont pas empêché qu'il ne s'en soit perdu une grande partie. Tacite se piquoit d'avoir écrit avec bonne foi, et de n'avoir eu en vue que de dire la vérité. Il creuse avec une rare sagacité jusqu'au fond du cœur humain ; il saisit les moindres nuances des passions, les petits ressorts des grands desseins, le manége sourd des cours, et le véritable objet de leurs démarches : aussi a-t-il été appelé *le Bréviaire des Politiques*. Jamais historien ne pensa si profondément ; mais peut-être qu'à force de vouloir expliquer tout, son imagination lui a fait quelquefois faire des systèmes. Il ne se défie point assez d'une certaine aigreur, pardonnable, en quelque sorte, à ceux qui ayant long-temps vécu dans le monde, en viennent enfin à se persuader qu'ils n'y ont vu que des vertus feintes, ou des vices déguisés. Cette disposition lui étoit habituelle ; elle perce à chaque instant dans son Histoire ; peut-être même étoit-elle chez lui le fruit du caractère, autant que de la réflexion. On aperçoit, sans peine, que son style étoit naturellement amer. Il avoit dans l'esprit plus de force que de légèreté. Son tempérament le rendoit plus propre à donner un coloris vigoureux à la satire, qu'à se perdre dans les fadeurs du panégyrique. Or, la constitution physique d'un homme entre pour beaucoup dans sa façon de voir et de présenter les choses. On lui reproche encore d'être obscur et enveloppé. Il vouloit être concis et dire beaucoup en peu de mots : il a parfaitement réussi à cet égard ; sa phrase est une sentence continuelle, qui renferme un grand sens. En un mot, il fait penser ; et lors même qu'on ne l'entend guère, les efforts qu'on fait pour l'entendre ne sont pas inutiles.

Personne n'ignore que la meilleure édition de Tacite, est celle que publia à Paris, en 1771, le P. Brotier, et dans laquelle le grand objet qu'il s'est proposé, a été de donner un texte exact et pur, revu et corrigé sur les manuscrits les plus anciens et les plus authentiques qui se trouvent dans les bibliothèques de l'Europe. Il ne s'est pas contenté d'assigner dans ses notes et dans ses commentaires, les époques précises des événemens, il les a réduites au calcul de notre ère. Il indique les justes rapports de la géographie ancienne et moderne ; il donne l'évaluation des monnaies françaises ; il éclaircit les passages obscurs du récit de Tacite, et prouve la vérité des faits que rapporte cet historien, par les médailles, les inscriptions, les écrits des auteurs Grecs, Romains, qui ont vécu de son temps ou après lui.

Selon l'importance des matières et pour l'éclaircissement de plusieurs difficultés historiques, le Père Brotier a cru devoir répandre dans son ouvrage quelques Dissertations qui décèlent une connoissance profonde de l'Histoire Romaine et de l'Antiquité.

Il ne s'est pas contenté d'ajouter des notes, des explications, des commentaires, de donner, en un mot, tous les éclaircissemens nécessaires au texte existant de Tacite; il a entrepris de remplacer les morceaux de cet historien qui nous manquent, et de renouer le fil de sa narration, en suppléant aux lacunes qui l'interrompent. Ce projet, aussi hardi que pénible, demandoit une plume singulièrement exercée dans la manière d'écrire de Tacite, celle de tous les historiens de l'ancienne Rome, la plus difficile à saisir; et c'est-là, sans contredit, la partie la plus brillante et la plus utile de son travail.

L'édition dont il est ici question, contient 4 vol. in-4°. : on en a tiré quelques exemplaires en grand papier; ils sont très-rares.

TRADUCTEURS.

TRADUCTEURS.

LE PÈRE DOTTEVILLE.

Nous avons plusieurs traductions de Tacite : d'Alembert n'en a traduit que quelques morceaux, qui se trouvent dans ses *Mélanges de Littérature*, où séparément, en 2 vol. in-12. La version de l'abbé de la Bletterie est médiocre ; mais la traduction du Père Dotteville, de l'Oratoire, approche plus de cette précision, de cette sobriété de style, de cette économie de paroles, qui rendent si difficile une excellente version de l'historien de l'Empire Romain.

Le premier soin du Père Dotteville, a été de travailler sur un texte épuré. Outre les manuscrits de la Bibliothèque du Roi, dont les traducteurs précédens ont déjà tiré presque tout ce qu'ils ont de bon, l'auteur a lu avec attention un magnifique manuscrit en vélin, appartenant à l'Institution de l'Oratoire de Paris, et que l'on trouve aujourd'hui à la Bibliothèque Impériale ; il fut apporté d'Italie en France, et donné à cette maison par Henri Harlay de Sancy, mort prêtre de l'Oratoire en 1667.

La seconde attention du nouvel interprète s'est portée à donner une introduction à l'Histoire qu'il traduit. C'est un Abrégé très-bien fait, qui lie les événemens décrits dans les Annales de Tacite, avec ce qu'il raconte au commencement de son Histoire, c'est-à-dire, la fin du règne de Néron, et les premiers temps de celui de Galba.

La traduction du Père Dotteville a été réimprimée plusieurs fois avec le texte original, en 7 vol. in-8°. ou in-12.

M. DUREAU DE LA MALLE.

Les amis des lettres n'ont point oublié la traduction que M. Dureau donna en 1776, du Traité des Bienfaits de Sénèque, ni son discours préliminaire, rempli de vues profondes sur le génie des langues et sur l'art de traduire. Il a suivi les mêmes principes en traduisant Tacite : ce sont ceux d'une fidélité libre, d'une imitation généreuse, qui sacrifie le texte au sentiment, le corps du style à son âme ; qui se pique de donner autant de beautés plutôt que les mêmes ; qui veut que, pour bien traduire, on commence par bien écrire, qu'on cherche à ressembler au modèle plutôt qu'à le copier, et qui craint bien moins le remplacement d'une image ou d'une expression par d'heureux équivalens, que le travestissement littéral et servile d'un génie intraduisible.

Mais la noble indépendance de ces principes vous entraîneroit trop loin de votre auteur, si vous n'aviez d'avance, par le talent et par l'étude, pénétré et, pour ainsi dire, imbu votre style et votre pensée du génie de l'auteur : c'est ce que M. Dureau nous paroît avoir fait ; c'est ce qu'on reconnoît à la marche généralement grave, souvent pompeuse et périodique de ses phrases. Il a rejeté le préjugé commun sur la concision de Tacite, qui n'est certainement ni son caractère, ni son mérite principal : M. Dureau n'a fait qu'indiquer ses idées à cet égard ; mais sa traduction est une preuve continuelle qu'il a bien jugé : elle a paru en 1790 à Paris, 3 vol. in-8°., sans le texte.

Dans ces derniers temps, MM. Desrenaudes, Dambreville et Rendu, ont publié, chacun séparément, une traduction de la Vie d'Agricola.

DION.

Cet auteur, qui a écrit sur les premiers

empereurs, n'a pas marché sur les traces de Tacite : c'est, dit l'abbé Lenglet, un rhéteur babillard, plutôt qu'un écrivain raisonnable. Il ne manque aucune occasion de placer dans son Histoire des discours, qui, sans donner une idée bien favorable de son éloquence, en font naître une très-désavantageuse de son jugement. Loin de mériter la confiance de ses lecteurs, il ne peut leur inspirer que du dégoût. Ce jugement est sévère; et l'on peut le tempérer par ce que nous avons dit sur Dion dans le paragraphe précédent.

SUÉTONE.

Suétone s'occupe à ramasser des anecdotes bien plus qu'à les choisir : il les raconte avec un style aussi lâche qu'indécent; il les entasse sans examen et sans distinction : il ne fait pas plus usage de la chronologie que de la critique. Il a des tableaux libertins, qui doivent dégoûter les honnêtes gens : il pouvoit peindre les vices et la débauche des empereurs avec plus de pudeur et de décence. Quelques personnes le regardent comme très-véridique ; mais toutes les horreurs qu'il raconte ne sont guère croyables, quoiqu'elles puissent être vraies. MM. de la Harpe et de la

Pause en ont donné chacun une traduction en 1770.

La construction, la justesse, la propriété, l'élégance, l'harmonie, le nombre, sont des qualités qui manquent à M. de la Harpe. La version de M. de la Pause, quoiqu'elle n'ait pas le mérite d'être partout exacte et fidèle, a du moins celui d'être française. Le style de cet interprète est même, en général, élégant et noble. Au reste, si je place la traduction de M. de la Pause au-dessus de celle de son émule, ce n'est pas que je la regarde comme exempte de taches. On peut beaucoup mieux faire que M. de la Harpe, et se trouver encore fort loin de la perfection. Le défaut qui blesse le plus dans M. de la Pause, c'est qu'il n'a point traduit Suétone dans sa totalité.

Dans une nouvelle édition de la traduction de M. de la Harpe, publiée en 1806, l'éditeur a corrigé quelques-uns des contre-sens dont cet ouvrage fourmille.

AUTEURS DE L'HISTOIRE AUGUSTE.

On appelle Histoire Auguste, celle de six auteurs Latins qui ont écrit les Vies des Empereurs Romains, depuis Adrien jusqu'à Carin. Ces auteurs sont Spartien, Lampride, Vulcace, Capitolin, Pollion et Vopisque : ils ont vécu sous Dioclétien, quoique quelques-uns aient encore écrit sous ses successeurs. La meilleure édition de ces auteurs est celle de Leyde, 1671, 2 vol. in-8°., *cum notis variorum.*

La perte des treize premiers livres d'Ammien Marcellin donne aux écrivains de l'Histoire Auguste un mérite qu'on ne sauroit leur contester : ce sont les seuls historiens parvenus jusqu'à nous, qui présentent le tableau des révolutions qu'essuya l'Empire Romain pendant un intervalle de cent soixante années. Nous n'avions qu'une mauvaise traduction de ces historiens par l'abbé de Marolles; elle a été entièrement effacée par celle que publia en l'année 1783, Guillaume de Moulines, académicien de Berlin. Celle-ci est en général très-exacte, et aussi bien écrite qu'elle pouvoit l'être dans une ville étrangère ; elle est d'ailleurs enrichie de notes courtes et judicieuses, qui expliquent les endroits les plus difficiles.

En 1806, l'imprimerie bibliographique de la rue Gît-le-Cœur en donna une nouvelle édition beaucoup plus correcte que celle de Berlin ; l'une et l'autre ont 3 vol. in-12.

AMMIEN MARCELLIN.

Ammien Marcellin, Grec de nation, et soldat, écrivit en latin l'Histoire des Empereurs Romains depuis Nerva, où finit Suétone, jusqu'à Valens ; nous n'en avons aujourd'hui que les dix-huit derniers livres, qui commencent à la fin de l'année 353, immédiatement après la mort de Magnence. Son style est dur, embarrassé, enflé quelquefois, souvent obscur et d'une latinité barbare ; mais il n'y a point d'historien sur la bonne foi duquel on puisse se reposer avec autant d'assurance.

La meilleure édition d'Ammien Marcellin a été donnée par Gronovius, à Leyde, 1693, in-4°.

La traduction de cet auteur, par Guillaume de Moulines, Berlin, 1775, ou Lyon, 1778, 3 vol. in-12, est un véritable service rendu à la littérature française : elle a fait aussi oublier celle de l'abbé de Marolles.

HERODIEN.

Cet historien Grec nous a transmis, en huit livres, tout ce qui s'est passé depuis la mort de Marc-Aurèle, jusqu'à Gordien III. Il y a fort peu d'écrivains à qui cet auteur doive céder pour la pureté du style, et pour l'arrangement des faits. L'abbé Mongault a traduit son Histoire en français avec autant de fidélité que d'élégance.

Les historiens qui vinrent après, n'ont pas le même mérite. Zosime, Procope, Agathias, auteurs Grecs, se sentent de la décadence que le goût avoit éprouvé dans leur siècle : le premier est plein d'aigreur ; le second est exact dans ce qui regarde les guerres de Belisaire ; mais il paroît aussi satirique dans ses anecdotes, qu'il a été lâche et flatteur dans sa Grande Histoire ; le troisième n'est guère qu'un compilateur. Le premier a été traduit par le président Cousin, en un vol. in-4°., 1678, ou 2 vol. in-12, 1686, à la suite de Xiphilin et de Zonare.

TILLEMONT.

Vous ne pourrez vous dispenser de parcourir le savant ouvrage de Tillemont, intitulé, *Histoire des Empereurs et des autres Princes* qui ont régné durant les six premiers siècles de l'Eglise, des persécutions qu'ils ont faites aux Chrétiens, de leurs guerres

res contre les Juifs, des écrivains profanes et des personnes les plus illustres de leur temps, justifiée par les citations des auteurs originaux, avec des notes pour éclaircir les principales difficultés de l'Histoire, en six volumes in-4°. Cet ouvrage va jusque vers le milieu du sixième siècle. L'auteur, non moins éclairé dans le discernement des sources, que soigneux à les faire connoître, cite ses garans avec l'exactitude la plus scrupuleuse. Les notes dont il accompagne la narration, décèlent un critique habile; mais elles interrompent le récit, et rendent ce livre meilleur à consulter qu'à lire de suite.

CREVIER.

L'Histoire des Empereurs Romains, depuis Auguste jusqu'à Constantin, par M. Crevier, en douze vol. in-12, a été presqu'entièrement puisée dans Tillemont; mais le récit n'en est point interrompu par des discussions critiques et chronologiques. Mêmes vues d'utilité et de religion dans Rollin et dans Crevier; solide instruction dans l'un et dans l'autre; mais celui-ci n'est pas si agréable à lire, pas si heureux dans le choix de ses détails, pas si intéressant dans la façon de les présenter, pas si plein, et cependant plus chargé dans sa narration.

LINGUET.

L'agrément qui manque à Crevier, on le trouvera certainement dans *l'Histoire des Révolutions de l'Empire Romain*, pour servir de suite à celle des Révolutions de la République, par Linguet, 1766, deux vol. in-12. L'auteur écrit certainement de génie ; il a de la force et de la chaleur ; il n'a pu manquer de plaire aux spéculatifs : c'est une suite de faits choisis, mais mêlés de réflexions, tantôt de la plus grande justesse, tantôt un peu hasardées, et d'inductions quelquefois arbitraires. Son ouvrage prend trop souvent l'air de dissertation, parce qu'il contredit à tout moment Tacite et Suétone. Peut-être que cet ingénieux et éloquent auteur auroit mieux fait de rejeter ces discussions à la fin du livre, et d'écrire et raconter les faits avec rapidité.

GIBBON.

C'est un grand et important ouvrage que l'Histoire de la Décadence et de la Chute de l'Empire Romain, publiée à Londres en

1776 et années suivantes, 6 vol. in-4°., ou 1797, 12 vol. in-8°.

Ce n'est point à la destruction du gouvernement républicain que Gibbon fait commencer la décadence des Romains; il suppose que sous les premiers empereurs, la puissance romaine alloit encore en croissant, puisqu'elle faisoit encore des conquêtes : c'est dans le siècle de Trajan et des Antonins que, parvenue au faîte de la grandeur, elle commence à pencher vers sa ruine. Gibbon divise en trois périodes les révolutions qui, dans le cours d'environ treize siècles, ont sappé l'édifice de la grandeur romaine, et l'ont enfin renversé. Ses réflexions sont justes, ses observations fines, ses vues profondes, sa marche libre et dégagée; il se rend maître de la matière qu'il traite; il lui donne une forme qui est à lui; et d'un fonds qui paroît épuisé, il tire une infinité de choses neuves et piquantes. Son Histoire a été traduite en français par différentes mains, depuis 1777 jusqu'en 1797, 18 vol. in-8°. On a reconnu dans le premier traducteur, le Clerc de Sept-Chênes, ou, suivant quelques personnes, l'infortuné Louis XVI, un style pur et élégant, de l'aisance, de la noblesse : les continuateurs ne méritent aucun de ces éloges : c'est cependant un ouvrage à placer dans toutes les bibliothèques.

M. DE BURY.

L'Histoire de la Vie de Jules-César, par M. de Bury, Paris, 1758, 2 vol. in-12, forme un bon ouvrage, tant pour le fonds que pour la manière de présenter les choses. Afin de donner une juste idée de son héros, l'auteur a rassemblé les différens traits qui concernent ce personnage si célèbre, et en a formé une narration suivie, un corps d'histoire complet.

Suétone, Plutarque et César lui-même ont fourni d'excellens Mémoires ; mais nul d'eux n'a tout dit, ni voulu tout dire : il a fallu emprunter des couleurs et des anecdotes tirées de Cicéron, de Salluste, de Paterculus, et y ajouter les réflexions de nos meilleurs auteurs, tels que Bossuet et Saint-Réal : par-là, M. de Bury a trouvé le moyen de nous rendre César tout entier et au naturel.

On trouve à la suite de cette Histoire une Dissertation raisonnée sur la liberté, où l'on montre les avantages du gouvernement monarchique sur le républicain.

MM. LEBEAU ET AMEILHON.

L'auteur de *l'Histoire du Bas-Empire*, M. le Beau, qui nous a donné vingt-deux volumes in-12 de cet ouvrage, est placé depuis long-temps, par le public, au nombre de nos bons écrivains. Son style est très-piquant; et aucune partie de son Histoire ne se lit sans intérêt. Il abonde en réflexions fines, en expressions hardies et caractéristiques; il loue adroitement et à propos : chez lui, une ironie délicate livre souvent au ridicule, des personnages que la postérité n'est plus obligée de respecter. Ses descriptions sont riches et pompeuses; en un mot, il a une manière qui lui est propre, et qu'il ne sera jamais aisé de copier.

M. le Beau fut enlevé aux lettres le 13 mars 1778; son Histoire n'aura pas le sort de plusieurs autres commencées avec succès et livrées ensuite à des mains maladroites, qui, en y ajoutant quelquefois un grand nombre de volumes, n'empêchent pas que l'ouvrage ne soit censé fini à la mort du premier auteur. M. Ameilhon a prouvé, dans les six volumes qu'il a fait imprimer depuis 1778, qu'on ne pouvoit donner à M. le Beau un continuateur plus en état de nous consoler de sa perte : il n'a fallu de sa part qu'un léger supplément pour rendre complets les tomes XXI et XXII, laissés imparfaits par M. le Beau. Le vingt-septième et dernier volume de cette importante Histoire est sous presse : l'événement qui doit la terminer est très-frappant; c'est la chute d'un des plus grands empires qui aient paru dans le monde. On attend avec impatience le récit de cette grande révolution.

Plusieurs critiques ont reproché à M. le Beau de manquer d'énergie et de précision; M. Ameilhon, sans avoir ses défauts, a une partie des qualités qui le rendirent si recommandable ; et il nous a paru que ses recherches étoient dirigées par une critique très-saine.

M. ROYOU.

Ceux qui se contentent d'une simple esquisse des faits historiques, et qui sont indifférens à la narration facile, claire et agréable de le Beau, et aux aperçus philosophiques de Gibbon, pourront se borner à l'Histoire du Bas-Empire publiée par M. Royou, ancien avocat, en 1803, 4 vol. in-8°.; et ils la liront avec fruit.

L'ABBÉ DE LA BLETTERIE.

Tous les gens instruits connoissent *l'Histoire de l'Empereur Julien*, in-12, par l'abbé de la Blétterie, à laquelle il faut joindre *la Vie de l'Empereur Jovien*, avec la traduction de quelques écrits de l'empereur Julien, en 2 volumes in-12, par le même. Ces deux Histoires sont écrites avec exactitude et avec sagesse. L'auteur tient un milieu entre le fanatisme qui avoit dégradé Julien au-dessous de l'homme, et l'enthousiasme qui en avoit voulu faire un Dieu.

FLÉCHIER.

Vous pouvez mettre aussi au rang des bonnes productions, *l'Histoire de l'Empereur Théodose-le-Grand*, par Fléchier, in-4°. et in-12, qui la composa pour l'instruction du Grand Dauphin. Ce livre est écrit avec une sorte d'éloquence; et l'on y relève les grandes qualités de Théodose, sans cependant pallier ses défauts.

COUSIN.

Il faut ajouter à ces livres, quelques ouvrages propres à faire connoître la décadence de l'Empire Romain : vous pouvez mettre à la tête, *l'Histoire de la Ville de Constantinople*, depuis le règne de l'ancien Justin (en 518, ou plutôt depuis Honorius et Arcadius en 395 et 407), jusqu'à la destruction de cet Empire par les Turcs (en 1453), traduite par Cousin, président de la Cour des Monnoies, in-4°., Paris, 1672, huit volumes; collection importante, qui renferme tous les auteurs originaux qui ont traité l'Histoire Byzantine, Procope, Agathias, etc.

L'ABBÉ GUYON.

Au défaut du recueil précédent, on peut se contenter de la continuation de l'Histoire Romaine de Laurent Echard, jusqu'à la prise de Constantinople. Qu'on ne s'imagine pas que ce soit ici une traduction; c'est un ouvrage qui est sorti de la plume de l'abbé Guyon. *Voyez* ci-devant page 341.

VILLE-HARDOUIN.

Il y a encore un excellent morceau d'Histoire que je vous conseillerois de lire s'il étoit mieux écrit; c'est *l'Histoire de Constantinople* sous les empereurs Français, par Geoffroy de Ville-Hardouin et Philippe de Mouskes, avec une Histoire de Constantinople,
depuis

depuis le 13e. siècle jusqu'à la prise de cette ville par les Turcs, par du Cange, in-folio, Paris, de l'Imprimerie Royale, 1657.

DE BURIGNY.

Je terminerai cette liste par *l'Histoire des Révolutions de Constantinople*, 1750, trois vol. in-12. De Burigny, auteur de cet ouvrage, l'a travaillé avec soin. Les divers morceaux de l'Histoire Byzantine ne forment pas un tout complet; et les auteurs en sont ou flatteurs ou passionnés. On a réuni les faits dans cette Histoire, et on les a dépouillés de tout ce que la passion ou l'ignorance y avoient mêlé.

§ V. HISTOIRE GÉNÉRALE DE FRANCE.

Il est des savans bizarres, qui s'épuisent en recherches sur des nations inconnues, et qui négligent l'histoire de leur propre patrie. La première étude d'un homme du monde doit être l'histoire de son pays; mais pour la faire avec succès, il ne faut pas embrasser trop d'objets, ni s'appesantir sur trop de livres. Je ne vous parlerai donc que de nos principaux historiens. : j'omettrai d'abord tous les anciens; ils sont barbares pour la plupart; et je crois qu'on ne se soucie pas plus de les connoître que de les lire.

DUPLEIX.

Scipion Dupleix donna une *Histoire générale de France*, depuis Pharamond jusqu'en 1646, Paris, 1648, 1650, 1654, 1663, six vol. in-fol. Quoique cet auteur écrive languissamment et d'une manière diffuse, cependant son livre a été autrefois lu, et est encore recherché par quelques curieux. Il n'est pas même tout-à-fait à négliger, tant pour ses Mémoires sur l'Histoire des Gaules, que sur l'Histoire de Henri IV. Il avoit été à portée d'avoir des connoissances exactes sur ce prince. Il est quelquefois satirique; mais la satire est, aux yeux de certaines gens, le sel de l'Histoire.

MEZERAI.

Mezerai écrivit, après Dupleix, une grande Histoire de France en trois vol. in-fol. qu'on ne lit plus, quoiqu'il y ait des choses recherchées; et un Abrégé qui est entre les mains de tout le monde. Cet écrivain n'étoit pas assez instruit, et ne vouloit pas se donner la peine de s'instruire. Il avouoit bonnement qu'il écrivoit d'après ceux qui avoient compilé avant lui; mais il aimoit la vérité, et la disoit avec une énergie qui lui fut quelquefois funeste. Il manquoit de noblesse, de correction, de décence même dans son style; mais il l'avoit vif et énergique.

LE PÈRE DANIEL.

Le Père Daniel, qui nous a donné aussi une grande *Histoire de France* et un Abrégé, a le style net et naturel, la narration extrêmement dépouillée et liée. Ses réflexions sont sensées, mais communes; et il paroît infiniment mieux instruit des affaires militaires, où un homme de son état se trompe presque toujours, que de celles du cabinet : c'est proprement l'Histoire des Guerres de France qu'il nous a données, et non pas celle de la nation. On le loue d'avoir débrouillé les deux premières races de nos rois; et on le blâme d'avoir montré de la partialité sur la fin de la troisième. En général, sa narration manque de chaleur, son style de couleur et de force. Il n'est ni assez profond, ni assez hardi. Qu'il se trompe sur quelques noms, sur la position de quelques villes; qu'il prenne l'entrée de quelques troupes dans une ville ouverte, pour un siége, ces légères fautes ne sont presque rien, parce qu'il importe peu à la postérité, dit Voltaire, qu'on ait eu tort ou raison dans de petits faits qui sont perdus pour elle : mais on ne peut souffrir les déguisemens avec lesquels il raconte les batailles importantes. Au reste, il en est du Père Daniel comme de Mezerai; son Abrégé est plus estimé que sa grande Histoire; et il faut choisir les dernières éditions de l'une et de l'autre, revues, corrigées et augmentées par le Père Griffet (1), son confrère.

LIMIERS.

Limiers a fait une suite de Mezerai, qu'on pourroit aussi consulter pour suppléer à l'Histoire de Daniel : ce sont deux volumes in-4°. de Supplément, l'un pour le règne de Louis XIII, et l'autre pour celui de Louis XIV. Mais il est bon d'avertir que cette continuation est faite par un écrivain sans force et sans élégance.

---

(1) La grande Histoire est en 17 vol. in-4°., 1755, et l'Abrégé en 14 vol. in-12.

L'ABBÉ LE GENDRE.

L'abbé le Gendre, quoiqu'inférieur pour la diction à Daniel, attache davantage dans son *Histoire de France jusqu'à la mort de Louis XIII*, à Paris, 1718, en trois volumes in-folio, et en huit volumes in-12. « C'est un » des Abrégés les plus exacts de notre His- » toire (dit l'auteur du nouveau Dictionnaire » Historique); il est écrit d'un style simple » et un peu lâche. Les premiers volumes pa- » rurent en 1700, et ne furent pas beaucoup » recherchés : ce fut moins la faute de l'au- » teur que du sujet. Quand on auroit la plume » et la liberté du président de Thou, il seroit » difficile de rendre les premiers siècles de » notre monarchie intéressans. »

L'ABBÉ VÉLY.

C'est pourtant ce qu'a tâché de faire l'abbé Vély, dans son *Histoire de France*, depuis l'établissement de la monarchie jusqu'au règne de Louis XIV. Il prétend que la plupart de nos historiens n'ont donné que l'Histoire de nos rois, et non celle de la nation : c'est principalement cette dernière, qu'il s'est proposé de joindre aux Annales des Princes qui ont régné. Il s'est appliqué surtout à remarquer les commencemens de certains usages, les principes de nos libertés, les vraies sources et les divers fondemens de notre droit public ; l'origine des grandes dignités, l'institution des parlemens, l'établissement des universités, la fondation des ordres religieux ou militaires ; enfin, tout ce que les arts et les sciences nous fournissent de découvertes utiles à la société. L'auteur a rempli son plan. C'étoit un homme qui consultoit les sources, et qui citoit exactement ses autorités. Son style est sage et naturel, et ne manque pas d'une certaine chaleur.

La mort l'ayant surpris lorsqu'il travailloit au huitième volume de cet ouvrage, Villaret, secrétaire de la pairie, se chargea de le continuer, et il le fit avec succès ; mais comme il s'abandonnoit quelquefois à sa verve, et qu'il aimoit les réflexions, il auroit allongé considérablement son travail, s'il avoit eu le temps de le finir. Il en étoit au règne de Louis XI, lorsqu'il mourut.

L'abbé Garnier, professeur d'histoire au Collége Royal, a été le second continuateur de cet ouvrage funeste à ses auteurs. Il est moins brillant que Villaret ; mais il est aussi moins verbeux ; et il paroît avoir mieux saisi le plan de l'abbé Vély. Il a publié le 30ᵉ. volume en 1786, lequel conduit jusqu'à Charles IX.

Le principal défaut de ce continuateur, est de manquer de chaleur; qualité difficile à acquérir ; il a, d'ailleurs, presque toutes les autres parties nécessaires à un historien : la gravité de la diction, l'impartialité dans les jugemens, la sagacité à découvrir la cause des événemens ; je dois dire encore qu'il s'est corrigé de ce penchant pour les digressions et la morale, qu'on lui avoit reproché dans les volumes précédens.

Cette Histoire est composée de 15 volumes in-4°. ou 30 vol. in-12 : on y joint une table publiée en 1804, un vol. in-4°. ou 3 vol. in-12.

Feu M. Gaillard a composé quatre volumes d'Observations sur cette Histoire ; elles méritent d'être lues.

M. ANQUETIL.

Cet auteur s'est proposé, en se conformant aux vœux de Sa Majesté l'Empereur et Roi, de nous donner une Histoire de France dégagée des détails et des accessoires étrangers, qui rendent si volumineuses celles que nous avons indiquées, et de la réduire aux faits absolument particuliers à la nation.

On n'a pas vu sans attendrissement un écrivain plus qu'octogénaire, consacrer les dernières années de sa vie à un travail aussi pénible. Son Histoire forme 14 volumes in-12 : si elle n'est pas la plus élégante que nous ayons, elle est la plus complète et la plus commode à consulter.

LE PRÉSIDENT HENAULT.

Pour se rappeler les faits des grandes Histoires, il est nécessaire de lire des Abrégés. On n'en sauroit choisir de meilleur, que l'Abrégé chronologique de l'Histoire de France, par le président Henault, si souvent réimprimé, et dont la dernière édition est en trois volumes in-8°. Le lecteur y voit d'un seul coup d'œil, combien dans chaque siècle l'Europe a eu de souverains, combien sous chaque règne la France a eu de grands hommes. Nos rois, leurs épouses, leurs enfans, les ministres, les magistrats, les guerriers, les traités de paix, les négociations, les ambassades, les déclarations de guerre, les siéges, les batailles ; tout se trouve ici rassemblé dans le plus petit espace, sans embarras, sans confusion,

sion, avec plus d'ordre même, plus de netteté, plus de méthode que dans nos grandes Histoires.

Il n'est personne à qui ce livre ne puisse être de quelqu'utilité ; les gens de guerre, les politiques, le magistrat, l'homme d'église, chacun y trouvera des choses propres à son état : faits militaires, traités politiques, lois civiles, règlemens ecclésiastiques, édits, déclarations, ordonnances, rien n'est oublié de tout ce qui peut nous rappeler des époques de tous les genres, les vraies sources, les divers fondemens de notre droit.

Mais ce qui fait le plus grand mérite de ce livre, et la principale gloire de l'auteur, ce sont des portraits, des réflexions, des remarques distribuées avec art, pour servir d'ornement à cet Abrégé, et en dérober la sécheresse : c'est là comme l'âme qui donne la vie à un corps sec et aride par lui-même ; et voilà proprement l'esprit du président Henault.

M. Fantin Desodoards a continué l'Abrégé du président Henault jusqu'au traité de Campo Formio : cette suite a été imprimée en 2 vol. du même format, et avec les mêmes caractères, à peu près, que l'Abrégé. Le continuateur n'a pas la précision substantielle de son prédécesseur, et il quitte souvent le style d'un Abrégé chronologique, pour prendre celui d'une narration suivie.

L'ABBÉ MILLOT.

L'ordre chronologique qui isole les objets, empêche de lire de suite l'Abrégé de Henault : mais si on vouloit un livre où les matières fussent plus liées, l'on pourroit lire les Elémens de l'Histoire de France depuis Clovis jusqu'à Louis XV, par M. l'abbé Millot, en trois volumes in-12, Paris, 1770.

« Nos meilleurs historiens modernes, dit
» l'auteur dans sa préface, m'ont fourni les
» faits, et me serviront de garans. Mon tra-
» vail s'est borné au choix des matériaux, à
» la disposition, au style. Si j'emprunte quel-
» ques pensées remarquables d'un auteur, je
» me fais un devoir de le citer : toute autre
» citation seroit inutile dans un livre élémen-
» taire. N'écrivant que pour les personnes
» qui ont besoin de connoissances utiles, sans
» pouvoir en acquérir de profondes, je sup-
» prime quantité d'événemens étrangers à
» mon objet, pour m'attacher aux choses les
» plus curieuses et les plus instructives ; j'é-
» vite scrupuleusement de surcharger la mé-

» moire de dates, de noms propres, de dé-
» tails toujours fatigans lorsqu'ils ne sont pas
» nécessaires. Une anecdote, un trait qui ca-
» ractérise les mœurs, est préférable au récit
» d'expéditions militaires, dont il ne résulte
» aucun changement politique. A mesure que
» le chaos de l'antiquité se débrouille, la
» narration prend du corps et de l'étendue.
» Les deux derniers règnes fournissent plus
» de matière que les deux premières races. »
Cet Abrégé a été réimprimé en 1801, avec une
continuation jusqu'à la mort de Louis XVI,
par M. Millon.

Ces Elémens d'Histoire sont écrits avec
clarté et avec méthode ; le style en est aisé,
naturel et d'un bon goût.

DOM MERLE.

L'Introduction à l'Histoire de France,
par ce savant bénédictin, Paris, 1787, 2 vol.
in-12, contient de grandes recherches, et est
remplie d'érudition. Après un discours préliminaire sur la manière de former les jeunes
gens à l'étude de l'histoire en général, et sur
les précautions avec lesquelles on doit les
conduire dans les recherches qui concernent
l'Histoire des Francs en particulier, l'auteur

annonce la division de son ouvrage en deux parties : dans la première, il est question de l'origine des Francs, de leur sortie des Gaules, et de leurs excursions dans la Germanie; et dans la seconde, de la religion, du gouvernement civil, et de la suite des chefs ou rois des Francs pendant leur séjour dans la Germanie.

L'ABBE BERTOUD.

Le recueil intitulé, *Anecdotes Françaises*, par l'abbé Bertoud, 1768, un volume in-12, mérite de fixer l'attention par l'intérêt que l'auteur a su y répandre, en renfermant dans un seul volume de six cents pages, la plupart des choses qu'il n'est pas permis à un Français d'ignorer. « Le but que l'on se propose, dit-
» il, c'est que les vertus de nos ancêtres pas-
» sent dans notre âme, et que leurs fautes,
» leurs défauts, leurs vices même, servent à
» notre instruction; c'est de nous familiariser
» avec leurs mœurs, leurs usages, leurs cou-
» tumes, et d'imprimer dans la mémoire,
» les traits principaux qui caractérisent plus
» particulièrement la nation française. » Pour remplir cet objet, on donne la préférence aux faits qui amènent plus naturellement des

notes et de courtes dissertations sur la religion, le gouvernement politique, la guerre, la navigation, les monumens publics, les jeux, les spectacles, les habits, les monnoies, les arts et les sciences; en un mot, sur ce qu'il y a de plus agréable et de plus intéressant dans nos annales.

Un des points qui piquera peut-être davantage la curiosité, c'est l'origine et la signification propre des anciens proverbes qui ont passé jusqu'à nous, des coutumes et des usages que nous avons conservés, des titres et des noms attribués aux grands officiers de la couronne et à la noblesse.

POULLIN DE LUMINA.

Cet auteur des *Usages et Mœurs des Français*, imprimés en 1769, en deux vol. in-12, a voulu suppléer au silence de la plupart de nos historiens, épargner à ses lecteurs de fouiller dans des sources souvent peu connues, et presque toujours rebutantes, et en faciliter l'étude à ceux qui sont doués de patience et qui veulent être instruits. Il donne d'abord une idée de l'origine des Français, et de leur établissement dans les Gaules; il tâche de concilier le système de M. de Boulainvilliers, et celui de l'abbé Dubos, en gardant un juste milieu entr'eux ; il présente ensuite le partage des terres après la conquête ; les lois de Clovis, qui étoient les mêmes que les Français Saliens suivoient dans la Germanie, avant d'avoir pénétré dans les Gaules, et fait sentir la politique du souverain, qui disposoit les peuples conquis à se soumettre un jour aux usages des conquérans.

L'auteur traite ensuite de la puissance des maires, ce qui le conduit à la seconde race, dont il présente les usages, les mœurs, les lois, le gouvernement ; quand il vient à la troisième, il parle d'abord des motifs qui déterminèrent les Français à donner leur trône à Hugues Capet ; il montre les variations que la monarchie éprouva, les soins des rois pour reprendre l'autorité qu'ils avoient perdue ; il termine son ouvrage par des détails sur les états généraux, les parlemens, le clergé et la milice française. Il y a des recherches savantes, et présentées avec intérêt dans cette production ; elle fera sans doute plaisir à tous ceux qui aiment les lectures utiles.

LA CHESNAYE DES BOIS.

La compilation intitulée, *Dictionnaire Historique des mœurs, usages et coutumes des Français*, 1767, 3 vol. in-8°., contient aussi les établissemens, fondations, époques, anecdotes, progrès dans les sciences et dans les arts, et les faits les plus remarquables et les plus intéressans arrivés depuis l'origine de la monarchie.

Cet ouvrage, où l'on a mis à contribution l'Histoire de France de Vély, les Mœurs des Français de l'abbé le Gendre, la Description de Paris de Piganiol de la Force, et beaucoup d'autres livres de ce genre, ne peut manquer d'être curieux; et s'il n'instruit pas solidement ceux qui veulent recourir aux sources, il amuse agréablement ceux qui ne cherchent que le plaisir dans la lecture : les exemplaires n'en sont pas communs.

LE GRAND D'AUSSY.

Nous avons trente volumes in-folio des Antiquités Grecques et Romaines de *Grævius* et *Gronovius*. On formeroit une bibliothèque considérable des Traités et Dissertations des savans, sur la vie privée des anciens peuples:

pourquoi n'aurions-nous pas aussi le désir de faire connoissance avec nos aïeux? Nous savons comment on vivoit à Athènes et à Sparte, il y a trois mille ans, et nous ignorons comment vivoient nos pères. Le Grand, distingué dans la littérature par son recueil *des Fabliaux*, a pu se flatter de plaire à la nation, en lui présentant le tableau des mœurs et des usages de nos ancêtres. L'ouvrage est divisé en quatre parties : *la nourriture, le logement, les habits, les jeux et divertissemens*. On peut reprocher à le Grand de s'être trop étendu sur des détails communs; mais en même temps la littérature lui est redevable d'une foule de recherches aussi amusantes qu'instructives, dont son ouvrage est rempli. Il ne s'est pas dissimulé la sécheresse de son sujet; mais il a su l'égayer par une multitude de traits historiques qui réveillent l'attention, et surtout par plusieurs digressions intéressantes sur le jardinage, sur la chasse, sur la pêche, etc. C'est donc un ouvrage utile et curieux, que l'Histoire de la vie privée des Français, depuis l'origine de la nation jusqu'à nos jours, 1782, 3 vol. in-8°.

§ VI.

§ VI. HISTOIRES PARTICU-LIÈRES DE FRANCE.

M. PELLOUTIER.

Après qu'on a parcouru les Histoires générales et les Abrégés de ces Histoires, il faut entrer dans quelques détails, et lire pour cela des livres particuliers : je citerai les principaux, sans m'astreindre à mettre des liaisons à des matières si disparates.

L'Histoire des Celtes, et particulièrement des Gaulois et des Germains, depuis les temps fabuleux jusqu'à la prise de Rome par les Gaulois, par Simon Pelloutier, 2 vol. in-12, 1740, est un livre plein de recherches profondes, et un des meilleurs qu'on puisse lire sur une matière qui demandoit une érudition peu commune. Il a été réimprimé en 1771, à Paris, en huit volumes in-12 ou 2 vol. in-4°., avec des augmentations, par M. de Chiniac.

Indépendamment de la satisfaction touchante qu'on éprouve en remontant jusqu'au berceau de sa nation, et en écartant les ténèbres qui l'environnent, c'est une idée très-philosophique, de nous rapprocher de nos célèbres aïeux ; de comparer nos mœurs et nos usages avec les leurs ; de calculer ce que nous avons gagné en nous éloignant de leur barbarie, et ce que nous avons perdu en embrassant la civilisation, l'urbanité grecque et la politesse romaine. Un travail aussi long et aussi difficile demandoit une érudition immense, une connoissance profonde de tous les monumens antiques ; une étendue de génie, capable d'assembler sous ses yeux tous ces matériaux épars dans différens auteurs : il falloit cette finesse de tact, nécessaire pour discerner le vrai du faux ou du fabuleux ; cette fermeté d'esprit qui résiste au témoignage antique et révéré, lorsqu'il n'est que l'organe du préjugé ; et surtout cette candeur et cette franchise rare, qui, lorsqu'elle parvient aux temps de ténèbres, et qu'elle ne peut absolument percer le nuage, avoue de bonne foi qu'il n'est pas possible de prononcer, et ne va pas se jeter dans l'esprit de système et de conjectures : toutes ces qualités se trouvent réunies dans cette Histoire.

DOM MARTIN.

Le Traité de la Religion des anciens Gau-

lois, 1727, in-4°., 2 vol., par dom Martin, bénédictin de Saint Maur, est plein de remarques curieuses et intéressantes, et roule sur un sujet qui n'avoit été traité que fort imparfaitement; il n'a pas cependant été recherché autant qu'il méritoit de l'être. Dom Martin, homme très-savant, bon écrivain, mais caustique, s'étoit fait des ennemis par ses sorties violentes contre les jansénistes, et par la liberté qu'il prenoit de critiquer les meilleurs auteurs. Mais ces querelles personnelles ne doivent pas fermer les yeux sur le mérite du livre et de l'auteur, l'un des ornemens d'une illustre congrégation.

L'ABBÉ DUBOS.

L'Histoire critique de l'Etablissement de la Monarchie Française dans les Gaules, par l'abbé Dubos, de l'Académie Française, 1742, deux vol. in-4°. et quatre vol. in-12, a séduit beaucoup de gens, dit le président de Montesquieu, parce qu'elle est écrite avec beaucoup d'art; parce qu'on y suppose éternellement ce qui est en question; parce que plus on y manque de preuves, plus on y multiplie les probabilités. Le lecteur oublie qu'il a douté, pour commencer à croire. Si le système de l'abbé Dubos avoit eu de bons fondemens, il n'auroit pas été obligé de faire tant de volumes pour le prouver. Son opinion est que les peuples des Gaules ont appelé les Francs pour les gouverner. Quoique ce livre renferme des idées fausses, il prévient en faveur de l'étendue des recherches et des connoissances de son auteur, qu'on ne peut qu'estimer, même en rejetant son système.

LE PÈRE DE MONTFAUCON.

Les Monumens de la Monarchie Française, par le Père dom Bernard de Montfaucon, religieux bénédictin de la congrégation de Saint Maur, in-fol., Paris, 1729, cinq volumes, amusent l'imagination du lecteur par un grand nombre de planches qui représentent les mœurs des Français et leurs différens usages dans tous les temps ; mais les explications ne sont pas aussi piquantes que les figures : tout y est simple, tout y est uni ; mais cette simplicité est relevée par beaucoup d'érudition et de clarté.

LE COMTE DE BOULAINVILLIERS.

Dans *l'Histoire de l'ancien Gouvernement de la France*, avec quatorze lettres sur les parlemens ou états généraux, par le comte de Boulainvilliers, 3 vol. in-12, la Haye, 1727, l'auteur ne pense pas toujours comme les autres ; mais comme il étoit très-savant, il y a toujours à profiter avec lui.

LE COMTE DE BUAT.

De quelle importance pouvoit être, pour les historiens, les politiques, les jurisconsultes, les canonistes et tous les lecteurs éclairés, ou qui veulent l'être, un livre intitulé, *les Origines, ou l'ancien Gouvernement de la France, de l'Allemagne et de l'Italie*, ouvrage historique, où l'on voit, dans leur origine, la royauté et ses différens attributs, la nation et ses différentes classes, les fiefs et le vasselage, les dignités ecclésiastiques et les domaines, la milice et la chevalerie, la justice distributive, la compétence des tribunaux, leur forme, les parlemens, les autres cours souveraines, les états généraux, la pairie, la législation et les coutumes, 1757, quatre vol. in-12, ou 1789, 3 vol. in-8°. ?

Quel dommage qu'un si beau plan soit aussi mal exécuté ! Pourquoi faut-il que l'auteur ait sacrifié à un vain étalage d'érudition, le choix, la clarté, l'ordre, la précision et la saine critique? Les connoissances que l'on pourroit puiser dans un ouvrage de cette nature, sont comme étouffées sous un amas confus de matières mal digérées, de citations superflues, de conjectures vagues. On sent que l'auteur n'a rien voulu perdre de son travail, et qu'en offrant ses recherches au public, il a pris, pour l'édifice même, ce qui n'en devoit être que l'échafaudage. A la confusion des idées, se joignent l'obscurité, l'embarras, le désordre des expressions et du style. Ce livre, enfin, est un vrai chaos, dont on peut néanmoins tirer quelques lumières, quand on se donne la peine de le débrouiller.

M. PICOT.

La plupart des auteurs que nous venons de citer, ou n'ont pas été complets dans leurs recherches sur les Gaulois, ou n'ont pas mis assez de choix et de critique dans l'emploi de leurs matériaux, ou se sont jetés dans des systèmes qu'ils se sont efforcés de soutenir, beaucoup plus qu'ils n'ont cherché à découvrir la vérité ; et il restoit véritablement à faire une histoire du pays que nous habitons, antérieurement à la conquête qu'en firent les

Francs vers le milieu du cinquième siècle.

C'est ce qu'a fait M. Picot, de Genève, dans son *Histoire des Gaulois*, 1804, 3 vol. in-8°. Il a divisé son ouvrage en deux parties : l'une est purement historique ; l'autre, destinée à représenter les Gaulois dans leur vie privée et publique, rassemble les traits épars qui ont été conservés sur leurs qualités physiques et morales, leurs usages, leurs lois, leurs religions, etc. Cet ouvrage fait beaucoup d'honneur à son jeune et estimable auteur ; et il devient un livre, par lequel il faudra désormais commencer l'étude de l'Histoire de France.

L'ABBÉ DE MABLY.

Ce profond publiciste éprouva beaucoup de difficultés pour ses *Observations sur l'Histoire de France*, 6 vol. in-12, dont les deux premiers parurent dès 1766. Cet ouvrage doit être le guide de tous ceux qui veulent étudier à fond notre histoire ; en effet, l'auteur fait marcher ses preuves d'un pas égal avec ses raisonnemens ; sa critique est sûre, ses exemples bien choisis, ses citations précieuses et décisives : également éloigné des systèmes de Dubos et des paradoxes de Boulainvilliers, il les combat tous deux avec avantage ; il cherche et trouve souvent la vérité ; les points les plus obscurs sont ceux auxquels il s'attache de préférence : il n'élude jamais les difficultés ; tout ce qu'il traite, il l'éclaircit. Aux connoissances d'un savant, il joint le mérite plus rare d'un jugement sain, d'une érudition bien digérée, d'une critique lumineuse.

MOREAU.

Le but de Moreau dans ses *Principes de Morale, de Politique et de Droit Public*, ou Discours sur l'Histoire de France, est de joindre la morale à l'histoire, ou plutôt de tirer la morale de l'histoire, c'est-à-dire, de la puiser dans la source la plus naturelle, aussi-bien que la plus abondante : en effet, que de leçons intéressantes ne nous fournit point la conduite de ceux qui nous ont précédés ! Mais quel sera le critique hardi qui appréciera avec impartialité les modèles qu'il propose ; qui distinguera l'autorité de la raison, de l'autorité de la coutume ; qui jugera sans faveur les peuples et les souverains ; et qui les convaincra tous que, bien loin d'avoir des intérêts opposés, ils ne seront jamais

heureux

heureux que du bonheur les uns des autres ?

On reproche à Moreau d'être trop volumineux, de ne point mettre assez d'ordre et de clarté dans ses savantes discussions, de ne point animer son style, qui a un ton trop uniforme. Il faut le dire, cet ouvrage est un amas d'excellens matériaux ; mais il n'est nullement un édifice. Quiconque aura lu les vingt-un gros volumes in-8°. de Moreau, aura recueilli beaucoup de choses dans la tête ; mais il seroit bien embarrassé d'en donner une analise suivie, et qui fût susceptible d'être retenue.

BULLET.

Dans *les Dissertations sur différens sujets de l'Histoire de France*, volume in-8°., 1759, l'abbé Bullet, associé de l'Académie Royale des Inscriptions et Belles-Lettres, réfute le sentiment de tous ceux qui ont écrit sur les mêmes matières ; et l'on pense bien qu'après ces discussions critiques, il doit s'efforcer d'établir lui-même des opinions qui lui soient particulières. Il y en a quelques-unes qui ne paroissent pas plus solides que celles qu'il détruit ; et il me semble qu'il n'oppose que des conjectures à d'autres conjectures. Est-ce donc la peine d'étaler tant d'érudition, lorsqu'on n'a rien de certain à proposer ?

ANONIME.

Si le public reçoit toujours favorablement les ouvrages qui servent à conserver dans la mémoire des hommes les événemens passés, il doit accueillir avec plus d'empressement ceux qui ont rapport à l'histoire de notre nation : de ce genre sont *les Curiosités historiques, ou Recueil de Pièces utiles à l'Histoire de France*, et qui n'ont jamais paru, deux volumes in-12, petit format, imprimés à Amsterdam en 1759. Le premier morceau que renferme cette collection intéressante, est un Discours fait par M. de Villeroy, sur les rangs et les préséances en France : ce seigneur fait l'histoire de ces distinctions, et se plaint qu'on néglige souvent de les observer.

DREUX DU RADIER.

On a rassemblé sous une forme très-usée, une partie de notre histoire dans trois volumes in-12, intitulés : *Tablettes Anecdotiques et Historiques des Rois de France*, depuis Pharamond jusqu'à Louis XV, contenant les traits remarquables de leur histoire, leurs actions singulières, leurs maximes et leurs bons mots, par Dreux du Radier. La plupart de ces anecdotes sont très-connues; quelques autres sont peu intéressantes : il y avoit un meilleur choix à faire.

M. BEVY.

L'Histoire des Inaugurations des Rois, Empereurs, et autres Souverains de l'Univers, depuis leur origine jusqu'à présent, suivie d'un précis de l'état des arts et des sciences sous chaque règne, des principaux faits, mœurs, coutumes et usages les plus remarquables des Français, depuis Pepin jusqu'à Louis XVI; 1776, in-8°., nous a paru curieuse. Il y a lieu peut-être de regretter qu'avec un titre si général, l'auteur se soit presque borné à ce qui regarde la France. Il y a à peine soixante pages employées pour les inaugurations de tous les autres souverains du monde.

Les inaugurations des princes Français, dont on rend compte, commencent à Pepin. A la description des mœurs et des usages, on a joint presque de siècle en siècle, des estampes curieuses, qui représentent les habillemens usités dans l'intervalle d'une époque à l'autre, c'est-à-dire, une espèce d'histoire des modes. On se doute bien qu'il seroit difficile de rien imaginer de plus ridicule : à la vérité, si c'est pour s'en moquer, il falloit soi-même être exempt de ce travers ; nous n'aurions pas droit d'y trouver de l'extravagance. Des gens qui se chargent le pied d'une boucle de sept ou huit pouces de long, seroient mal venus à rire des souliers à la poulaine du treizième siècle, ou des épaules factices, ainsi que des énormes brayettes du quinzième.

Ce livre ne se borne pas à ces détails puériles : on y voit beaucoup de particularités, qui peignent d'une manière plus intéressante, les mœurs et les usages de chaque siècle.

ALLETZ.

Dans *le Cérémonial des Sacres des Rois de France*, volume in-8°., imprimé en 1775, l'auteur, pour donner plus d'étendue à son sujet, considère cette cérémonie en général ; il en assigne l'origine, en fait connoître l'esprit, et présente les différentes situations successives du tableau, telles qu'elles se trouvent dans tous les sacres.

ANONIME.

Le Couronnement de Napoléon Ier., Empereur des Français, ou Relation historique des Fêtes et Réjouissances publiques qui ont été célébrées à l'occasion du Sacre et du Couronnement de Leurs Majestés Impériales, 1806, in-8º., doit être d'autant mieux reçu du public ; que la plus grande partie de la nation n'a pu jouir de l'auguste cérémonie qui s'est faite à Paris pour l'onction sacrée de notre auguste Empereur ; mais ceux qui n'ont pu, à cet égard, satisfaire leur curiosité, trouveront dans le volume que j'annonce, un dédommagement à cette privation, et se formeront, en le parcourant, une juste idée de ce spectacle intéressant et majestueux.

LES PÈRES DE LONGUEVAL, DE FONTENAY, BRUMOY ET BERTHIER.

L'Histoire de l'Eglise Gallicane est l'ouvrage de quatre savans jésuites, qui se sont succédés dans ce travail, ordonné par le clergé de France. Celui qui a commencé, et auquel nous sommes redevables des huit premiers volumes, est le Père de Longueval, homme extrêmement laborieux, d'une profonde capacité, d'un esprit supérieur, et versé dans tous les genres de littérature. Consumé par l'excès de son application, il a été remplacé par le Père Fontenay, que le même travail a pareillement conduit au tombeau, ainsi que le Père Brumoy qui lui avoit succédé.

Après ces tristes exemples, le Père Berthier n'a point craint d'entrer dans la même carrière, et de continuer ce fatal ouvrage. Les tomes IX et X, et la plus grande partie du lonzième, sont du Père Fontenay. La fin de ce onzième tome, et le douzième appartiennent au Père Brumoy; et les suivans sont entièrement du Père Berthier, digne successeur du Père de Longueval, dont il possédoit l'esprit, l'érudition et le bon goût. Le style du Père Berthier est partout soigné sans affectation, et élégant sans antithèses : à l'exemple des anciens, il mêle peu de réflexions dans son Histoire, persuadé que c'est toujours au lecteur à les faire lui-même : il en fait néanmoins quelquefois ; mais ce n'est pas où il réussit le mieux.

M. L'ABBÉ DUTEMS.

Le clergé de France avoit désiré, pendant long-temps, l'Histoire de ses Eglises particu-

lières, et de la succession de leurs évêques;
Jean Chenu, avocat au parlement de Paris,
essaya, en 1621, de satisfaire cette louable
curiosité. Il publia l'ouvrage intitulé, *Archie-
piscoporum et Episcoporum Galliæ Chronolo-
gica Historia, Parisiis, apud Robert. Fouet*,
vol. in-4°.; mais ce n'étoit qu'une esquisse
informe.

Claude Robert, archidiacre de Châlons-
sur-Saone, ne réussit pas mieux en 1626,
quoiqu'il eût eu Jean Chenu pour guide. Enfin, Scévole et Louis de Sainte-Marthe, ju-
meaux célèbres, publièrent en 1656, leur
Gallia quadripartita. Cet ouvrage, dans lequel la plus judicieuse critique se trouvoit
jointe à la plus profonde érudition, fut accueilli avec les plus grands éloges par l'assemblée du clergé; et ces éloges étoient mé-
rités. Cependant ces illustres frères s'étoient
aperçus qu'une édition plus ample et plus
correcte que la première, étoit devenue absolument nécessaire : la mort les enleva lorsqu'ils s'en occupoient.

Dom Denis de Sainte-Marthe, digne héritier du nom de ces savans, entreprit de
perfectionner leur travail; mais il sentit en
même temps, que ce ne pouvoit être l'ou-

vrage d'un seul homme : il s'associa les infatigables religieux dont il étoit le chef; et l'Eglise de France a déjà vu paroître, sous le titre de *Gallia Christiana*, 1716-1785, treize volumes in-fol.; monument durable du zèle de la congrégation de Saint Maur, à laquelle les sciences de tous les genres, et surtout les sciences ecclésiastiques, ont tant d'obligations.

Tels ont été les prédécesseurs de M. Dutems; au reste, ce n'est point une traduction ni même un extrait du *Gallia Christiana* qu'il nous donne. Quoiqu'il se soit fait un devoir de consulter cet ouvrage, il s'est tracé une autre route; il a suivi l'ordre chronologique le plus exact; mais il a cru devoir le soumettre à l'ordre alphabétique, quant aux métropoles; ce qui rend son livre d'autant plus intéressant, que l'historique de chaque métropole étant joint à celui des siéges qui en sont suffragans, chacune forme l'objet d'une sorte de traité isolé, très-satisfaisant; il a eu l'attention d'y semer un intérêt plus vif encore, en rapportant les traits historiques les plus singuliers, les anecdotes les plus piquantes qu'il a pu recueillir, et qui véritablement rendent amusante la lecture
de

de son livre, intitulé : *le Clergé de France*, ou Tableau historique et chronologique des Archevêques, Evêques, Abbés, etc., du royaume, 1774, 4 vol. in-8°. On regrette que l'auteur n'ait pas publié la suite de cet ouvrage.

L'ABBÉ LE BEUF.

Dans les divers articles qui composent *l'Histoire du Diocèse de Paris*, par l'abbé le Beuf, 1754, en quinze vol. in-12, l'auteur recherche d'abord l'étymologie du nom de chaque lieu, son origine, son antiquité, ses changemens, le nombre des habitans, etc.; il fait ensuite une assez ample description de l'église de la paroisse ; il en rapporte les titres, les épitaphes, les archives ; et si le village ou le bourg a produit quelqu'homme de bien, quelque femme vertueuse, quelque personnage célèbre, quelqu'homme de lettres, il ne manque jamais d'en instruire ses lecteurs. On trouvera ces recherches plus utiles qu'agréables ; mais l'abbé le Bœuf n'a pas prétendu faire un ouvrage d'agrément. Il a parcouru à pied les villes, les bourgs, les villages, les hameaux du diocèse ; il a consulté les curés, visité les églises, lu les épitaphes, examiné de vieux titres, dépouillé les archives, recueilli les traditions populaires de chaque paroisse ; et tous les soirs il s'en revenoit chez lui, couvert de sueur, de poussière et de recherches. Le travail du cabinet succédoit à ces pénibles courses ; il s'appliquoit à donner une certaine forme à ses matériaux, non pour le style, on sait que ce soin minutieux ne l'a jamais beaucoup occupé, mais pour l'ordre et la distribution de ses précieuses découvertes.

LE PÈRE DUBREUIL.

Nous avons un grand nombre de livres sur la Ville Paris ; mais presque tous, j'ose le dire, sont très-mal faits : il n'y a que le Père Dubreuil, bénédictin, et Sauval, dont les ouvrages méritent quelque estime, malgré les fautes et les omissions qu'on y trouve. Le Père Dubreuil est sec et stérile sur tous les articles où il n'est question que d'églises et de couvens ; il se livre d'ailleurs un peu trop à des erreurs de tradition, à des préjugés ridicules.

SAUVAL.

Sauval étoit un homme très-savant ; mais il mourut avant que d'avoir pu rédiger les recherches qu'il avoit faites ; en sorte qu'on trouve fréquemment dans les trois volumes in-fol. de ses *Antiquités de Paris*, des contradictions, des répétitions, et les mêmes faits rapportés de trois ou quatre façons différentes. La tournure de ses phrases est si louche, et son style en général est si obscur, qu'il est souvent impossible d'entendre précisément ce qu'il a voulu dire, avec quelqu'application qu'on le lise.

PIGANIOL.

Piganiol de la Force n'a fait que transcrire mot à mot Sauval ; il alloit aussi dans les églises et les cimetières copier toutes les épitaphes, afin de grossir les volumes. On est d'ailleurs révolté du ton dur qu'il prend sans cesse, et des injures grossières qu'il dit à Germain Brice, qui avoit fait, avant lui, une Description de Paris. Il est vrai que Brice a puisé dans de mauvaises sources, et qu'il se trompe souvent lorsqu'il s'avise de citer quelque trait historique ; malgré cela on le lira toujours avec plus de plaisir que Piganiol, avec qui l'on parcourt Paris ennuyeusement : il ressemble à ces concierges de maisons royales, qui vous montrent et vous expliquent les curiosités qui s'y trouvent, d'un style diffus et pesant. Ajoutez à cela, que dans les huit volumes de sa Description de Paris, il ne seroit pas difficile de faire remarquer, presque à chaque article, des erreurs aussi grossières que celles qu'il relève dans Germain Brice.

FELIBIEN, LOBINEAU.

L'ouvrage des Pères Felibien et Lobineau, bénédictins, est estimé des savans, à cause des pièces justificatives qui s'y trouvent, et des planches magnifiques dont il est orné.

Quelques autres écrivains, tels que Corrozet, Malingre, Colletet, Lemaire, l'abbé Desfontaines, Labarre, de l'Académie des Belles-Lettres, et l'abbé Antonini, ont donné des Histoires et des Descriptions de Paris, ou des Abrégés des unes et des autres; mais leurs écrits, en général, trop étendus ou trop succincts, ne satisfont point le lecteur. Il manque d'ailleurs à tous ces livres une partie essentielle, qui n'a point été saisie jusqu'à présent; je veux dire, cet esprit philosophique qui n'accumule point les faits, mais qui les choisit, qui les discute, et qui, par la façon de les présenter, les rend extrêmement piquans, et fait sortir de leur assemblage le génie et le caractère d'une nation.

SAINT-FOIX.

C'est sous ce point de vue qu'il faut lire *les Essais Historiques sur Paris*, de Saint-Foix, en sept volumes in-12. Ce livre intéresse, et par le style, et par le fond des choses : la seule manière dont elles y sont placées, fait souvent épigramme, de même que chaque anecdote vaut une réflexion philosophique et y supplée. Paris semble devenir un séjour encore plus intéressant, depuis qu'à chaque pas on peut s'y rappeler quelqu'événement mémorable ou singulier; et ce n'est pas l'unique fruit de ces essais. Quelles lumières l'auteur ne répand-il pas sur les endroits les plus obscurs de notre histoire, les plus négligés par tous nos écrivains, et peut-être les plus intéressans pour nous ! C'est la voix du philosophe et du citoyen. Il ne déguise point les défauts de sa nation ; mais il s'intéresse à sa gloire. Quant aux mœurs des anciens Francs et des Gaulois, rien de plus agréable que de les comparer avec les nôtres, de juger combien les descendans l'emportent sur leurs pères dans les sciences, dans les arts, dans toutes les connoissances acquises ; et combien, peut-être, ils leur sont inférieurs du côté de la franchise, des mœurs et de certaines vertus que les sciences ne donnent pas toujours, et ôtent quelquefois. Historien philosophe, l'auteur n'écrit que pour rendre les mœurs plus douces et les hommes meilleurs : cet objet perce à travers toutes ses réflexions et toutes ses recherches. Il peint par les faits; et ces faits mis à leur place, appuyés de circonstances négligées par tous les historiens, prennent, sous sa plume, une face nouvelle, et n'en acquièrent qu'un plus grand air de vérité : son style, dépouillé de toute affectation, joint à la simplicité de l'expression, la finesse des idées. L'auteur des *Grâces* a trouvé l'art de jeter sur des faits obscurs et embrouillés, la même clarté, la même élégance qui règne dans ses petits chefs-d'œuvres dramatiques. Il sait se faire lire, même dans les morceaux de pure discussion, avec le même plaisir, que dans les traits qui font anecdotes.

M. DULAURE.

Le public a accueilli assez favorablement deux ouvrages de cet auteur, savoir : la Nouvelle Description des Curiosités de Paris, 2ème. édition, 1787, 2 vol. petit in-12, et la Nouvelle Description des environs de Paris, 2ème. édition, 1787, 2 vol. petit in-12.

M. DE LONGCHAMPS.

Le Tableau Historique des Gens de Lettres, ou Abrégé chronologique et critique de l'Histoire de la Littérature Française, par l'abbé de Longchamps, dont nous avons six volumes in-12, 1767-1770, n'est point, comme on pourroit le croire, un simple abrégé de l'Histoire Littéraire de la France ; il n'a d'autres traits de ressemblance avec l'ouvrage des bénédictins, que ceux qui naissoient indispensablement du sujet. Le plan et l'objet du nouvel auteur sont d'ailleurs très-différens : il ne se contente pas de tracer l'histoire de notre littérature gauloise ; il l'envisage sous un point de vue philosophique ; il remonte aux causes, souvent inconnues et cachées, de ses révolutions, de ses progrès et de sa décadence. On trouve surtout à la tête de chaque siècle, des réflexions générales qui représentent ce siècle en grand, qui l'apprécient et le caractérisent. Un style élégant et précis, quelquefois plein de chaleur et de force, donne un nouveau prix à la matière ; l'ouvrage, enfin, nous a paru également instructif pour ceux qui veulent des faits, agréable à lire pour les gens de goût, et intéressant pour les philosophes. Le sixième volume comprend le treizième siècle.

L'ABBÉ DE LA PORTE.

L'Histoire Littéraire des Femmes Françaises, en cinq volumes in-8°., imprimés en 1769, est consacrée à la gloire d'un sexe, à qui le célèbre citoyen de Genève refuse absolument le génie, mais à qui l'on ne peut au moins contester des talens très-distingués, très-agréables dans plusieurs genres de littérature, et prouvés par des succès durables. L'auteur de cette collection a rassemblé, dans cinq volumes, les noms de toutes les femmes françaises qui ont écrit, avec une analise plus ou moins étendue de leurs ouvrages, et des jugemens sur leur mérite. Quand ces ouvrages sont bons, ce précis a l'avantage de remettre sous les yeux du lecteur, ce qu'ils ont de plus précieux et de plus piquant ; et quand ils sont médiocres ou mauvais, on en extrait les seuls endroits qui méritent d'être lus ; et l'on en donne une idée.

L'ABBÉ

L'ABBÉ GOUJET.

La partie historique d'un *Mémoire*, en trois volumes in-12, et en un volume in-4°., sur le Collége Royal, par l'abbé Goujet, 1758, et qui a pour objet l'établissement et les progrès de ce collége, n'occupe guère que la moitié du premier volume; le reste du livre, c'est-à-dire, le second et le troisième tomes, avec moitié du premier, présente une vie abrégée de chaque professeur, et une notice assez détaillée de leurs ouvrages, depuis l'an 1530, jusqu'à l'année 1758.

LA CURNE DE SAINTE PALAYE.

L'Histoire des Troubadours est le fruit des travaux immenses de Sainte Palaye, dans cette partie de la littérature, assez peu connue jusqu'à lui. Il n'est point d'homme de lettres qui n'ait lu ses excellens *Mémoires sur l'ancienne Chevalerie*, en 3 vol. in-12; les recherches qu'il a faites au sujet des troubadours, ne sont ni moins profondes, ni moins précieuses; elles étoient capables d'effrayer la passion même du savoir. La Bibliothèque Impériale ne possède pas quatre manuscrits des ouvrages de ces anciens poëtes :

l'Italie en a un grand nombre. De Sainte Palaye y a fait deux voyages, pour recueillir ces monumens ignorés ou négligés. Les savans de ce pays ont célébré à l'envi son projet et ses travaux. Il lui fallut obtenir un bref du pape, pour qu'on lui communiquât certains manuscrits que l'on avoit refusés aux Pères Mabillon et Montfaucon : il est venu à bout de recueillir jusqu'à quatre mille pièces, et les vies originales de plusieurs poètes; mais la plus grande difficulté étoit d'entendre les troubadours. Ceux qui connoissent le provençal moderne, les trouvoient inintelligibles; et de célèbres Italiens n'avoient pu en traduire quelques morceaux, sans tomber dans de lourdes méprises. De Sainte Palaye a été obligé de se faire lui-même un dictionnaire, d'examiner et de comparer tous les mots, pour parvenir à saisir le sens de tout ce qui peut être interprété. Enfin, on jugera du travail de ce savant, quand on saura que les pièces provençales avec les variantes des différens manuscrits, ont quinze volumes in-folio, et qu'il en a fait huit volumes d'extraits, où ces pièces sont en partie traduites, et où chacune est désignée dans l'ordre alphabétique des auteurs, sans parler du glossaire, des tables et d'une infinité de notes.

De Sainte Palaye n'ayant pu rendre public lui-même le résultat de ses recherches, et occupé d'un ouvrage d'érudition encore bien plus important, a chargé de la rédaction de son Histoire des Troubadours, l'abbé Millot, qui a pris sur lui le soin de donner au style une tournure plus libre et plus variée; de choisir, d'arranger, de fondre les matières; d'y mêler des réflexions, de supprimer les choses indifférentes et de remédier, autant qu'il a été possible, à cette ennuyeuse uniformité, qui devoit être un des plus grands écueils de ce travail.

La littérature doit avoir une éternelle obligation au savant infatigable, et au judicieux rédacteur qui nous ont mis à portée de connoître cette première source de nos richesses poétiques.

LE PÈRE DANIEL ET ALLETZ.

Nous n'avons rien de plus profond ni de plus exact sur *la Milice Française*, que l'histoire qu'en a tracée le Père Daniel, en 2 vol. in-4°., 1721; ses recherches en ce genre ont été aussi laborieuses que savantes; mais le grand nombre de pièces justificatives dont il appuie les faits qu'il cite, les actes, les titres, les chartres, les relations de batailles, enfin les lambeaux de nos anciennes chroniques qu'il rapporte en entier, rendoient son ouvrage diffus et volumineux, et par-là même, d'un usage peu commode pour les militaires, classe de lecteurs, auxquels il étoit naturellement destiné. En dégageant le texte du Père Daniel de ce luxe d'érudition, il en est résulté un *Abrégé* intéressant, 1773, 2 vol. in-12. Malgré le grand nombre de retranchemens qu'on y a faits, on n'a rien omis d'essentiel touchant la formation, les accroissemens et les révolutions successives qu'a essuyées la milice française. On a observé dans la distribution des matières, le même plan et le même ordre qu'a suivi le Père Daniel; et comme le dit le rédacteur (Alletz), on n'a fait qu'imiter la conduite d'un cultivateur intelligent, qui, dans un arbre touffu, élague les rameaux surabondans.

Ce livre, par la profondeur des recherches, par l'intérêt et l'agrément des détails, mérite d'occuper les loisirs et de fixer l'attention de nos guerriers : on y trace l'histoire de leur état, le tableau de leurs devoirs, et le code des lois qui les gouvernent ; ils y trouveront une exposition nette et précise des usages militaires de la nation, depuis le commencement de la monarchie jusqu'au de-là du règne de Louis XIV ; des réflexions sur ces usages, et les époques de leur abrogation; enfin, tous les changemens considérables arrivés dans les différentes parties de la milice française, et la raison de ces changemens. Pour compléter cette histoire et la conduire jusqu'à nos jours, le rédacteur du Père Daniel a eu soin d'ajouter à son texte plusieurs additions, dans lesquelles il indique les innovations faites depuis 1721.

DE FORBONNAIS.

Le dessein de Veron de Forbonnais, dans 2 vol. in-4°., publiés en 1758, sous le titre de *Recherches et Observations sur les Finances de France*, n'a été que de rassembler les opérations de finance depuis la fin du seizième siècle jusqu'au commencement du dix-huitième ; d'examiner quel a été l'esprit de chaque ministère sous lequel elles se sont faites, le bien ou le mal qu'elles ont produit. Il commence par la définition de la finance, qu'il appelle l'art d'assigner, de percevoir et de répandre la portion d'intérêt qu'ont les souverains dans l'aisance publique ; ce qui divise naturellement cette science en trois parties : la première est la connoissance des sources, d'où le peuple tire les moyens de payer ce qu'il doit au souverain en proportion de ses facultés ; et c'est la partie profonde de la finance ; la seconde a pour objet la portion dont chaque classe du peuple doit contribuer aux charges publiques, la manière de l'exiger la plus conforme à la justice distributive, la plus convenable à la conservation des sources, et la moins dispendieuse pour les contribuables; on apprend enfin dans la troisième, quelle est la méthode la plus propre à faire jouir avantageusement la société des sommes levées pour son maintien. C'est sous ces points de vues politiques que l'auteur envisage les faits, tels que l'ordre historique les lui présente dans le cours de cent vingt-six années, qu'il partage en cinq époques.

Au milieu des détails infinis que lui fournit sa matière, il ramène tout à l'unité de vue, sous laquelle les diverses branches de l'administration publique doivent se rassembler, comme les rayons au centre. Uniquement occupé de l'intérêt général de la société, sans passion, et comme étranger dans la discussion des considérations particulières, il semble plutôt laisser parler les choses, que s'expliquer lui-même. Il ne néglige aucune occasion de puiser la lumière dans l'exemple respectable de nos pères, de ressusciter leurs saines maximes ensevelies dans l'oubli des temps, de produire même les monumens les moins connus, dès qu'ils sont propres à établir l'autorité de la raison. Quoiqu'on sente partout la chaleur de sentiment d'un bon citoyen, et qu'on trouve, en divers endroits, la force d'un écrivain qui connoît le respect dû à la vérité, on voit qu'il a mieux aimé converser, pour ainsi dire, et raisonner avec ses lecteurs, que de les étonner et les entraîner par les saillies et l'enthousiasme : peut-être seroit-il à désirer que le soin avec lequel ce grand ouvrage paroît fait en général, s'étendît encore sur quelques endroits, et que plusieurs articles fussent traités avec plus d'étendue, à moins que l'auteur n'ait eu des motifs puissans de s'arrêter.

M. ARNOULD.

On doit à ce laborieux écrivain, l'Histoire

générale des Finances de la France, depuis le commencement de la monarchie, Paris, 1805, in-4°. Cet ouvrage présente le tableau fidèle des variations de notre droit public en matières de finances et d'impôt : il est divisé en quatorze chapitres ou époques ; les notes et pièces justificatives qui l'accompagnent ajoutent à son mérite.

§ VII. HISTOIRES PARTICULIERES DES ROIS DE FRANCE JUSQU'A HENRI IV.

VIALLON.

Venons maintenant à quelques histoires particulières, et prenons la vie de Clovis.

La vie de Clovis-le-Grand, premier roi chrétien, fondateur de la monarchie française, par feu M. Viallon, bibliothécaire de Sainte Geneviève, 1788, in-12, est un travail intéressant pour tous ceux qui aiment à remonter à l'origine de la monarchie Française. De toutes les histoires faites sur ces temps de confusion, c'est une des plus suivies, et où l'on aperçoit le mieux la liaison
des

des événemens : l'on doit avoir la plus grande obligation à l'auteur, tant des recherches pénibles auxquelles il s'est livré, que des découvertes historiques qu'elles l'ont mis en état de communiquer à ses lecteurs.

GAILLARD.

Gaillard ayant à traiter l'Histoire de M. Charlemagne, a suivi un ordre singulier, bon pour les détails, mais qui nuit peut-être à l'effet de l'ensemble : sans s'astreindre à la suite des années, il a préféré une espèce de distribution géographique, c'est-à-dire, qu'il rapporte sans interruption tout ce qui est arrivé dans chaque partie différente du vaste empire de Charlemagne : outre cela, il considère ce prince, comme *roi*, comme *empereur*, comme *législateur* ; il présente ensuite l'histoire romanesque de Charlemagne, et son rapport avec l'histoire véritable. Quoique cette Histoire, publiée en 1782, 4 vol. in-12, prête à la critique, relativement à ses accompagnemens peu nécessaires, et à sa forme un peu trop dissertative, elle est cependant digne de la réputation de l'auteur.

M. HEGEWISCH.

Le mérite de la précédente histoire, n'a pas dû empêcher de faire passer dans notre langue la nouvelle Histoire de Charlemagne, publiée en Allemagne par M. Hegewisch, parce que ce savant professeur, en tirant parti des sources que lui fournissoient les archives de l'Allemagne et du Nord, et qui n'étoient pas également à portée des écrivains de notre nation, a éclairci plusieurs questions historiques qui étoient restées indécises. Au surplus, M. Bourgoing, qui a publié cette Histoire en français, Paris, 1805, in-8°., avec des notes et un supplément, déclare que sa traduction n'est pas tout-à-fait servile; qu'il s'est permis de développer quelques-unes des idées de l'auteur original, qui lui ont paru trop foiblement indiquées; de supprimer quelques passages et quelques notes; enfin, de débarrasser l'ouvrage d'un attirail d'érudition qui auroit effrayé la patience du commun des lecteurs, et surtout des lecteurs Français.

JOINVILLE.

A peine notre langue fut débrouillée, que

des personnes de la cour se chargèrent d'écrire. Jean, sire de Joinville, publia l'Histoire de Saint Louis, avec une fidélité admirable, et une simplicité qui s'attire la créance. Il est vrai que cet auteur est aujourd'hui peu intelligible, à cause des changemens arrivés à notre langue et à nos usages. Les savans recherchent l'édition qui a été publiée par l'érudit Ducange, avec des observations et des dissertations historiques, Paris, 1688, in-fol. On estime aussi l'édition sortie, en 1761, des presses de l'Imprimerie Royale, dans le même format ; elle a été publiée par Capperonnier, d'après les recherches de M. Melot. La Chaise a fait entrer ce que Joinville raconte de plus curieux, dans son Histoire de Saint Louis, roi de France, in-4°., deux volumes, 1688, lâchement écrite, mais estimée pour les recherches.

CHOISY.

On trouve plus d'agrément dans *l'Histoire de France*, sous les règnes de Saint Louis, de Philippe de Valois, du roi Jean, de Charles V et de Charles VI, par l'abbé de Choisy, in-12, quatre volumes, 1750. Ces Histoires, imprimées séparément, ont été réunies pour la commodité du lecteur. Ceux dont l'imagination a besoin d'être échauffée par un écrivain, liront avec plaisir ces cinq morceaux, dont la narration est aisée, le style vif, léger et agréable.

BAILLET.

On ne peut pas donner les mêmes éloges à *l'Histoire du Démêlé* entre le pape Boniface VIII et Philippe-le-Bel, par Adrien Baillet, in-12, Paris, 1717. Cet auteur glace l'esprit par la froideur de son style; mais il orne la mémoire de faits curieux et bien discutés. Le savant Dupuy avoit donné un ouvrage sur la même matière, dont le style est encore plus ennuyeux.

MADEMOISELLE DE LUSSAN.

Un roi mineur ou en démence, une reine voluptueuse et vindicative, des princes du sang dissipateurs, ambitieux et cruels; des seigneurs qui, à leur exemple, se portent à toutes sortes de licences; des peuples séditieux et mutins; des guerres civiles, des trahisons, des empoisonnemens, des assassinats; tels furent les maux funestes que fit éprouver, pendant quarante-deux ans, à ce royaume, le règne le plus malheureux dont la monarchie ait conservé le souvenir. Le récit affligeant de toutes ces calamités a fourni à mademoiselle de Lussan la matière de neuf volumes in-12, sous le titre d'*Histoire du Règne de Charles VI*. Il me semble que, sans rien omettre d'essentiel à son sujet, je dis même en y ajoutant toutes les anecdotes curieuses que mademoiselle de Lussan a dédaignées, elle auroit pu réduire son travail à moins de volumes. La plupart des faits pouvoient être plus serrés, et le récit moins prolixe. Ses réflexions ne m'ont paru ni trop longues ni trop fréquentes; mais elles ne sont pas toujours assez naturelles.

BAUDOT DE JUILLI.

Cet auteur a traité, avec assez d'étendue et de netteté, le règne de plusieurs de nos rois. Nous avons de lui *l'Histoire de la Vie et du Règne de Philippe Auguste*, roi de France, Paris, 1702, deux volumes; et celle de Charles VII, également en deux vol. in-12. Mais en parcourant tous les auteurs contemporains, combien n'y trouverions-nous pas de faits curieux, qui ont échappé à la plume de cet historien ? Si l'on confère son ouvrage avec les mémoires sur lesquels il dit avoir travaillé, on voit qu'il les a très-mal lus; qu'un grand nombre même des anciennes chroniques, dont il donne une liste à la tête de l'Histoire de Charles VII, lui ont été inconnues; que les faits qu'il en a tirés sont peu exacts et sans ordre, et qu'il n'est pas jusqu'aux noms propres, qui ne soient entièrement défigurés.

COMINES.

Nous avons sur Louis XI, *les Mémoires de Philippe de Comines*, dont la meilleure édition est celle de l'abbé Lenglet, en 4 vol. in-4°., 1747. Cet historien, dit Juste Lipse, instruit par le maniement des affaires, et doué d'un bon sens naturel, voit tout, pénètre tout; découvre le fond des conseils, et sur cela donne de bonnes instructions. « Vous trouverez en
» mon Philippe de Comines, dit Montagne,
» avec ce beau naturel qui lui est propre,
» le langage doux et agréable d'une naïve
» simplicité, une narration pure, et en la-
» quelle la bonne foi de l'auteur reluit évi-
» demment, exempte de vanité parlant de soi,
» et d'affection et d'envie parlant d'autrui. »

DUCLOS, MADEMOISELLE DE LUSSAN.

Ces deux auteurs ont écrit *l'Histoire de Louis XI* ; le premier en quatre et le second en six volumes in-12 : l'un et l'autre pèchent dans un point essentiel. Il y a beaucoup d'erreurs dans leurs ouvrages, plusieurs faits reconnus pour faux, et d'autres qu'ils ont défigurés. Ils n'ont point remonté jusqu'aux sources. S'ils avoient consulté les chartres, qui sont le flambeau de l'histoire, ils y auroient puisé les lumières pour corriger des écrivains qu'ils ont copiés, et des faits nouveaux pour piquer la curiosité du lecteur.

L'ABBÉ BRIZARD.

Ce vertueux ami de l'abbé de Mably, étonné de trouver dans l'Histoire de Louis XI, par Duclos, si peu de cette philosophie dont l'académicien se targuoit dans la société, rechercha tout ce qu'on a imprimé sur Louis XI, et eut même communication de manuscrits très-précieux, dont le plus important est le manuscrit original de l'abbé Joachim le Grand, en 4 vol. in-fol., intitulé, *Vie et*

Histoire de Louis XI; ouvrage d'une immense érudition, que Duclos paroît avoir copié servilement. Bientôt l'abbé Brizard fut convaincu que Louis XI méritoit toutes les odieuses qualifications que la postérité s'est plu à accumuler sur sa tête, et rédigea un Discours historique sur le caractère et la politique de Louis XI, Paris, Garnery, 1790, in-8°. Ce morceau est remarquable par la force des pensées et la rapidité du style.

L'ABBÉ TAILHIÉ.

L'Histoire de Louis XII, par l'abbé Tailhié, 1755, trois vol. in-12, est exacte; mais l'auteur a peu de ce coloris lumineux, qui caractérise l'ouvrage suivant.

GAILLARD.

Dans son *Histoire de François Ier*, roi de France, dit le Grand Roi et le Père des Lettres, par Gaillard, en 7 vol. in-12, 1766 et 1769, l'auteur a partagé toute la matière de son livre en plusieurs branches historiques. L'Histoire Ecclésiastique, l'Histoire Civile, l'Histoire Politique et Militaire, l'Histoire des Lettres et des Arts, au lieu d'être confondues

fondues et mêlées ensemble, font autant de parties distinctes; et la plus considérable portion de l'ouvrage entier, c'est l'Histoire Civile, Politique et Militaire, que contiennent les premiers volumes; l'Histoire Ecclésiastique, celle des Guerres, et les Anecdotes, c'est-à-dire, l'Histoire des Femmes, des Maîtresses et de la vie privée de François Ier., forment les derniers. Les faits y sont trop longuement exposés; et l'auteur qui vise perpétuellement au bel esprit, écrit d'une manière guindée, et jamais naturelle. Les quatre premiers volumes ont été réimprimés en cinq : ceux-ci portent la date de 1767.

DE THOU.

Pour ce qui s'est passé en France depuis François Ier. jusqu'en 1608, on a l'Histoire du président de Thou, dont il a déjà été parlé à l'occasion de l'Abrégé de Remond de Saint-Albine, dans l'article de l'Histoire Universelle. Des négociations importantes, différens voyages en Italie, en Flandre et en Allemagne, une étude sérieuse des intérêts des princes, des mœurs, des coutumes, de la géographie des pays qu'il pacourut, disposèrent de Thou à écrire cette belle Histoire. Cet auteur a également bien parlé dans son ouvrage, de la politique, de la guerre et des lettres. Les intérêts de tous les peuples de l'Europe y sont développés avec beaucoup d'impartialité et d'intelligence. Il entre quelquefois dans de trop grands détails ; mais la beauté de son style empêche presque qu'on ne s'aperçoive de ce défaut. Le jugement domine dans cette production, ainsi que l'indulgence pour tous les errans. Un des plus grands défauts qu'on lui ait reproché, est d'avoir latinisé les noms propres, d'une manière qui les rend quelquefois inintelligibles. La meilleure édition de cet important ouvrage, est celle de Londres, 1733, 7 vol. in-fol. ; elle a été donnée par Thomas Carte.

DAVILA.

L'Histoire des Guerres Civiles de France, par Davila, traduite de l'italien en français par l'abbé Mallet, en trois vol. in-4°., seroit assez recherchée, si son auteur donnoit moins de louange à son héroïne Catherine de Médicis, et qu'il s'abstînt de pénétrer trop avant dans l'esprit des princes. Davila sait attacher ses lecteurs, par sa manière de circonstancier les faits, par la justesse de ses réflexions, et par l'art qu'il a de donner à son discours un fil et un enchaînement naturels. Comme cet historien étoit étranger, il n'est pas étonnant qu'il ait quelquefois défiguré les noms propres des villes et des hommes.

ANQUETIL.

L'Esprit de la Ligue, par Anquetil le genovéfain, 1767, trois vol. in-12, peut servir de supplément à l'Histoire des Guerres Civiles de Davila. L'objet de l'auteur est de s'attacher plus aux causes qu'aux effets; il écarte de son ouvrage tout ce qui n'a pas un rapport direct avec nos guerres civiles, et réunit, dans un seul tableau, leur commencement, leurs progrès et leur fin. Il développe l'esprit de cette faction, les ressorts qui l'ont fait agir ; il annonce qu'il a puisé dans les meilleures sources ; en les comparant entr'elles, en vérifiant les unes par les autres ; il poursuit son travail jusqu'à la révocation de l'édit de Nantes : c'est l'Histoire du Calvinisme en France, depuis sa naissance jusqu'à nos jours.

Ce tableau est très-bien ordonné, très-intéressant et très-bien peint ; les causes qui ont produit tous ces effets, sont développées avec ordre, avec précision, avec clarté; les caractères des principaux personnages, il les puise dans leurs actions, dans leurs intérêts, dans leurs vues, dans leurs vices, dans leurs foiblesses, jusque dans les replis de leurs cœurs, et les rend de manière qu'on croit les voir et vivre de leur temps. Ce sujet, traité si souvent avant lui, est devenu neuf entre ses mains; partout il instruit et se fait lire avec satisfaction. Les meilleures éditions de cet ouvrage sont celles de 1770 et de 1783.

§ VIII. RÈGNE D'HENRI IV.

PÉREFIXE.

Le règne de Henri IV a trouvé plusieurs historiens. Hardouin de Pérefixe, archevêque de Paris, publia une Histoire de ce prince, plusieurs fois réimprimée en un volume in-12. La meilleure édition est celle de Paris, 1749. Cette Histoire n'est qu'un abrégé; mais elle fait très-bien connoître Henri IV. On crut que Mezeray y avoit eu part; mais ce dernier n'avoit point ce style touchant, qui fait aimer le prince dont on écrit la vie.

DE BURY.

L'Histoire du même monarque, par de Bury, en quatre tomes in-12, et en 2 vol. in-4°., quoique plus étendue que celle de Pérefixe, ne l'a point fait oublier; on y trouve cependant cette noble simplicité, cette sagesse qui part d'un esprit juste et d'un cœur droit. Peut-être auroit-on désiré plus de précision, quelquefois plus de chaleur; mais c'est un tableau qui nous peint assez fidèlement Henri IV; et jugé sous ce point de vue, il doit plaire à tous les bons Français; le sentiment fera disparoître les fautes. L'auteur eût pu se dispenser d'ajouter une comparaison de Henri IV avec Philippe de Macédoine : ces sortes de morceaux littéraires sentent trop l'art de la discussion, et sont bien au-dessous de la majesté de l'histoire.

PRAULT.

Cet auteur de *l'Esprit de Henri IV*, vol. in-12, ne dissimule pas que la plupart des anecdotes, des saillies et des reparties heureuses qui entrent dans cette compilation, sont déjà connues; mais comme elles sont éparses dans différens écrits, le rédacteur a cru que le public les verroit avec plaisir réunies dans un même volume. Il s'est asservi, autant qu'il l'a pu, à l'ordre des temps. Il prévient que quelques manuscrits qui lui ont été communiqués, l'ont mis à portée d'apprendre sur Henri IV, des faits ignorés encore, ou du moins peu connus.

L'ABBÉ BRIZARD.

On ne peut qu'applaudir au zèle que cet auteur a montré pour la gloire du plus grand et du meilleur de nos rois, en publiant le volume in-18, intitulé : *de l'Amour d'Henri IV pour les Lettres*, 1785. Grâces à ses soins, l'injuste préjugé qui étoit universellement répandu à l'égard du peu de goût de Henri pour les lettres et pour les sciences, est entièrement dissipé; toutes les preuves qu'il apporte sont des traits frappans qui forment la plus parfaite évidence. Cet ouvrage, qui joint à un style précis et rapide, une teinte aimable de philosophie, nous a paru, par le mérite des formes, augmenter encore l'intérêt du sujet.

§ IX. RÈGNE DE LOUIS XIII.
LE VASSOR.

Parmi les historiens de Louis XIII, celui qui a compilé le plus longuement, est le Vassor, dont l'Histoire est en 7 vol. in-4°., ou en vingt vol. in-12. Il y a dans cette compilation mille choses qu'on ne trouveroit pas ailleurs; mais ce livre n'est pas moins méprisable par les anecdotes satiriques qu'il contient, que par le motif qui les a fait écrire. L'auteur étoit un apostat qui avoit quitté la France; et il ne perd aucune occasion de rendre sa patrie et sa religion odieuses.

LE PÈRE GRIFFET.

L'Histoire de Louis XIII, par le Père Griffet, 1758, 3 vol. in-4°., est préférable pour l'exactitude et l'arrangement des faits, et toutes les qualités qui constituent le bon écrivain.

DE BURY.

Cet historien de Henri IV a été aussi celui de Louis XIII; mais on lui reproche de ne pas choisir ses détails avec goût, d'omettre des faits essentiels, et de n'être pas toujours exact dans ceux qu'il raconte.

ANQUETIL.

L'Intrigue du Cabinet sous Henri IV et Louis XIII, terminée par la Fronde, 1780, 4 vol. in-12, n'a pas, si l'on veut, comme l'Esprit de la Ligue, du même auteur, le mérite de l'unité d'objet; mérite nécessaire, sans doute, dans un poëme épique ou dramatique, mais mérite dont l'histoire peut aisément se passer. Du reste, l'Intrigue du Cabinet nous paroît joindre à la dignité de l'histoire, l'attrait attachant des simples mémoires historiques, qui plaisent par un certain air de négligence et d'abandon que l'historien ne peut se permettre.

§X. RÈGNE DE LOUIS XIV.

LOUIS XIV.

M. le général Grimoard a fait imprimer, en 1806, 6 vol. in-8°., les Œuvres de Louis XIV, sur la copie des manuscrits originaux et les pièces qui lui avoient été remises en 1786 par Louis XVI. Ces Œuvres jettent un grand jour sur la personne et le règne de Louis-le-Grand,

Grand, et elles prouvent que ce qu'on avoit publié jusqu'ici sur l'Histoire civile, politique et militaire de ce prince, étoit fautif et incomplet.

L'histoire des autres pays y a gagné autant que celle de France : les Anglais, par exemple, y ont appris que malgré l'intéressant recueil du chevalier Dalrymple, les liaisons secrètes de leurs rois Charles II et Jacques II, n'étoient pas totalement connues, ni dans leur naissance, ni quant à leurs motifs. L'Allemagne y a vu éclairci tout le mystère d'un traité de partage éventuel de la monarchie d'Espagne, long-temps inconnu, entre l'empereur Léopold et Louis XIV ; les Espagnols ont trouvé, en outre, des détails ignorés sur les démarches politiques qui préparèrent le changement de leur ancienne dynastie. La singulière révolution qui se fit en Portugal dans l'année 1667, y est développée avec un grand nombre de particularités omises ou déguisées dans les Mémoires qui en ont été donnés. Cet exposé suffit pour faire sentir l'extrême différence qui existe entre les Œuvres de Louis XIV, et les Mémoires de Louis XIV, publiés aussi en 1806, mais en un vol. in-8°., par M. de Gain-Montagnac, chez Garnery :

ces derniers sont tronqués, infidèles et défectueux.

Les Considérations sur Louis XIV, qui se trouvent dans le premier volume de ses Œuvres, sont de M. Grouvelle; elles ont été censurées avec amertume par des écrivains de parti.

Il y a des lecteurs à qui ce recueil a inspiré plus d'estime pour Louis XIV; à la vérité, la foiblesse, la nullité de ses talens militaires y est démontrée jusqu'à l'évidence. On ne sera plus tenté de l'élever au rang des héros, de le comparer à ceux dont le génie anime de grandes armées, dirige des mouvemens innombrables, prévoit les obstacles, combine les moyens et décide la victoire; mais enfin il ne ressemble pas non plus à ces monarques fainéans, qu'on a vu languir avant lui, après lui, sur le même trône, indifférens à tous les besoins de l'État, incapables de les sentir et de les comprendre. Louis XIV, malgré les vices de son éducation, sut consacrer et accroître l'activité naturelle de ses facultés : il acquit, par ses propres efforts, la plupart des connoissances et des habitudes de l'homme d'état; et depuis la mort de Mazarin, en 1661, il a réellement présidé à l'administration intérieure de son royaume : ses lettres, ses écrits, les notes qu'il fournissoit au rédacteur de ses Mémoires (Pelisson), annoncent des observations délicates, des vues profondes, des résolutions fermes, de la stabilité dans les plans, des intentions généreuses et de la droiture dans de grands desseins.

LARREY, LA MARTINIERE, REBOULET.

Larrey, la Martinière et Reboulet, nous ont donné de longues Histoires de Louis XIV : celle du dernier, en trois tomes in-4°. et en neuf vol. in-12, est la plus estimée ; les faits y sont exposés avec assez d'exactitude et de vérité, mais quelquefois avec trop de sécheresse : en beaucoup d'endroits, elle ressemble à une gazette. L'auteur, éloigné de la capitale, avoit travaillé sur des mémoires fautifs ; on a fait, depuis, des découvertes dont il n'a pas pu profiter ; et cette Histoire, telle qu'elle est, auroit besoin d'être refondue pour les faits, et retouchée pour le style, quelquefois lâche, souvent négligé.

FEU M. DE MAILLY.

On trouve dans *l'Esprit de la Fronde*, par M. de Mailly, 1774, 5 vol. in-12, quelques légères inexactitudes et un petit nombre d'expressions trop familières pour le genre historique. On désireroit aussi que l'auteur eût resserré les détails les moins piquans ; ce qui auroit fait ressortir ceux qui le sont davantage : du reste, on lit peu d'histoires qui offrent des faits plus curieux, des anecdotes plus singulières, des scènes plus étonnantes, plus variées, et où il y ait plus d'acteurs recommandables par leurs talens, leur caractère et leurs qualités personnelles.

Les troubles de la fronde sont une des époques les plus intéressantes de notre histoire, et peut-être celle où la nation s'est peinte elle-même avec le plus de vérité. Une inconstance journalière, la galanterie, l'attrait des nouveautés, presque jamais d'objets suivis, des brocards et des chansons parmi les horreurs de la guerre et de la famine, et néanmoins l'amour des Français pour leurs rois, perçant toujours même au milieu de leur rébellion : tels sont les principaux traits qui caractérisent cette guerre, où l'on fit tant de fautes des deux côtés ; mais de laquelle heureusement l'esprit de parti ne s'avisa point de faire une guerre de religion.

L'ABBÉ DE CAVEYRAC.

L'Apologie de Louis XIV et de son Conseil, sur la Révocation de l'Edit de Nantes, avec une Dissertation sur la Journée de la St. Barthelemi, vol. in-8°., est de l'abbé de Caveyrac. Je crois qu'il eût été plus prudent de ne point réveiller une dispute, que les calvinistes eux-mêmes regardoient comme assoupie : d'ailleurs, de quelle utilité crut-on que pouvoit être un écrit, dont l'auteur, espèce d'enthousiaste, débite, en homme inspiré, les choses les plus communes ? A la réserve d'une foule d'erreurs qui lui sont particulières, le reste n'est qu'une répétition de ce qui se trouve dans nos histoires.

VOLTAIRE.

En attendant qu'on écrive une Histoire de Louis XIV, digne de ce prince, nous avons ce que Voltaire a fait en ce genre. Son travail a été beaucoup loué et beaucoup

critiqué ; la distribution en chapitres a paru d'une petite manière ; tous les détails principaux, habilement fondus dans la première narration, en eussent fait un monument bien autrement digne d'un grand maître, que ce recueil d'articles séparés sur les arts, sur les sciences, sur les affaires ecclésiastiques, etc. Le style de Voltaire étoit propre à ce genre ; et il éclate avec tous ses charmes dans plusieurs morceaux ; mais dans d'autres, il paroît au-dessous de lui-même. « Le mor-
» ceau tant annoncé des arts et des sciences,
» n'est point ce que j'attendois, dit Clément
» de Genève, de ses recherches. Celui des
» écrivains a modéré l'opinion qu'il m'avoit
» donnée de son impartialité, quand il ne
» s'agissoit que de rois, de peuples et de gou-
» vernement. L'article de Rousseau fait pitié.
» Dans le chapitre du calvinisme, il a voulu
» jouer le Montesquieu, en donnant un prin-
» cipe général aux dernières guerres de
» religion. Il a, dit-il, long-temps cherché
» ce principe; s'il eût ouvert le fameux livre
» de l'Avis aux Réfugiés, il l'y auroit trouvé
» tout de suite ; s'il eût cherché un peu plus
» long-temps, il auroit vu qu'il n'avoit rien
» trouvé. En revanche, c'est la chose du

» monde la plus agréable, que son chapitre
» du jansénisme. Imaginez-vous les Lettres
» Provinciales à deux tranchans ; une plai-
» santerie distribuée à droite et à gauche,
» avec une légèreté, une finesse, une naï-
» veté charmante. »

Reste à savoir si c'est là le ton de l'histoire, et si la vérité n'y est point blessée en plusieurs points. Voltaire, au lieu d'approfondir son sujet, semble avoir fait son capital d'embellir les ornemens postiches qu'il y ajoute. Pourquoi, a-t-on dit, voler successivement en Allemagne, en Espagne, en Hollande, en Suède, en Angleterre, pour nous raconter quelques traits qui n'ont qu'un rapport éloigné au sujet principal ? On présente à mes yeux, avec une rapidité incroyable, une suite de faits importans que je voudrois connoître à fond ; et l'on ne me dit qu'un mot de chacun : on écrit pour m'instruire ; et l'on ne m'apprend que très-peu de chose : c'est une foule d'éclairs qui m'éblouissent et qui me laissent dans les ténèbres.

§ XI. RÉGENCE DU DUC D'ORLÉANS ET RÈGNE DE LOUIS XV.

DUCLOS.

Les Mémoires Secrets sur les Règnes de Louis XIV et de Louis XV, Paris, 1791, 2 vol. in-8°., commencent aux dernières années de Louis XIV et vont jusqu'au ministère du cardinal de Fleury; ainsi ils comprennent toute la régence. Cet ouvrage est écrit d'une manière serrée, vive, avec une franche brusquerie : l'auteur laisse souvent éclater son mépris et son indignation contre les sottises et les turpitudes, qu'en sa qualité d'historien il est obligé de recueillir. Lorsqu'il trouve, par hasard, sur son chemin un trait honorable pour quelque particulier, il le cite, et ne manque guère de faire la réflexion qu'il n'a pas souvent de pareils traits à rapporter.

Quelques morceaux de cet ouvrage ne furent point imprimés en 1791; on les trouve dans l'édition complète des Œuvres de Duclos, publiée par le libraire Colnet, en 1806, 10 vol. in-8°.

MARMONTEL.

MARMONTEL.

Marmontel, qui a succédé aux emplois de Duclos, a recommencé son travail dans la Régence du duc d'Orléans, publiée en 1805, 2 vol. in-8°. et in-12 : on n'en voit pas trop la raison. Il a écrit avec plus de mesure et de réserve que son prédécesseur, sans doute parce qu'il a eu l'intention de faire un morceau d'histoire, et non de simples mémoires ; du reste, les défauts de l'ouvrage tiennent au vice du fonds : presque point de faits qui soient d'un intérêt général ; des intrigues de particuliers, de la vanité, des prétentions, des bassesses, des pilleries, des traits d'une corruption profonde, voilà ce que l'historien est réduit à raconter.

VOLTAIRE.

Le Siècle de Louis XV a été encore plus critiqué que celui de Louis XIV ; celui-ci brilloit au moins par les grâces, l'énergie, la noblesse et la précision du style ; mais l'autre n'a aucun de ces avantages ; on n'y aperçoit point cette variété de tableaux, cette finesse de caractères, cette abondance de réflexions, cet heureux choix des matières, qui distinguent le grand historien : on y entre dans un détail ennuyeux de quantité de minuties; et on raconte les grands événemens avec un ton d'indifférence philosophique, qui leur fait perdre tout leur éclat : on trouve pourtant dans quelques endroits de ce livre, de la vivacité, de l'agrément, et cette liberté hardie, qui lui a procuré tant de lecteurs et lui a fait tant d'ennemis.

L'Histoire du Parlement de Paris, par le même auteur, in-8°., offre les mêmes défauts et de plus grands encore : il y règne un ton d'indécence et de plaisanterie bien opposé à la gravité de l'histoire; d'ailleurs, le fonds est tout entier dans l'histoire générale, dans le siècle de Louis XIV et de Louis XV. C'est un double emploi qu'un homme jaloux de sa gloire et de sa réputation ne devroit jamais se permettre. Il faut croire que cette production est un brouillon dérobé à l'auteur; et on peut la regarder comme un recueil de Mémoires informes, qui lui ont été enlevés, et qu'il ne destinoit point à voir le jour.

M. DANGERVILLE.

C'est à cet auteur qu'on attribue la Vie

privée de Louis XV, 1781, 4 vol. in-12 : il y représente avec fidélité les actions de ce prince, et même ses foiblesses, ce qui rend l'ouvrage très-immoral. On trouve parmi les pièces ajoutées à la fin de chaque volume, des morceaux très-curieux, tels que le Mémoire du Parlement contre les ducs et pairs, la Liste des Taxes à la Chambre de Justice, et *les Philippiques* de la Grange-Chancel.

La Vie privée de Louis XV a été plusieurs fois réimprimée. On fit dans le temps des recherches très-sévères pour en arrêter la distribution, et l'auteur fut mis à la Bastille. *Voyez* la Correspondance secrète, politique et littéraire, Londres, 1788, t. II, p. 143.

Je ne puis m'empêcher de relever ici une des impostures familières à un obscur littérateur, nommé Maton de la Varenne. On voit en tête du premier volume de mon Dictionnaire des Ouvrages anonimes et pseudonymes, que cet écrivain attribua, en 1806, à l'abbé Maton son oncle, homme tout-à-fait inconnu dans la république des lettres, des ouvrages auxquels celui-ci n'avoit eu aucune part. Il en avoit agi à peu près de même en 1796, relativement au nommé Arnoux Laffrey, qu'il présenta comme auteur de la Vie privée de Louis XV, et cela, en mettant au jour la rapsodie intitulée : *Siècle de Louis XV*......., ouvrage posthume d'Arnoux Laffrey, publié par P. A. L. Maton (de la Varenne). Rien n'égale la hardiesse avec laquelle M. Maton affirme, dans un avertissement, que la Vie privée de Louis XV et le Siècle de Louis XV sont d'Arnoux Laffrey. Son ton est fait pour en imposer; aussi a-t-il séduit M. Meusel, auteur de la Bibliothèque Historique, dont il a publié 22 vol., depuis 1787 jusqu'à ce jour. *Voyez* le tome IX, 1ère partie, page 37. Mais je prie ce savant Allemand, et les lecteurs de bonne foi, de réfléchir sur le caractère du sieur Maton de la Varenne; et ils seront bientôt convaincus, 1°. que l'abbé Arnoux Laffrey n'a eu aucune part à la Vie privée de Louis XV; 2°. que le Siècle de Louis XV, publié par M. Maton, sous le nom d'Arnoux Laffrey, n'est autre chose que la Vie privée de Louis XV, retournée par M. Maton lui-même.

M. FANTIN DESODOARDS.

Le dix-huitième siècle intéresse peut-être autant que celui de Louis XIV, par la variété des événemens, et il le balance par le développement des connoissances humaines, surtout par la révolution qui s'est faite dans les esprits, non-seulement en France, mais dans presque tous les Etats; révolution qui a amené les grands et terribles événemens de nos jours. On ne peut en saisir les causes, l'ensemble et les effets, qu'en étudiant avec soin les règnes de Louis XV et de Louis XVI. Ils sont décrits avec étendue et impartialité dans l'Histoire de France, composée par M. Fantin Desodoards, depuis Louis XIV jusqu'à la paix de 1783, Paris, 1789, 8 vol. in-12.

§ XII. RÈGNE DE LOUIS XVI.
M. DE SÉGUR L'AINÉ.

C'est un excellent ouvrage, que le recueil intitulé, *Politique de tous les Cabinets de l'Europe, pendant les règnes de Louis XV et de Louis XVI*, contenant des pièces authentiques sur la correspondance secrète du comte de Broglie, un ouvrage sur la situation de toutes les puissances de l'Europe, dirigé par lui, et exécuté par Favier; les doutes sur le traité de 1756, par le même; plusieurs mémoires de Vergennes, Turgot, etc., manuscrits trouvés dans le cabinet de Louis XVI, avec des notes et commentaires par M. L. P. Ségur, ex-ambassadeur; un mémoire sur le pacte de famille, et l'examen du système fédératif qui peut le mieux convenir à la France, 2e. édition, Paris, 1801, 3 volumes in-8°. Ce recueil n'avoit que deux volumes lorsqu'il parut pour la première fois, en 1792. Il fut lu avec avidité; l'on en fit plusieurs contrefaçons dans les pays étrangers. Depuis cette époque, le libraire engagea M. de Ségur à revoir l'ouvrage et à l'enrichir de notes et d'observations. M. de Ségur combattit surtout l'opinion générale de tous les Français, persuadés que le traité de 1756 avoit été l'époque où la France descendit du premier rang qu'elle occupoit dans la diplomatie européenne, et perdit la prépondérance politique où Louis XIV l'avoit élevée. On ne peut regarder l'opinion de Favier comme un système, puisqu'elle est fondée sur des faits; et les observations de M. de Ségur, tout ingénieuses qu'elles sont, en affoibliront difficilement l'impression.

Le duc d'Aiguillon ayant éventé le mystère diplomatique de la correspondance du comte de Broglie, d'après les confidences d'une favorite qui étoit à portée de mettre la main partout, Louis XV n'osa pas avouer que tout se fit par ses ordres. Il exila le comte de Broglie comme un intrigant, qui s'étoit permis des démarches illicites et suspectes; et il exigea en même temps que celui qu'il punissoit pour l'avoir servi, continuât à le servir de même, et lui gardât le secret aux dépens de sa réputation. Le comte de Broglie écrivit à Louis XVI du lieu de son exil, pour en obtenir des réparations et des récompenses. Il obtint son rappel, et mourut en 1781.

M. SOULAVIE L'AINÉ.

Dans les Mémoires Historiques et Politiques du Règne de Louis XVI, Paris, 1801, 6 vol. in-8°., M. Soulavie cite à son tribunal les différens ministres à qui Louis XVI avoit confié sa puissance, et les déclare coupables d'abus de confiance dans l'usage de ce dépôt. Il peint le roi comme un prince foible, mais plein d'humanité, qui se refuse à des coups d'état, et qui laisse périr dans ses mains la monarchie de ses pères, et la monarchie constitutionnelle. Cet ouvrage est enrichi de pièces historiques que l'auteur trouva dans les différens cabinets de Louis XVI après la

10 août 1792. Ces pièces, jointes à celles que M. Soulavie s'est procurées de plusieurs hommes d'état, métamorphosent en quelque sorte ces Mémoires secrets de la Cour de France, en Mémoires officiels.

FIN DU TOME III.

TABLE

TABLE

DES CHAPITRES ET SOMMAIRES
DU TROISIÈME VOLUME.

CHAP. I. *Académie des Sciences.*		Le P. Guenard.	pag. 12
	pag. 1	Thomas.	13
Fontenelle.	ib.	La Harpe.	15
Mairan.	3	Cérutti.	ib.
Grandjean de Fouchy.	4	Gaillard.	16
Condorcet.	ib.	Bailly.	ib.
Académie des Inscriptions et Belles-Lettres.	5	De Guibert.	17
		M. Garat.	ib.
De Boze.	ib.	M. Alibert.	18
Fréret.	6	M. Auger.	19
Bougainville.	ib.	M. Mercier.	ib.
Le Beau.	7	M. Noël.	20
Dupuy.	ib.	Letourneur.	ib.
M. Dacier.	8	M. Grégoire.	ib.
Académie Française.	ib.	M. Guyton de Morveau.	21
Pelisson.	ib.	Robespierre.	ib.
D'Olivet.	ib.	L'abbé Fauchet.	22
D'Alembert.	9	M. le cardinal Maury.	ib.
Institut National.	10	Necker.	ib.
M. Cuvier.	ib.	Tressan.	23
M. Delambre.	ib.	Le comte d'Albon.	ib.
M. Dacier.	ib.	M. Barrère.	ib.
M. Le Breton.	ib.	M. Lacretelle l'aîné.	ib.
Société de Médecine.	11	M. Pastoret.	24
Wicq d'Azir.	ib.	L'abbé Remy.	ib.
Orateurs divers.	12	L'abbé Brizard.	ib.

M. Carnot.	pag. 24	M. Tallien.	pag. 51
M. Lacépède.	ib.	Des Orateurs Anglais.	53
M. Fontanes.	25	William Pultney.	56
Le P. Jouvency.	26	Chatam.	57
Le P. Porée.	ib.	Burke.	ib.
Le P. du Baudory.	27	Fox.	58
Grenan.	29	Pitt.	59
Le Beau.	ib.	M. Sheridan.	61
De quelques Orateurs qui se sont distingués à la tribune de l'Assemblée Constituante, de la Convention, et des Assemblées législatives.	30	Tillotson.	62
		Trad. Barbeyrac.	ib.
		Fordyce.	ib.
		Trad. Estienne.	63
		Blair.	ib.
Le comte de Mirabeau.	31	Trad. M. Frossard.	ib.
M. le cardinal Maury.	32	M. de Tressan.	ib.
M. de Talleyrand-Périgord.	34	De l'Éloquence Suédoise.	64
Cazalès.	35	De l'Éloquence Polonaise.	65
Desprémenil.	36	De l'Éloquence Russe.	67
Bailly.	37	Chap. II. Écrits qui traitent de l'Éloquence.	68
Target.	ib.		
Le Chapelier.	38	Ouvrages des Anciens.	ib.
Thouret.	ib.	Aristote.	ib.
M. de Lally Tollendal.	39	Trad. Cassandre.	69
Barnave.	40	Denis d'Halycarnasse.	70
Pétion.	41	Trad. Batteux.	ib.
M. Regnaud de Saint-Jean d'Angély.	ib.	Longin.	ib.
		Trad. Boileau.	71
Brissot.	42	Cicéron.	72
Vergniaud.	ib.	Trad. Colin.	ib.
Condorcet.	44	MM. Daru et Nougarède.	ib.
Guadet.	45	Quintilien.	73
M. Portalis.	46	Trad. L'abbé Depure.	76
Danton.	ib.	L'abbé Gedoin.	ib.
M. Barrère.	48	Ouvrages des Modernes.	77
Robespierre.	ib.	Le P. Sacchini.	78
Saint-Just.	50	Trad. Durey de Morsan.	ib.
M. Daunou.	51	Le P. Jouvancy.	ib.

Trad. M. *le Fortier*.	pag. 78	M. Gin.	pag. 109
Le P. Lamy.	79	M. Lacretelle l'aîné.	110
Des Rhéteurs Italiens.	ib.	Camus.	ib.
Beni.	ib.	Mallet.	111
Valerio.	80	Dinouart.	112
Bartoli.	ib.	De Sainte Albine.	113
L'abbé Bettinelli.	ib.	Riccoboni.	114
Villa.	81	D'Hannetaire.	116
Beccaria.	82	Mlle. Clairon.	ib.
Trad. M. *Morellet*.	ib.	M. Dubroca.	118
Des Rhéteurs Français.	ib.	*Des Rhéteurs Anglais.*	119
Gibert.	ib.	Bacon.	ib.
Rollin.	85	Hugues Blair.	ib.
Le P. Rapin.	86	Trad. *Cantwel*.	120
Le P. Bouhours.	87	Priestley.	ib.
Le P. Buffier.	88	Chap. III. *De la Grammaire.*	121
Gamache.	90	*Grammaires générales.*	122
Fénélon.	ib.	Lancelot et Arnauld.	ib.
Gaillard.	92	Jacques Harris.	123
Le P. Papon.	ib.	Trad. M. *Thurot*.	ib.
Thomas.	93	Le président Debrosses.	124
M. Hérissant.	95	Beauzée.	125
M. Ferri.	ib.	Court de Gebelin.	ib.
Marmontel.	96	Condillac.	126
La Harpe.	97	M. Silvestre de Sacy.	127
Domairon.	101	M. l'abbé Sicard.	128
Traités sur l'Eloquence de la Chaire et du Barreau, et sur la Déclamation.		M. De Tracy.	ib.
		Grammaires et Dictionnaires de la Langue Grecque.	129
Le P. Rapin.	102	Lancelot.	ib.
Le P. Gisbert.	103	Henri Etienne.	131
Gaichiés.	ib.	Scapula.	ib.
L'abbé de Saint-Pierre.	105	Hederic.	ib.
Le P. J. Romain Joly.	106	*Grammaires et Dictionnaires de la Langue Latine.*	132
M. Gros de Besplas.	107		
M. le cardinal Maury.	ib.	Putschius.	ib.
De Merville.	109	Sanctius.	ib.

Lancelot.	pag. 133	Menage.	pag. 180
Dumarsais.	134	Lacombe.	183
L'abbé de Radonvilliers.	135	Leroux.	185
M. Guéroult.	ib.	*Grammaires et Dictionnaires*	
Robert Etienne.	136	*de la Langue Italienne.*	186
J. Mathieu Gesner.	ib.	Veneroni.	ib
Forcellini et Facciolati.	ib.	Alberti.	187
Grammaires et Dictionnaires		*Grammaires et Dictionnaires*	
de la Langue Française.	138	*de la Langue Espagnole.*	188
L'abbé Regnier.	ib.	M. Pellizer.	ib.
Le P. Buffier.	139	Sobrino.	ib.
Restaut.	ib.	*Grammaires et Dictionnaires*	
L'abbé Girard.	141	*de la Langue Allemande.*	189
L'abbé Roubaud.	143	Adelung.	ib.
Dumarsais.	144	*Grammaires et Dictionnaires*	
De Wailly.	146	*de la Langue Anglaise.*	190
L'abbé Ferraud.	147	Lowth.	ib.
Leroi.	150	Trad. *De Sausseuil.*	ib.
Douchet.	151	M. Elphinston.	ib.
L'abbé d'Olivet.	152	Mme. Piozzi.	191
Le P. de Livoi.	155	Johnson.	ib.
Richelet.	156	*Grammaires et Dictionnaires*	
Furetière.	158	*de la Langue Russe.*	193
Dictionnaire de Trévoux.	160	M. Maudru.	ib.
Dictionn. de l'Acad. Franç.	162	Chap. IV. *De l'Histoire.*	194
M. Laveaux.	166	*De l'Histoire Sacrée.*	ib.
M. Boiste.	ib.	Dom Calmet.	ib.
M. Morin.	ib.	Josephe.	195
Vaugelas.	169	Trad. *Arnauld d'Andilly.*	ib.
Le P. Bouhours.	170	*Le Père Gillet.*	ib.
Le comte de Rivarol.	172	Le P. Berruyer.	197
M. Schwab.	174	Prideaux.	199
Trad. M. *Robelot.*	ib.	L'abbé Fleury.	ib.
L'abbé Desfontaines.	175	M. de Boissy.	200
M. Philippon de la Madelaine.	176	M. Grégoire.	ib.
De Beauclair.	177	Charbui.	201
Desgrouais.	178	Mezangui.	202

DES CHAPITRES. 453

Pezron.	pag. 203	Lenfant.	pag. 238
Histoire Ecclésiastique.	ib.	Fra-Paolo.	239
L'abbé Fleury.	ib.	Trad. *Le Courayer.*	ib.
Le P. Fabre.	207	Pallavicin.	241
L'abbé Racine.	208	*Histoire des Papes.*	ib.
L'abbé de Choisy.	211	André Duchesne.	ib.
L'abbé de Bérault-Bercastel.	212	François Duchesne.	ib.
Macquer.	214	Lenfant.	242
Dinouart.	ib.	Gordon.	243
Formey.	215	Gregorio Léti.	ib.
Tillemont.	ib.	L'abbé Goujet.	244
Cousin.	217	Caraccioli.	ib.
Ruinart.	ib.	M. Bourgoing.	245
Drouet.	ib.	Le baron de Huissen.	246
Histoire des Hérésies, etc.	218	Tessier.	ib.
L'abbé Pluquet.	ib.	*Histoire des Ordres religieux*	
Maimbourg.	220	*et militaires.*	247
Bossuet.	221	Le P. Helyot.	ib.
Beausobre.	223	M. Dambreville.	ib.
Benoit.	ib.	M. Grouvelle.	248
Langlois.	ib.	Le P. Marin.	249
Sollier.	224	Bultcau.	250
Catrou.	ib.	L'abbé de Vertot.	251
Brueys.	ib.	Linguet.	253
M. Villers.	225	*Vies des Saints.*	ib.
Dumas.	226	Mesenguy.	ib.
Gerberon.	ib.	Goujet.	ib.
Lafitau.	227	Butler.	254
M. Lacroix.	228	Trad. *Les abbés Godescard et*	
M. Noël.	ib.	*Marie.*	ib.
Auteurs Ecclésiastiques.	229	Le P. Giri.	255
Dupin.	ib.	*Histoire Profane.*	256
Dom Ceillier.	230	*Histoire Universelle.*	ib.
Histoire des Conciles.	236	Diodore de Sicile.	ib.
Hermant.	ib.	Trad. *L'abbé Terrasson.*	257
Alletz.	ib.	Trogue Pompée et Justin.	258
Le P. Richard.	237	Trad. M. *Paul.*	ib.

TABLE

Vincent de Beauvais.	pag. 258	Vallemont.	pag. 290
Trad. *De Vignay*.	259	*Histoire Ancienne.*	291
Turselin.	ib.	Hérodote.	ib.
Trad. *L'abbé Lagneau.*	ib.	Trad. M. *Larcher.*	292
Bossuet.	260	Thucydide.	293
Voltaire.	262	Trad. M. *Levesque.*	294
Méhégan.	263	Xénophon.	295
Hardion.	264	Trad. *D'Ablancourt.*	296
Linguet.	ib.	M. *Larcher.*	ib.
Anquetil.	266	M. *Dacier.*	ib.
Puffendorf.	268	*Charpentier.*	ib.
Trad. *De Grace.*	ib.	*Coste.*	297
Rémond de Sainte-Albine.	ib.	Polybe.	ib.
L'abbé Roubaud.	269	Trad. *Dom Thuillier.*	ib.
L'abbé Millot.	ib.	Plutarque.	298
Dom Maur d'Antine.	271	Trad. *Amyot.*	299
Dom Clemencet.	ib.	*Dacier.*	ib.
Dom Durand.	ib.	*Ricard.*	300
Dom Clément.	ib.	Arrien.	301
John Blair.	273	Trad. *D'Ablancourt.*	302
Trad. M. *Chantreau.*	ib.	M. *Chaussard.*	ib.
Lenglet Dufresnoy.	274	Quinte-Curce.	ib.
M. Le Sage.	276	Trad. *Vaugelas.*	303
Domairon.	278	*L'abbé Mignot.*	ib.
M. Ferrand.	ib.	*Beauzée.*	ib.
M. Koch.	279	Athénée.	304
Dreux du Radier.	281	Trad. *L'abbé de Marolles.*	305
M. Landon.	282	M. *Lefebvre de Villebrune.*	ib.
Vittorio Siri.	283	Élien.	306
Trad. *Requier.*	ib.	Trad. M. *Dacier.*	307
Le P. d'Avrigny.	285	Aulugelle.	ib.
Le P. Bougeant.	287	Trad. *L'abbé de Verteuil.*	ib.
Maubert.	288	Rollin.	310
De Torcy	289	M. *Tailhié.*	312
M. Koch.	290	M. *Lacombe.*	ib.
Chevreau.	ib.	M. *Royou.*	ib.
Dupin.	ib.	L'abbé *Guyon.*	ib.

Sylvain Maréchal.	pag. 313	Rollin.	pag. 336
L'abbé de Mably.	314	Crévier.	ib.
M. Cousin Despréaux.	316	Catrou.	338
L'abbé Barthelemi.	ib.	Rouillé.	ib.
M. Lantier.	319	Tailhié.	339
De Paw.	ib.	Macquer.	ib.
L'abbé Pagy.	320	L'abbé de Vertot.	ib.
Linguet.	321	Laurent Echard.	340
M. de Sainte-Croix.	323	Trad. *Daniel de la Roque.*	ib.
Histoire Romaine.	324	*L'abbé Desfontaines.*	ib.
Salluste.	326	*L'abbé Guyon.*	341
Trad. *Dotteville.*	327	M. Palissot.	ib.
Beauzée.	ib.	Montesquieu.	342
César.	328	L'abbé Seran de la Tour.	343
Trad. *D'Ablancourt.*	329	M. Lévêque.	344
L'abbé le Mascrier.	ib.	Bridault.	345
Wailly.	ib.	M. Fontanelle.	346
Denis d'Halycarnasse.	330	Seran de la Tour.	347
Trad. *Le P. Le Jay.*	ib.	Citri de la Guette.	ib.
L'abbé Bellanger.	ib.	L'abbé Prévot.	ib.
Appien.	ib.	L'abbé Nadal.	ib.
Trad. *Seyssel.*	331	L'abbé de Mably.	348
Desmares.	ib.	L'abbé du Bignon.	ib.
Dion Cassius.	ib.	M. Bilhon.	ib.
Trad. *Claude de Rosiers.*	332	*Empereurs Romains et le Bas-*	
Xiphilin.	ib.	*Empire.*	349
Trad. *Baudoin.*	ib.	Tacite.	ib.
Boisguilbert.	ib.	Trad. *Le P. Dotteville.*	353
Tite-Live.	ib.	L'abbé de la Bletterie.	ib.
Trad. *Guérin.*	333	D'Alembert.	ib.
Cornelius Nepos.	ib.	Dureau de la Malle.	354
Trad. *Anonyme* et M. *l'abbé*		M. Desrenaudes.	355
Paul.	334	M. Dambreville.	ib.
Velleius Paterculus.	335	M. Rendu.	ib.
Trad. *Baudoin.*	ib.	Dion.	ib.
Doujat.	ib.	Suétone.	356
M. *l'abbé Paul.*	ib.	Trad. *La Harpe.*	357

TABLE

La Pause.	pag. 357	L'abbé Garnier.	pag. 375
Auteurs de l'Histoire Auguste.	ib.	Le président Hénault.	376
		Anquetil.	ib.
Trad. Guillaume de Moulines.	358	M. Fantin Desodoards.	377
		L'abbé Millot.	378
Ammien Marcellin.	359	Dom Merle.	379
Trad. L'abbé de Marolles.	ib.	L'abbé Bertoud.	380
Guillaume de Moulines.	ib.	Poulain de Lumina.	381
Hérodien.	ib.	La Chesnaye des Bois.	183
Trad. L'abbé Mongault.	ib.	Le Grand d'Aussy.	ib.
Zosime.	ib.	Histoire particul. de France.	385
Trad. Le président Cousin.	ib.	Pelloutier.	ib.
Tillemont.	ib.	Dom Martin.	386
Crevier.	361	L'abbé Dubos.	387
Linguet.	362	Le P. de Montfaucon.	388
Gibbon.	ib.	Le comte de Boulainvilliers.	ib.
Trad. Leclerc de Sept-Chênes et autres.	363	Le comte de Buat.	389
		M. Picot.	390
De Bury.	364	L'abbé de Mably.	391
Le Beau.	365	Moreau.	392
M Ameilhon.	ib.	Bullet.	393
M. Royou.	366	Dreux du Radier.	394
L'abbé de la Bletterie.	367	M. Bevy.	395
Flechier.	ib.	Alletz.	396
Procope, Agathias, etc.	ib.	Le P. de Longueval.	397
Trad. Le Président Cousin.	ib.	Le P. de Fontenay.	ib.
L'abbé Guyon.	368	Le P. Brumoy.	ib.
Ville-Hardouin.	ib.	Le P. Berthier.	ib.
Burigny.	369	M. l'abbé Dutems.	398
Histoire générale de France.	ib.	Chenu.	399
Dupleix.	370	Claude Robert.	ib.
Mezerai.	ib.	Sainte-Marthe (Scévole, Louis et Denis de)	ib.
Le P. Daniel.	371		
Limiers.	372	L'abbé le Beuf.	401
L'abbé Legendre.	373	Le P. Dubreuil.	402
L'abbé Vély.	ib.	Sauval.	ib.
Villaret.	374	Piganiol.	403
		Félibien	

Felibien.	pag. 404	Davila.	pag. 426
Lobineau.	ib.	Trad. *Mallet*.	ib.
Saint-Foix.	405	Anquetil.	427
M. Dulaure.	406	*Règne d'Henri IV.*	428
L'abbé de Lonchamps.	407	Peréfixe.	ib.
L'abbé de Laporte.	408	De Bury.	429
L'abbé Goujet.	409	Prault.	ib.
Lacurne de Ste.-Palaye.	ib.	L'abbé Brizard.	430
Le P. Daniel.	411	*Règne de Louis XIII.*	431
Alletz.	ib.	Le Vassor.	ib.
Forbonnais.	413	Le P. Griffet.	ib.
M. Arnould.	415	De Bury.	ib.
Histoire particul. des Rois de France jusqu'à Henri IV.	416	Anquetil.	432
		Règne de Louis XIV.	ib.
Viallon.	ib.	Louis XIV.	ib.
Gaillard.	417	Larrey.	435
M. Hegewisch.	418	La Martinière.	ib.
Trad. M. *Bourgoing*.	ib.	Reboulet.	436
Joinville.	ib.	L'abbé de Caveyrac.	437
Choisy.	419	Voltaire.	ib.
Baillet.	420	*Régence du duc d'Orléans et règne de Louis XV.*	440
Mlle. de Lussan.	ib.		
Baudot de Juilli.	421	Duclos.	ib.
Comines.	422	Marmontel.	441
Duclos.	423	Voltaire.	ib.
Mlle. de Lussan.	ib.	M. Dangerville.	442
L'abbé Brizard.	ib.	Fantin des Odoarts.	444
L'abbé Tailhié.	424	*Règne de Louis XVI.*	445
Gaillard.	ib.	M. de Ségur l'aîné.	ib.
De Thou.	425	M. Soulavie l'aîné.	447

FIN DE LA TABLE DU TOME TROISIÈME.

www.ingramcontent.com/pod-product-compliance
Lightning Source LLC
Chambersburg PA
CBHW070536230426
43665CB00014B/1706